中信改革发展研究基金会·中国道路丛书·学术

财政预算治理

善治、共治与法治

戴建华◎著

中信出版集团 | 北京

图书在版编目（CIP）数据

财政预算治理：善治、共治与法治 / 戴建华著. --
北京：中信出版社，2020.9
（中国道路丛书）
ISBN 978-7-5217-2186-7

Ⅰ. ①财… Ⅱ. ①戴… Ⅲ. ①财政预算－研究－中国
Ⅳ. ①F812.3

中国版本图书馆CIP数据核字(2020)第165256号

财政预算治理——善治、共治与法治

著　　者：戴建华
出版发行：中信出版集团股份有限公司
（北京市朝阳区惠新东街甲4号富盛大厦2座　邮编　100029）
承 印 者：天津市仁浩印刷有限公司

开　　本：787mm × 1092mm　1/16　　印　　张：21.25　　字　　数：310千字
版　　次：2020年9月第1版　　印　　次：2020年9月第1次印刷
书　　号：ISBN 978-7-5217-2186-7
定　　价：68.00元

服务热线：400-600-8099
投稿邮箱：author@citicpub.com

“中国道路”丛书总序言

中华人民共和国成立60多年以来，中国一直在探索自己的发展道路，特别是在改革开放30多年的实践中，努力寻求既发挥市场活力，又充分发挥社会主义优势的发展道路。

改革开放推动了中国的崛起。怎样将中国的发展经验进行系统梳理，构建中国特色的社会主义发展理论体系，让世界理解中国的发展模式？怎样正确总结改革与转型中的经验和教训？怎样正确判断和应对当代世界的诸多问题和未来的挑战，实现中华民族的伟大复兴？这都是对中国理论界的重大挑战。

为此，我们关注并支持有关中国发展道路的学术中一些有价值的前瞻性研究，并邀集各领域的专家学者，深入研究中国发展与改革中的重大问题。我们将组织编辑和出版反映与中国道路研究有关的成果，用中国理论阐释中国实践的系列丛书。

“中国道路”丛书的定位是：致力于推动中国特色社会主义道路、制度、模式的研究和理论创新，以此凝聚社会共识，弘扬社会主义核心价值观，促进立足中国实践、通达历史与现实、具有全球视野的中国学派的形成；鼓励和支持跨学科的研究和交流，加大对中国学者原创性理论的推动和传播。

“中国道路”丛书的宗旨是：坚持实事求是，践行中国道路，发展中国学派。

始终如一地坚持实事求是的认识论和方法论。总结中国经验、探讨中国模式，应注重从中国现实而不是从教条出发。正确认识中国的国情，正确认识中国的发展方向，都离不开实事求是的认识论和方法论。一切从实际出发，以实践作为检验真理的标准，通过实践推动认识的发展，这是中国共产党的世纪奋斗历程中反复证明了的正确认识路线。违背它就会受挫失败，遵循它就能攻坚克难。

毛泽东、邓小平是中国道路的探索者和中国学派的开创者，他们的理论创新始终立足于中国的实际，同时因应世界的变化。理论是行动的指南，他们从来不生搬硬套经典理论，而是在中国建设和改革的实践中丰富和发展社会主义理论。我们要继承和发扬这种精神，摒弃无所作为的思想，拒绝照抄照搬的教条主义，只有实践才是真知的源头。“中国道路”丛书将更加注重理论的实践性品格，体现理论与实际紧密结合的鲜明特点。

坚定不移地践行中国道路，也就是在中国共产党领导下的中国特色社会主义道路。我们在经济高速增长的同时，也遇到了来自各方面的理论挑战，例如将改革开放前后两个历史时期彼此割裂和截然对立的评价；例如极力推行西方所谓“普世价值”和新自由主义经济理论等错误思潮。道路问题是大是大非问题，我们的改革目标和道路是高度一致的，因而，要始终坚持正确的改革方向。历史和现实都告诉我们，只有社会主义才能救中国，只有社会主义才能发展中国。在百年兴衰、大国博弈的历史背景下，中国从积贫积弱的状态中奋然崛起，成为世界上举足轻重的大国，成就斐然，道路独特。既不走封闭僵化的老路，也不走改旗易帜的邪路，一定要走中国特色的社会主义正路，这是我们唯一正确的选择。

推动社会科学各领域中国学派的建立，应该成为致力于中国道路探讨的有识之士的宏大追求。正确认识历史，正确认识现实，积极促进中国学者原创性理论的研究，那些对西方理论和价值观原教旨式的顶礼膜拜的学风，应当受到鄙夷。古今中外的所有优秀文明成果，我们都应该兼收并蓄，但绝不可泥古不化、泥洋不化，而要在中国道路的实践中融会贯通。以实践创新推动理论创新，以理论创新引导实践创新，从内容到形式，从理论架构到话语体系，一以贯之地奉行这种学术新风。我们相信，通过艰苦探索、努力创新得来的丰硕成果，将会在世界话语体系的竞争中造就立足本土的中国学派。

“中国道路”丛书具有跨学科及综合性强的特点，内容覆盖面较宽，开放性、系统性、包容性较强。其分为学术、智库、纪实专访、实务、译丛等类型，每种类型又涵盖不同类别，例如在学术类中就涵盖文学、历史学、哲学、经济学、政治学、社会学、法学、战略学、传播学等领域。

这是一项需要进行长期努力的理论基础建设工作，这又是一项极其艰巨的系统工程。基础理论建设严重滞后，学术界理论创新观念不足等现状是制约因素之一。然而，当下中国的舆论场，存在思想乱象、理论乱象、舆论乱象，流行着种种不利于社会主义现代化事业和安定团结的错误思潮，迫切需要正面发声。

经过60多年的社会主义道路奠基和30多年的改革开放，我们积累了丰富的实践经验，迫切需要形成中国本土的理论创新和中国话语体系创新，这是树立道路自信、理论自信、制度自信、文化自信，在国际上争取话语权所必须面对的挑战。我们将与了解中国国情，认同中国改革开放发展道路，有担当精神的中国学派，共同推动这项富有战略意义的出版工程。

中信集团在中国改革开放和现代化建设中曾经发挥了独特的作用，它不仅勇于承担大型国有企业经济责任和社会责任，同时也勇于承担政治责任。它不仅是改革开放的先行者，同时也是中国道路的践行者。中信将以历史担当的使命感，来持续推动中国道路出版工程。

2014 年 8 月，中信集团成立了中信改革发展研究基金会，构建平台，凝聚力量，致力于推动中国改革发展问题的研究，并携手中信出版社共同进行“中国道路”丛书的顶层设计。

“中国道路”丛书的学术委员会和编辑委员会，由多学科多领域的专家组成。我们将进行长期的、系统性的工作，努力使“中国道路”丛书成为中国理论创新的孵化器，中国学派的探讨与交流平台，研究问题、建言献策的智库，传播思想、凝聚人心的讲坛。

孔丹

2015年10月25日

目录

Contents

序

财政预算是国家治理体系中一项基础性的制度安排。党的十九届四中全会明确提出，“完善标准科学、规范透明、约束有力的预算制度”是坚持和完善中国特色社会主义行政体制，构建职责明确、依法行政的政府治理体系的重要内容。从本质上看，财政预算是由政治过程决定的控制系统，是配置资源的公共权力在不同主体之间分配的制衡结构和民主政治程序，是规范和制约政府权力扩张的重要手段。纵观现代法治发展历程，预算制度的产生及其发展完善与法治政府、法治国家和法治社会的构建如影随形。

政府的本质是为人民服务，实现公共利益的最大化。政府的宏观调控、市场监管、社会管理和公共服务，归根结底是一个资源配置过程，配置资源的内在机理就在于财政预算。而作为法治政府建设核心命题的政府职能边界之确定，在很大程度上也是立足于财政预算基础之上的。当前，全面深化改革加速推进，各个领域改革，比如政府机构改革、医疗卫生改革、社会保障制度改革以及国企改革等关系国计民生和国民经济基础的重大改革议题，无一不直接或间接地依赖于财政预算制度的根本变革。与此同时，中央与地方以及地方各级政府间事权和财权的划分，本质上都体现于财政预算制度，各种经济社会利益关系的正确处理需要财政预算制度的合理运行。因此，财政预算治理不仅是财政制度体系建设的核心内容，承载着公共财政改革突破口的历史使命，也因为各项改革与财政预算之间相互促进、互为补充的密切关系，使得财政预算治理成为完善社会主义市场经济体制的重要组成部分和行政管理体制改革的重要内容。事实上，在当代公共治理变革中，财政预算治理是各国政府公共治理革新中的重要时代议题。

财政预算治理研究是一个现实且极具理论深度的论题。此书立足于当前我国财政预算制度的现实问题，以治理理论为支撑，以“现实制度—价值选择—制度构建”为主线，其逻辑起点和理论归宿在于财政预算作为民主政治程序的制度定位，通过系统阐释财政预算作为民主政治程序、推进国家治理体系和治理能力现代化的制度功能，进而构建财政预算制度的善治、共治与法治之路。纵观本书的谋篇布局，有两个方面特别值得关注。

第一，财政预算在法治政府建设、监督政府权力等方面的功能定位。长期以来，我们并不重视财政预算制度，我国的财政预算是改革开放以来伴随着社会主义市场经济的建立和完善才逐步走进人们的视野的。至今，我国不少地方政府领导对财政预算依然没有客观正确的认识，预算在某种程度上只是他们手中的一支笔，这也导致长期以来不少学者在研究财政监督时，往往定位于监督预算，而对预算监督权力的功能缺乏客观理性认识。我们在建构行政权力监督机制时，也几乎遗忘了财政预算的监督功能和地位。但是，财政预算从出现之日起，就担负着权力监督的重任，在某种程度上，它也是世俗社会与王权斗争的产物。此书从预算制度的理论基础和制度起源出发，详细论证了财政预算对监督政府权力、推进法治政府的重要意义。当前，我们在持续不断健全国家权力监督机制，为此，应该充分挖掘财政预算的制度本源，丰富和完善国家权力监督体系。把财政预算纳入权力监督的分析，表明了作者的创新能力，这种创新不仅表明作者扎实的专业基础功底，更表明作者思想的敏锐性与时代性，难能可贵。

第二，善治、共治与法治的三重维度，对我们研究国家治理颇具启发意义，在某种程度上也是对国家治理的创新性认识。作为现代国家治理模式转型的一个缩影，财政预算治理最终落脚于如何将封闭、失范和单方的预算管理转变为透明、规范和多维的预算治理。解构现代预算制度的发展逻辑，推进财政预算治理现代化，可以被描绘成一幅包含预算善治、预算共治与预算法治三重思维的立体结构图景，目标在于实现财政预算的合法性与正当性。因此，预算善治、预算共治与预算法治的立体结构可谓既是治理理论全新的研究视角，也是治理理论在具体制度领域的实践探索。在分析过程中，作者并没有拘泥于西方或中国的特定语境，而是在中西比较的视野中，揭示财政预算治理的历史与现实交织的图景。

总之，此书无论是研究主题，还是传递的思想理念，都突显作者强烈的家国情怀和人文关怀，在其文中所隐露的忧患意识与祈盼中华民族伟大复兴的良知与情怀，令人敬佩。当然，此书在具体论证时，也有不够细腻和深刻之处，比如，相比其他制度的治理，财政预算的善治、共治与法治有没有特殊性和差异性，如果有的话，特殊性和差异性在什么地方；再比如，财政预算治理研究最终落脚于中国的实践，应该充分运用中国的事例或案例来佐证此书的观点，这也是本书稍显欠缺之处。相信此书的出版，将会有力推动人们对财政预算治理问题的关注和思考，期盼作者在相关问题的研究上取得新的成绩。

是为序。

2020 年 8 月 16 日

| 第一章 |

导　论

党的十八届三中全会通过的《中共中央关于全面深化改革若干重大问题的决定》明确指出："财政是国家治理的基础和重要支柱，科学的财税体制是优化资源配置、维护市场统一、促进社会公平、实现国家长治久安的制度保障。"[①] 而财政预算又是现代财政制度的基础，是现代国家财政体系的核心制度和公共服务供给的基本制度载体，对国家治理体系和治理能力现代化发挥着重要的基础性、关键性技术支撑功能。对此，党的十八届三中全会进一步要求，"必须完善立法、明确事权、改革税制、稳定税负、透明预算、提高效率，建立现代财政制度"。如何建立健全有利于优化资源配置、维护市场统一、促进社会公平、实现国家长治久安的科学的财政制度，预算[②]制度是逻辑

---

① 本书编写组.《中共中央关于全面深化改革若干重大问题的决定》辅导读本[M]. 北京：人民出版社，2013：19. 另外，本书有关党的十八届三中全会报告的引用，均来源于此辅导读本。

② 预算的性质有广义和狭义之分。广义性质的预算，是指包括国家的预算、企业的预算、社会各单位的预算、社会各类组织的预算、家庭的预算等只要是有"收入计划"和"支出计划"行为和行为结果的各种预算；狭义性质的预算是特指国家的预算，即《预算法》上的"预算"。国家预算除了属于保证国家机关正常运行的小部分资金外，绝大多数资金都属于整个国家，直至包括国家的每一个公民在内。"政府预算"虽可以理解为由政府编制和执行的国家预算，但也可以理解为只属于政府的预算。所以，为避免产生误会，《预算法》修订之后已不再使用"政府预算"的表述。"公共预算"是指国家以整个社会管理者身份取得的收入和用于维持公共需要、保障国家安全、维护社会稳定和秩序、发展社会公共事业的预算。本书所称的财政预算，是政府活动计划的一个反映，它体现了政府及其财政活动的范围、政府在特定时期所要实现的政策目标和政策手段。它作为一种管理工具，在日常生活乃至国家行政管理中被广泛采用，是由政府编制、经立法机关审批、反映政府一个财政年度内收支状况的计划。

起点和突破口的核心。2014 年 6 月，中共中央政治局会议审议通过《深化财税体制改革总体方案》，在该方案中明确要求："改进预算管理制度，强化预算约束，规范政府行为，实现有效监督，加快建立全面规范、公开透明的现代预算制度。"作为国家治理体系和治理能力的重要组成部分和关键内容，财政预算是推进国家治理现代化的重要工具，是政府制度建设的核心领域。

政府的本质是为社会公众服务，力图实现公共利益的最大化。因此，政府在履行基本职能过程中，从决策、管理、服务到监督，归根结底是一个资源配置过程，而配置资源的内在机理就在于财政预算。从形式上看，政府的宏观调控、市场监管、社会管理和公共服务都是政府行为的结果表现，而决定政府行为效果的重要因素之一就是财政预算；特别是作为法治政府核心命题的政府职能边界之确定，在很大程度上也是立足于财政预算基础之上的。因此，在当代公共治理变革中，财政预算治理是各国政府公共治理革新中的重要时代议题。

当前，我国在完善社会主义市场经济体制进程中，各个领域的改革，比如政府机构改革①、金融改革②、医疗卫生改革③、社会保障制度改革④以及国企

---

① 改革开放以来，中国已进行了 7 次国务院政府机构改革，力图降低行政成本，提高行政效率。习近平总书记在党的十九大报告中就深化机构改革做出重要部署，党的十九届三中全会研究深化党和国家机构改革问题并审议通过了《中共中央关于深化党和国家机构改革的决定》。《决定》明确指出，"深化党和国家机构改革是推进国家治理体系和治理能力现代化的一场深刻变革"。2018 年 3 月 13 日，《国务院机构改革方案》公布，根据该方案，改革后，国务院正部级机构减少 8 个，副部级机构减少 7 个，除国务院办公厅外，国务院设置组成部门为 26 个。

② 在党的十八大报告中，金融改革的任务被明确表述为：发展多层次资本市场，稳步推进利率和汇率市场化改革，逐步实现人民币资本项目可兑换。虽然这几个领域的改革早已有共识，但在具体推进领域、步调和节奏方面，仍存在不同意见。

③ 改革开放以来，我国医药卫生事业经历若干比较大的改革过程，取得了一些突破性进展。比如，针对卫生资源严重短缺导致的"看病难、住院难和手术难"问题，鼓励多渠道筹资、多种形式办医，逐步形成了以公有制为主体，多种形式、多种渠道办医的新格局。习近平同志在十九大报告中指出，要实施健康中国战略。完善国民健康政策，为人民群众提供全方位全周期健康服务。深化医药卫生体制改革，全面建立中国特色基本医疗卫生制度、医疗保障制度和优质高效的医疗卫生服务体系，健全现代医院管理制度。

④ 改革开放以来，中国社会保障事业得到了突飞猛进的发展，社会保障制度框架基本形成。在城镇，我国已经基本建立了养老、医疗、失业、工伤和生育保险等五项社会保险制度，并且已经全面实施

改革[①]等关系国计民生和国民经济基础的重大改革议题正在加速推进，各种难点问题也不断暴露出来，而所有这些都无一例外地反映到财政问题上来，无一不直接或间接地依赖于财政预算制度的根本变革。[②] 与此同时，中央与地方以及地方各级政府间事权和财权的划分，本质上都体现于财政预算制度，各预算单位之间以及预算单位与社会成员之间经济社会利益关系的正确处理是财政预算制度合理运行的结果。因此，财政预算治理不仅是财政制度体系建设的核心内容，承载着公共财政[③]改革突破口的历史使命，也因为各项改革与财政预算之间相互促进、互为补充的密切关系，使得财政预算治理成为完善社会主义市场经济体制的重要组成部分和行政管理体制改革的重要内容。

财政预算是以政府的行政权力取得收入并通过支出方式配置资源，预算所提供的政府收支信息，反映了政府在行使所有与公共资源筹集、配置和使用有关之权力的信息。国际人权组织的安·布莱博格曾如此描述预算：财政预算是政府为所有人能够实现更好的生活的一个执行方案，它规定了人们应该缴纳多

（接上页脚注）了最低生活保障制度；在农村，我国正在全面推进最低生活保障制度，努力探索养老保险制度，不断加快新型合作医疗改革试点的步伐。党的十九大报告提出：按照兜底线、织密网、建机制的要求，全面建成覆盖全民、城乡统筹、权责清晰、保障适度、可持续的多层次社会保障体系。

① 国有企业改革是党中央实施做强做优做大国有企业方针的重大战略步骤，推进国有企业改革，要有利于国有资本保值增值，有利于提高国有经济竞争力，有利于放大国有资本功能。国企改革的中心环节和核心内容是建立现代企业制度，增强国有企业活力，提高国有企业的经济效益。2018 年 10 月，全国国有企业改革座谈会在北京召开，会议传递出多个重要改革信息。下一步，国企改革部署将紧扣重点，务求实效。在实践层面，新启动的国企改革“双百行动”正紧锣密鼓推进，新一批国有资本投资公司试点有望尽快推出。种种信号显示，深化国企改革将重拳出击，有望取得突破性进展。

② 高志立，孙仁宏．市场化进程中的政府预算公共化实践进展、主要问题与对策建议[J]．经济研究参考，2011（28）．

③ 公共财政（Public Finance），是指国家（政府）集中一部分社会资源，用于为市场提供公共物品和服务，满足社会公共需要的分配活动或经济行为。它是适应市场经济发展客观要求的一种比较普遍的财政模式。这种以满足社会公共需要为口径界定财政职能范围，并以此构建政府的财政收支体系的财政模式，在理论上被称为“公共财政”。公共财政就是市场经济下政府的财政，公共财政实质是市场经济财政。“公共财政”的要义：并不在于新古典主流经济学所表明的“市场失效”这一经济逻辑起因，而在于其预算法治和民主财政的“政治实质”内涵。

少税收，政府如何花钱，要实现什么目标。因此，它是所有政府政策的概括。[①] 因此，无论是制定作为政府活动之起点的良善政策，还是监督与约束政府及其工作人员自由裁量权的非规范性扩张，提高政府治理能力和公共资金的效果与效能，都有必要建立一个具有统一规范、严格监督、公开透明等特征和属性的预算管理制度。

作为政府活动的一个重要方面，财政预算不仅集中体现了政府的政策导向和意图，是政府制定社会、经济、政治和文化卫生等各个方面公共政策的物质基础，而且它事关社会公众的现实利益。作为公共服务供给的基本制度载体，预算制度将政府同社会公众的利益密切联结起来。在现代社会中，财政预算日益成为社会公众实现公共利益最大化、表达公共意愿之平台与通道的制度保障。

财政预算不仅是政府的收支计划，也是规范约束政府行为、监督保障政府合理行政的重要方式，是民主与法治发展的广度与深度在经济领域的集中体现。市场经济民主化、法治化与财政预算治理如影随形、相互促进。从预算草案的编制，到审议与批准通过，再到执行以及执行之中的监督和决算评价绩效考核等整个预算过程，正日渐成为公民监督政府、全面推进依法治国、建设社会主义法治国家的重要切入点。

党的十九大报告明确指出："建立全面规范透明、标准科学、约束有力的预算制度，全面实施绩效管理。"[②] 财政预算作为政府公共经济活动的集中体现，如何"规范政府收支行为，强化预算约束，加强对预算的管理和监督，建立健全全面规范、公开透明的预算制度，保障经济社会的健康发展"[③]，如

① ［美］安·布莱博格．财政预算：实现权利的一个关键工具［J］．权利与公共政策（天则经济研究所），2005（6）．

② 本书编写组．《决胜全面建成小康社会 夺取新时代中国特色社会主义伟大胜利》辅导读本［M］．北京：人民出版社，2017：33. 另外，本书有关十九大报告的引用，均来源于此辅导读本。

③ 参见《中华人民共和国预算法》第1条。

何充分彰显民主性、效益性和法治性，充分发挥监督政府权力合理运行的制度属性，实现财政预算治理能力和制度体系的现代化，既是一个厚重的理论问题，也是一个亟须解决的现实问题。随着有利于优化资源配置、维护市场统一、促进社会公平、实现国家长治久安的公共财政体制的建立和不断完善，我国在财政预算治理方面已经做了不少的努力，但仍有很长的路要走。

第一节 我国财政预算的现实问题

自从20世纪90年代末期中国确立了建立公共财政框架体系的改革目标[①]之后，如何构建适应市场经济发展和社会公平正义需要的公共财政框架，成为党中央国务院统筹推进、逐渐制度化的一系列具体行动。特别是党的十八大以来，按照全面深化改革的总体要求，财政部门解放思想，大胆探索，锐意改革，加大力度推出一系列影响深远的改革措施，在财政体制和预算制度方面取得重大进展，为经济持续健康发展与社会和谐稳定提供了重要保障。财政预算改革作为建立健全公共财政体系的核心与关键，逐项改革措施渐次推出，“公共化”“民主化”“法治化”“透明度”以及“阳光财政”等改革词汇，也随之纷纷映入眼帘。中央和地方政府先后启动了一系列财政预算领域的制度改革：通过实行部门预算，细化预算编制，提高财政预算的约束性与权威性；通过“收支两条线”改革，规范政府基金和收费项目，逐步将预算外的政府性收支全额纳入预算内管理，加快建立统一、完整的公共预算体系；通过国库集中收付制度改革，克服原有国库分散支付制度的弊端，提高部门预算编制和执行的规范性，硬化预算约束；通过政府采购制度改革，节约财政支出，强化财政监督，提高财政资金的使用效益，促进廉洁政府建设。

---

① 在1998年12月全国财政工作会议上，国务院首次提出了我国建立公共财政基本框架的思路及相关原则，这标志着公共财政作为财政改革的目标模式被中央决策层正式肯定和明确。随后，关于建立公共财政框架的要求又明确写入了党的十五届三中全会文件和国家“十五”计划。

新中国成立之后，为实行计划经济体制，我国财政预算采取按功能切块分配的方式。随着社会主义市场经济体制的建立和完善，传统功能预算中存在的预算编制范围不完整、方式不科学、程序不规范等问题日益显现。但是，由于涉及政治、经济、管理、法律等各领域、多部门的利益格局分配，财政预算在体制、机制和制度上依然存在诸多问题。对此，《中共中央关于全面深化改革若干重大问题的决定》将财政提升到国家治理的基础与重要支柱的新高度，明确要求建设“与国家治理体系和治理能力现代化相适应”的现代财政制度。财税体制和预算管理制度中存在的问题迫切需要全面深化改革予以解决，建设全面完整、规范有序、公开透明、约束严格的以人民为中心的现代预算制度已成为落实全面深化改革战略部署的基础性工程。

事实上，经过1994年的分税制财政体制改革和1999年以来的预算管理领域的系列改革，中国基本上建立起一种“控制取向”的预算管理体系，已将政府财政部门转变成真正意义的“核心预算机构”，赋予财政部门集中资源配置的权力，并在预算执行中对支出部门的支出行为施加“外部控制”。[①] 但是，由于改革过程中经济社会发展阶段性的现实国情和社会公众传统文化意识等客观条件的制约和限制，有些改革措施虽已提出但并未真正付诸实施，有些改革举措因政策设计不完善而出现了新的矛盾，财政预算制度依然存在不少问题。总体而言，主要集中体现在公共财政体系有待健全、预算民主化程度有待提高、预算监督比较薄弱、法治化程度亟待提升等方面。

一、 公共财政体系有待健全

公共财政是为社会提供公共产品与公共服务的政府分配行为，是与市场经济体制相适应的一种财政管理体制。在公共财政框架下，财政只是为公众提供公共产品和公共服务，一切与政府权力相关的公共收入都必须纳入政府预算，

---

① 马海涛.2000年以来中国预算管理制度改革回顾、成效与展望[J].新疆财经，2012（4）.

不允许预算之外的政府收入存在，更不允许预算外的预算外收入即制度外收入存在。公共财政为作为社会管理者的政府实现其职能提供财力，同时又从财力上规范和制约政府职能范围，促进政府职能转变。政府的经济角色从政经合一、政企合一向政经（职能）分离、政企分开的方向转变，其主要职能是为各种经济成分、各类市场主体和投资主体创造公平竞争环境，为全社会提供必要的公共产品和公共服务，以充分体现政府的“社会性”和财政的“公共性”。

财政预算是公共财政制度体系的重要组成部分，因此，公共财政体系是预算制度科学化、民主化、法治化的基础。不过，当前我国公共财政体系还有待健全，在财政统筹能力和风险防范、政府间事权和财政关系、行政管理成本和社会服务职能与公共服务供给等方面存在以下突出问题。

第一，财政统筹能力偏弱，财政风险不断集聚。

目前，我国财政收入总量虽然已经稳居世界第二位①，但是，如果综合考察财政收入的数量、构成、形式和来源等指标，财政统筹能力问题和财政风险管控能力问题依然较为突出。在形式上，政府收入的规范性、统一性和完整性程度不高，不同地区各种名目的区域税收优惠政策、各种类型的专项转移支付繁多，基层政府依然存在较多的非税收入，公共财政预算中还存在比较多的专款专用类型的“挂钩收入和支出”，财政支出固化与碎片化并存以及财政资金部门利益化与碎片化并存等现象突出，种种问题导致政府一方面处处缺钱，亟须发展的社会公共事业和各项重点规划建设项目保障不够；另一方面，到每年年底时财政资金大量积压，突击花钱与随意浪费，甚至腐败的现象却又客观存在。此外，公共财政预算中，如车辆购置税专项用于交通建设，政府性基金收入中土地出让金收入大部分用于土地开发成本，国有资本经营预算收入主要用

① 2017 年财政收入排名前三的国家分别是：美国财政收入为 3.336 万亿美元，中国财政收入为 2.672 万亿美元，德国财政收入为 1.678 万亿美元。数据来源于财政部网站。

于国有企业相关支出等，都弱化了财政统筹收入的能力。①

另外，近年来由于经济增长速度放缓，经济下行压力增大，财政收入也将逐渐进入低增长时期，但是，财政支出刚性且僵化，这就导致财政收支紧张的矛盾不断加剧。特别是近些年来，我国为应对国际金融危机的冲击，持续实施积极的财政政策，也积累了较大的潜在财政风险。仅就中央财政看，显性债务不断增长，主要是中央财政历年累计赤字等形成的国债余额，同时，还存在以往年度支持金融改革和国有银行上市的资产损失、高校债务、铁路建设债务等隐形债务及或有债务。特别是自2007年以来，地方政府性债务快速增长，一些地方政府泛化滥用PPP②，甚至借PPP变相融资等不规范操作的问题日益凸显，加大了地方政府隐性债务风险，尤其是不发达地区基层政府存在较大的违约风险。

第二，政府间事权和财权关系模糊，界限不够清晰。

目前，我国政府间事权和支出责任划分不清，正如财政部原部长楼继伟所言，1993年分税制改革，因客观条件约束，未触动政府间事权和支出责任划分，而是承诺分税制改革后再来处理。③ 但是，从二十多年的实践看，诸多事权在不断下放，包括一些全国性和跨区域性的事权都转由地方管理。不过，各级政府在基础设施建设以及支持农业、教育、卫生、文化等事业发展方面的支出责任的划分不够清晰明确，中央政府主要通过安排各种专项转移支付对地方政府给予补偿。诸如转移支付这类资金安排形式，既可能导致难以公平对待的问题，又可能催生“跑部钱进”的现象，公平、效率以及寻租问题也会出现。

---

① 娄冰．中国预算制度：变迁轨迹和改革路径［D］．中国社会科学院2013年博士学位论文．

② PPP（Public－Private Partnership），又称PPP模式，即政府和社会资本合作，是公共基础设施中的一种项目运作模式。在该模式下，鼓励私营企业、民营资本与政府进行合作，参与公共基础设施的建设。PPP是以市场竞争的方式提供服务，主要集中在纯公共领域、准公共领域。PPP不仅是一种融资手段，而且是一次体制机制变革，涉及行政体制改革、财政体制改革、投融资体制改革。2018年9月14日财政部公布的统计数据显示，截至2018年7月底，全国PPP综合信息平台项目库累计入库项目7867个、投资额达11.8万亿元。

③ 杨仕省．财税改革聚焦于“事”［N］．华夏时报，2013－11－22.

另外，财政转移支付实质上也是过多地干预了地方政府事权，这明显不符合现代国家治理的一般要求。区域优惠政策过多过滥，一些地方政府和财税部门通过税收返还等方式变相减免税，“一事一议”制造“税收洼地”，严重影响了税制规范和市场公平竞争，扰乱了市场经济秩序，加大了资源环境压力。

第三，行政管理经费增长过快，行政成本明显增高。

改革开放以来我国政府机构改革持续进行[①]，但是，每次改革之后的反弹都比较明显，形成了一轮又一轮“膨胀—精简—再膨胀”的恶性循环，致使行政管理支出不断增多，占财政支出的比重远高于10%左右的国际平均水平；行政管理支出的绝对数额年均增长明显高于同期财政收入和财政支出的增长速度。

由于行政管理支出具有纯消费的性质，其所占份额越大，就会越多地挤占农村农业发展、科教文卫、社会保障等社会公共事业发展所必需的财政资金，加剧财政越位和缺位现象。[②] 近年来，党中央国务院对公车消费、公费出国、公务接待费支出等“三公”经费严厉管控，形式上的经费额度已明显下降，不过，社会各界对此问题依然反响非常强烈。

第四，财政预算的社会服务职能偏弱，公共服务供给不均衡。

近年来，我国政府在社会公共服务方面持续加大投入，但社会公共服务支出总体上仍然不足。比如，以教育投入为例，尽管我国早已提出公共教育经费支出占GDP的比重提升至4%的目标，但是至今仍未实现。就社会保障投入来说，目前高收入国家、中高收入国家、中低收入国家、低收入国家社会保障支

---

① 2018年3月13日，《国务院机构改革方案》提请十三届全国人大一次会议审议。不再保留国土资源部、国家海洋局、国家测绘地理信息局，组建自然资源部；不再保留环境保护部，组建生态环境部；整合工商、质监、食品药品监管部门的主要职责，组建国家市场监管总局；组建应急管理部、退役军人事务部……新一轮党和国家机构改革，堪称改革开放40年来历次机构改革中最有远见和魄力的方案，充分体现了以习近平同志为核心的党中央大刀阔斧的改革决心和深谋远虑的改革智慧。不包括这次改革，1982年之后的30多年时间里，国务院机构一共集中进行过7次改革，分别在1982年、1988年、1993年、1998年、2003年、2008年和2013年进行了规模较大的政府机构改革。

② 高志立，孙仁宏．市场化进程中的政府预算公共化实践进展、主要问题与对策建议[J]．经济研究参考，2011（28）．

出占财政支出的比重分别为33%、30%、28%和8%左右，[①] 而在我国财政预算中，社会保障支出比重长期偏低，2018年仅占全部财政支出的10%。

政府公共服务支出总体不足，必然导致居民在教育、医疗、养老等方面负担比较重。而公共服务具有明显的收入再分配作用，政府公共服务提供不足，强化了居民的谨慎预期，降低了居民消费需求，这也是我国收入分配不合理和居民消费率下降的重要原因。另外，当前我国的义务教育、公共卫生和基本医疗、基本社会保障等多种基本公共服务仍然被划分为城镇和农村二元体系，预算资金更多地投入城镇，许多公共服务还没有普遍惠及农村，广大农村的民生需求得不到满足。即使大量农民工走进了城市并常年生活在城市，也很难拥有真正的城市居民身份，难以获得均等化的基本公共服务。目前，在城镇中已基本建立包括基本养老、医疗、工伤、失业、生育保险在内的社会保险体系，社会救助、社会福利和社会优抚等制度也相对完善。但是在农村，除"五保"供养制度相对规范外，新型农村合作医疗、最低生活保障、医疗救助等制度都是近几年才逐步建立，被征地农民社会保障和农民工社会保险等正在逐步推进，新型农村社会养老保险制度才刚刚起步，农村社会福利服务设施严重匮乏。

二、 预算决策民主化程度有待提高

财政预算本质上是一种公共选择[②]行为。我国《宪法》第2条规定，"一切权力属于人民"。党的十九大报告明确提出，"要改进党的领导方式和执政方式，保证党领导人民有效治理国家；扩大人民有序政治参与，保证人民依法实行民主选举、民主协商、民主决策、民主管理、民主监督；维护国家法制统

---

① 资料来源：国际货币基金组织网站和OECD（经济合作与发展组织）有关统计数据。

② 大致来说，公共选择是这样一种理论：其研究对象为集体的非市场决策过程；其使用的研究工具和方法为经济学的工具和方法，尤其是价格理论；它把政治舞台理解为市场，把选民、官僚和政治家视为政治市场中的博弈者，把选票看成是货币；讨论的是政治市场中的经济人行为。公共选择理论的最终目的就是寻找一种规则，使理性的经济人在自利的同时，也造福社会。

一、尊严、权威，加强人权法治保障，保证人民依法享有广泛权利和自由。巩固基层政权，完善基层民主制度，保障人民知情权、参与权、表达权、监督权。在财政预算过程中，如何充分发扬民主，如何扩大社会公众广泛、积极、有序地参与，既是一个理论问题，也是一个现实问题。只有很好地解决这些问题，才能使财政预算充分集中民智和反映民情民意，更好地体现社会公共利益。因此，财政预算的民主化，是推进财政预算治理现代化的必然要求。不过，当前我国财政预算决策民主化程度虽然在持续提高，但依然存在制度性问题。

首先，财政预算草案的审议存在制度性缺陷。在我国，人民代表大会制度是民主政治的基础，我国《宪法》和相关法律都规定财政预算草案的最终审批权和决定权属于人民代表大会，但是在现实中，针对预算草案的审查，人民代表大会往往是形式上的程序性审查，很少有细致的实质性审查。目前，市级以上各级人民代表大会基本上都设立了财经委或财经工委、预算工委，具体负责预算的初审工作，但是普遍存在专业人员较少、力量较弱的问题，特别是县级人民代表大会及其常委会，基本就没有设立预算审查专门机构。我国各级人民代表大会代表来自各个领域、各个方面，虽然其中不乏精通财政预算的人才，但总体而言，具备专业化预算知识和专业经验的人员比例明显偏低。与此同时，按照《中华人民共和国预算法》（以下简称《预算法》）的规定，除了中央一级之外，地方各级财政预算草案提交人民代表大会的时间为人民代表大会开会前30日。[①] 而从人民代表大会会期来看，乡镇人民代表大会会期1天左

① 《预算法》第44条规定：国务院财政部门应当在每年全国人民代表大会会议举行的四十五日前，将中央预算草案的初步方案提交全国人民代表大会财政经济委员会进行初步审查。省、自治区、直辖市政府财政部门应当在本级人民代表大会会议举行的三十日前，将本级预算草案的初步方案提交本级人民代表大会有关专门委员会进行初步审查。设区的市、自治州政府财政部门应当在本级人民代表大会会议举行的三十日前，将本级预算草案的初步方案提交本级人民代表大会有关专门委员会进行初步审查，或者送交本级人民代表大会常务委员会有关工作机构征求意见。县、自治县、不设区的市、市辖区政府应当在本级人民代表大会会议举行的三十日前，将本级预算草案的初步方案提交本级人民代表大会常务委员会进行初步审查。

右，县级人民代表大会会期3—4天，省级人民代表大会会期7天左右，而全国人民代表大会会期也仅有14天左右。人民代表大会会议期间对财政预算草案的审议，省级以上人民代表大会一般仅仅安排1天左右时间，而且往往与政府工作报告、计划报告一并审议，代表审议时精力一般主要集中在政府工作报告上。显然，财政预算的审查机制及其人员结构、审议时间和人大审议关注点等诸多制度性问题，导致人民代表大会代表很难真正全面、深入地研究财政预算草案的内容，难以进行细致的专业性的审查和论证，也没有很多的机会对预算草案发表意见，有些甚至都“看不完”预算草案文件。

其次，财政预算的公开透明度有待提高，公众参与十分有限。当前，我国财政预算的公开透明与公众参与更多是学者关注的焦点，社会公众对财政预算的感知度和关注程度都比较低。近年来，我国不少地方参与式预算改革都取得了一定进展，比如，早在2008年12月，上海市闵行区人民代表大会常委会组织了2009年财政预算初审听证会，5场预算听证会分别针对农业规模经营补贴、劳动关系和谐企业创建、公交补贴、社保补贴券发放和教学设备添置更新等项目，听取人民代表大会代表和社会公众的意见。但是从总体来看，目前省级以上的财政预算听证会仍不多见，能够参加听证会的社会公众也十分有限，他们对财政预算草案的影响更是微乎其微。虽然也有一些财政预算专家（学者）能够以政协委员等身份参与财政预算过程的协商，但是，他们对预算过程的参与不具有广泛的代表性，并且他们对财政预算草案的利益表达多是关注于学理层面，对现实中的公众利益诉求尚缺乏比较全面的把握。①

另外，由于传统历史文化影响，特别是因受“溥天之下，莫非王土；率土之滨，莫非王臣”② 等儒家思想的影响，社会公众的公民意识普遍淡薄，纳税人权利意识更是缺失。尽管2001年修订的《税收征管法》首次以法律的方

① 高志立，孙仁宏．市场化进程中的政府预算公共化实践进展、主要问题与对策建议［J］．经济研究参考，2011（28）．

② 见《诗经·小雅·谷风之什·北山》。

式确定了纳税人的基本权利，① 但该法在税收征管制度设计上，仍然是以税务机关的管理为主导，以税务机关的职权设置和纳税人义务的承担为基本主线，构建的是以程序性权利为主的权利体系，对纳税人享有的权利规定十分有限，《预算法》和其他相关法律中对纳税人的预算参与权规定比较模糊。②

三、 财政预算监督比较薄弱

从监督权的角度来说，社会各个阶层、各个机构都应该享有对财政预算的监督权，但是，目前我国的预算监督明显比较薄弱，预算监督缺乏权威性、科学性和实效性。

首先，在我国，一切权力属于人民，人民代表大会是国家权力监督机关。不过，对于财政预算，各级人民代表大会依然停留在程序性监督的层面，各级人民代表大会财经委员会对预算草案的初审结果和人民代表大会会议期间人大代表的审议意见，基本上只是以简报的形式通报给政府财政部门，所提出的意见和建议能否得到采纳、采纳多少等缺乏硬性约束。人民代表大会预算监督仍然停留在听取和审议报告等层面，基本上属于事后监督，这使得财政预算执行过程缺乏应有的有效监督。各级人民代表大会常委会对于财政决算的审查监督，除了听取财政部门负责人所做的本级决算的报告外，也只是更多地依赖政府审计部门关于同级预算执行和其他财政收支情况的审计工作报告。

其次，财政审计是预算监督的重要方式，是对财政资金筹集、供应、使用

① 现行《税收征管法》第 8 条规定：纳税人有权向税务机关了解国家税收法律、行政法规的规定以及与纳税程序有关的情况；有权要求税务机关为纳税人的情况保密；依法享有申请减税、免税、退税的权利；对税务机关所做出的决定，享有陈述权、申辩权；依法享有申请行政复议、提起行政诉讼、请求国家赔偿等权利；有权控告和检举税务机关、税务人员的违法违纪行为。

② 《预算法》第 45 条规定："县、自治县、不设区的市、市辖区、乡、民族乡、镇的人民代表大会举行会议审查预算草案前，应当采用多种形式，组织本级人民代表大会代表，听取选民和社会各界的意见。"这是《预算法》对县（区）级和乡镇级人大工作的新增规定，但是没有明确是在人大常委会初审会议前进行还是在人大举行会议前进行，也没有明确听取的意见如何对待。

全过程是否合理、合法、有效、正常而进行的审核、稽查。我国《宪法》第91条和《审计法》第16条明确规定，审计机关对本级各部门（含直属单位）和下级政府预算的执行情况和决算，以及预算外资金的管理和使用情况进行审计监督。从世界各国审计机构发展的共同特点和趋势来看，各个国家审计机构的名称、职权不一，产生和组成的办法也有区别，但其共同点就是协助议会审查监督预算，为议会监督提供及时、准确、详尽的预算运行信息，而且审计机构一般都具有较强的独立性。不过，我国审计机构被纳入政府序列，是政府的组成部门。《审计法》第17条规定，审计署在国务院总理领导下，对中央预算执行情况和其他财政收支情况进行审计监督，向国务院总理提出审计结果报告。地方各级审计机关分别在省长、自治区主席、市长、州长、县长、区长和上一级审计机关的领导下，对本级预算执行情况进行审计监督，向本级人民政府和上一级审计机关提出审计结果报告。同时《审计法》第4条规定，国务院和县级以上地方人民政府应当每年向本级人民代表大会常务委员会提出审计机关对预算执行和其他财政收支的审计工作报告。因此，审计机关既要向监督者（人民代表大会）负责，又要向被监督者（政府）负责，这一体制性缺陷影响了审计监督的独立性、权威性和客观性。

再次，财政监督是国家在组织社会产品分配的过程中，通过财政业务活动和经常性的管理而实现的一种监督。财政监督不同于其他形式监督的重要特点在于，它是组织社会产品或国民收入（或国内生产总值，GDP）分配过程中的监督，是财政业务活动中的监督，进而对国民经济实行全面监督。根据我国现行财政管理体制和有关法律法规的规定，财政监督范围包括预算执行、税收征管与解缴、财务会计、国有资本金基础管理等方面。[①] 近年来，财政监督在由

① 财政监督包括：（一）对本级各部门及下一级政府预算、决算的真实性、准确性、合法性进行审查稽核，并根据本级政府授权对下级政府预算执行情况进行监督。（二）对本级各部门及其所属各单位的预算执行情况及预算外资金收取、管理和使用情况进行监督。（三）对本级预算收入征收部门征收、退付预算收入情况，本级国库办理预算收入的收纳、划分、留解、退付和预算支出的拨付情

专项监督向日常监督转变方面做出了不少努力，但仍然是专项性和突击性检查多，日常监督①少；事后检查多，事前监督②、事中监督少。财政专职监督机构与财政业务机构之间的相互沟通和反馈不到位，业务机构在加强预算资金的分配管理过程中，将专职监督作为一个环节纳入制度设计不够，特别是财政专职监督机构对业务机构预算资金分配和执行的科学性监督基本没有发挥作用。在具体监督工作中，更多地注重预算资金到位情况、资金使用合法性的监督，对预算支出合理性的分析和对预算执行效果情况的监督不到位。财政监督更多地注重对外部的监督，而对财政内部的监督检查往往流于形式。特别是目前财政监督和审计监督之间没有明确划分各自职责和工作侧重，在检查计划上不能相互衔接，工作信息上不能相互共享，检查结论不能相互利用，导致监督成本较高而监督效能低下。

最后，社会公众和新闻媒体监督缺失。理论上讲，因为纳税人是政府的财政供应来源之一，就必然要求其对政府的预算活动进行监督，以保障个人让渡的财产权利得到合理的运用。但是，一方面，由于主动参与和监督财政预算活动需要参与者个人投入时间、精力和专业知识搜集信息等成本，而获得的收益要与那些没有进行参与的公民分享，由此导致成本投入与收益不对称，因而纳税人参与预算监督的动力不足；另一方面，由于预算透明度比较低，预算草案涉及面广，预算管理的专业性、技术性比较强，加之政府提供的预算信息缺失，普通社会公众往往很难具备监督财政预算活动所必要的知识和信息，实际上无法实质性地参与到财政预算活动中来。同时，“原子化的个人和政府系统

（接上页脚注）况进行监督。（四）对本级财政资金的使用效益情况进行监督。（五）对国有资本金基础管理及国家基本建设项目预算执行情况进行监督。（六）对会计信息质量和社会审计机构贯彻执行财税政策、法律法规情况及其在执业活动中的公正性、合法性进行监督。

① 日常监督，指在收支活动进行过程中所进行的监督，如解缴收入是否符合有关法规和政策规定，是否及时足额，支出用途及数量是否符合计划。

② 事前监督，指在财政收支活动前，如国家预算、财务计划的编制、审核过程中所进行的监督。

的权威相比，呈现出力量不对称”。① 因此，公民参与和监督财政预算活动，普遍存在动力和影响力不足的问题。

四、 财政预算法制建设滞后

健全的法律制度对财政预算活动起着根本性的指引、规范和保障作用。发达市场经济国家大都以法律的形式，对财政预算的主体、职责、权限予以明确规定。比如：德国、瑞士、意大利的《宪法》对财政收支的一切活动都有规定；澳大利亚除《公司法》《审计法》《会计准则》等原则性法律外，还有《财政管理和责任法》《审慎监管法》《预算诚实法》《公共财政透明法》等一系列经济监督法律法规，对财政预算活动进行全面规范和全过程监控；美国除《宪法》外，还有 1921 年《预算与会计法案》、1974 年《国会预算和扣押控制法案》、1985 年《平衡预算和赤字紧急控制法案》、1993 年《政府绩效和结果法案》等比较重要的关于预算控制和监督的法律；日本国会则制定颁布了《财政法》《地方财政法》《地方交付税法》等法律法规，保证财政预算监督管理的制度化、规范化和透明度。

相比较而言，我国预算法制建设还不够健全完善。虽然我国《宪法》和《预算法》对财政预算做出了许多规定，但是，一方面，法律对预算的完整性缺乏明确规定和要求，财政预算不能全面、准确地反映全部政府收支的运行情况，大量政府收支游离于预算之外，脱离监督；另一方面，规范财政预算更多的是依靠财政税务部门的内部文件、部门规章或者地方法规、地方政府规章，法律效力层次较低，缺乏普遍的约束力，影响了预算监督法律规范的权威性和稳定性。与此同时，法律对预算执行规定得也不够严格，特别是对预算调整表述得过于原则，没有涉及政策和具体措施导致人民代表大会对预算变更调整的审查监督流于形式。比如，《预算法》第 68 条规定：“在预算执行中，各级政

① 赵成根．民主与公共决策研究[J]．哈尔滨：黑龙江人民出版社，2000：6.

府一般不制定新的增加财政收入或者支出的政策和措施，也不制定减少财政收入的政策和措施；必须做出并需要进行预算调整的，应当在预算调整方案中做出安排。”但是，何谓“必须做出并需要”？哪些特殊情况需要通过调整预算来解决？都没有明确规定。另外，法律对违反《预算法》应承担的法律责任集中在第 92 至 95 条①，不过规定得过于简单，缺乏实际操作性，对于预算编制、资金使用等方面的不当行为，没有法律上的约束。特别是近几年不少地方多征、提前征收预算收入，或者数据造假现象并不鲜见，尽管“审计风暴”愈刮愈烈，但是“屡审屡犯”现象禁而不止。

第二节　从管理到治理的理念变迁

2013 年 11 月党的十八届三中全会明确指出：“科学的宏观调控，有效的

① 《预算法》第 92 条规定：各级政府及有关部门有下列行为之一的，责令改正，对负有直接责任的主管人员和其他直接责任人员追究行政责任：（一）未依照本法规定，编制、报送预算草案、预算调整方案、决算草案和部门预算、决算以及批复预算、决算的；（二）违反本法规定，进行预算调整的；（三）未依照本法规定对有关预算事项进行公开和说明的；（四）违反规定设立政府性基金项目和其他财政收入项目的；（五）违反法律、法规规定使用预算预备费、预算周转金、预算稳定调节基金、超收收入的；（六）违反本法规定开设财政专户的。第 93 条规定：各级政府及有关部门、单位有下列行为之一的，责令改正，对负有直接责任的主管人员和其他直接责任人员依法给予降级、撤职、开除的处分：（一）未将所有政府收入和支出列入预算或者虚列收入和支出的；（二）违反法律、行政法规的规定，多征、提前征收或者减征、免征、缓征应征预算收入的；（三）截留、占用、挪用或者拖欠应当上缴国库的预算收入的；（四）违反本法规定，改变预算支出用途的；（五）擅自改变上级政府专项转移支付资金用途的；（六）违反本法规定拨付预算支出资金，办理预算收入收纳、划分、留解、退付，或者违反本法规定冻结、动用国库库款或者以其他方式支配已入国库库款的。第 94 条规定：各级政府、各部门、各单位违反本法规定举借债务或者为他人债务提供担保，或者挪用重点支出资金，或者在预算之外及超预算标准建设楼堂馆所的，责令改正，对负有直接责任的主管人员和其他直接责任人员给予撤职、开除的处分。第 95 条规定：各级政府有关部门、单位及其工作人员有下列行为之一的，责令改正，追回骗取、使用的资金，有违法所得的没收违法所得，对单位给予警告或者通报批评；对负有直接责任的主管人员和其他直接责任人员依法给予处分：（一）违反法律、法规的规定，改变预算收入上缴方式的；（二）以虚报、冒领等手段骗取预算资金的；（三）违反规定扩大开支范围、提高开支标准的；（四）其他违反财政管理规定的行为。

政府治理，是发挥社会主义市场经济体制优势的内在要求。”这是在党中央的文献中首次提出“政府治理”的概念。从政府管理走向政府治理，表明中国共产党在世情、国情、社情和党情发生深刻变化的背景下，清醒地认识到我国改革开放事业深入发展所面临的严峻挑战。所谓政府治理，就是在现代政治活动中，政府作为重要的政治行为者，与社会组织、企事业单位、社区以及个人等不同的行为主体，通过平等的合作伙伴关系，依法、民主、科学地对国家的经济政治社会文化等事务进行规范和管理，最终实现公共利益最大化的过程。①

一、 治理理念的渊源及其特征

治理理念有诸多历史来源，治理（governance）的词源表示主导、驾驭某事物，船舵（governail）是其最原始的意思，后来由此引申出内涵丰富的比喻义：选择航向，以及根据不断变化的自然环境持续调整修正。1976 年，在詹姆斯·马奇（James March）和约翰·奥尔森（Johan Olsen）合著的《组织中的二重性与选择》（*Ambiguity and Choice in Organization*）中，有一篇文章的题目第一次用到了治理这个词：大学治理（university governance）。② 不过直到 20 世纪 90 年代中期，治理才真正进入公共政策分析领域。

作为汉语动词，“治理”有着悠久的历史，其含义大体上是指政治权威通过权力运作使“乱”的状态变成“治”，即有序的状态。③ 作为现代政治学科中一个政治行为范畴，“治理”通常指在政治系统的特定范围内行使权威，对政务或公共事务做出有效的安排，以达到维护政治秩序和维护正义价值的目的。④治理是在一个既定的制度关系框架内，运用权威引导、控制和规范政府机构、

① 陈家刚．协商民主与国家治理[M].北京：中央编译出版社，2014：240.

② ［法］让－皮埃尔·戈丹．何谓治理[M].钟震宇，译．北京：社会科学文献出版社，2010：14－15.

③ 张凤阳．政治学关键词[M].南京：江苏人民出版社，2006：311.

④ ［美］皮埃尔·卡蓝默．破碎的民主——试论治理的革命[M].高凌瀚，译．北京：生活·读书·新知三联书店，2005：9.

公民社会、私人机构和公民个人等的各种活动，从而最大限度地促进公共利益的过程。治理也是为推动相互冲突或不同的利益得以调和，政府和公民社会多主体采取联合行动的持续过程。它既包括有权迫使人们服从正式的制度和规则，也包括各种人们同意或以为符合其利益的非正式的制度安排。[①] 除此之外，与传统管理的威权体制相比，治理意味着一系列来自政府但又不限于政府的社会公共机构和行为者，它们对传统的国家和政府权威提出挑战，认为政府并不是国家唯一的权力中心，各种公共和私人机构只要其行使的权力得到了公众的认可，它们就都可成为各个不同层次上的多元权力中心。

在现代社会，国家正在把原先由它独自承担的责任逐步转移给社会组织和公共机构，即各种私人部门和公民自愿性团体，后者正在承担越来越多的原先由国家承担的责任。这样，国家与社会之间、公共部门与私人部门之间的界限和责任便越来越模糊不清。治理明确肯定了在涉及集体行动的各个公共机构之间存在着权力倚赖。致力于集体行动的组织必须依靠其他社会组织，为达到目的，各个社会组织之间必须交换资源、谈判共同的目标；交换的结果不仅取决于各参与者的资源，而且也取决于游戏规则以及进行交换的环境。[②]

与政府管理相比，政府治理具有比较突出的几个特点：

第一，多元性。传统政府管理的管理主体就是政府，立足于政府对国家经济社会等各项事务的主导，政府是管理活动合法权力的主要来源；而政府治理强调治理主体的多元性，政府已经很难垄断全部规范和管理的实践过程，政府依然是管理活动合法权力的重要来源，不过，社会组织、企事业单位、社区组织等也同样是合法权力的来源。

第二，平等性。传统政府管理习惯于将自身置于“父母官”地位，习惯于扮演“全能型选手”角色，包揽一切经济社会事务，甚至同时充当裁判员

① 俞可平．全球化：全球治理[M].北京：社会科学文献出版社，2003：3.
② 俞可平．全球化：全球治理[M].北京：社会科学文献出版社，2003：5.

与运动员直接参与市场竞争，自觉不自觉地凌驾于整个社会之上，政府权力的行使是自上而下无微不至；而政府治理更多的是发挥宏观的规范与调控作用，立足于“掌舵”，原先由国家和政府承担的责任，正在越来越多地由各种社会组织、私人部门和社会志愿团体来承担，经济社会事务的有效管理是政府与社会组织、企事业单位、社区组织等各主体之间的合作过程，在多元行为主体之间形成密切的、相对平等的网络关系。

第三，共识性。传统政府管理强调权威和服从，政府管理更多的是表现为从自身主观意愿出发进行管控，习惯于对社会进行命令和控制；而政府治理更多地强调充分发挥多元主体的作用，更多地鼓励各个参与者自主表达、协商对话并达成共识，从而形成真正符合社会整体利益的公共政策。①

因此，积极推进管理到治理的变革，必然要求坚持以人民为中心的思想，并将其融入治国理政的理念与举措中，在政府、社会、市场和公民之间建立良性互动与合作，构建新型的平等伙伴关系。同时，需要社会组织、市场主体和公民的主动、自觉参与，建立和完善适合广泛公共参与的制度框架，让社会更多的力量通过合法化的方式、制度化的渠道，有序地参与公共生活的管理。

二、 财政预算治理的基本考量

从本质上说，财政预算治理是一个从合法到合理的过程。在一个“契约社会”，治理者行为的合法性不足以奠定他们的权威，治理的合法和正当之间始终存在着一条鸿沟，两者之间有着根本差别。因此，对于财政预算治理，追求的是在合法基础上的民主正当化，这在某种程度上是对传统预算管理的补充与矫正。对于财政预算来说，不仅要在预算法制轨道上寻求预算的全面和规范，社会公众心悦诚服地接受预算过程、内容和结果也具有特别重要的意义。

① 陈家刚．协商民主与国家治理[M]．北京：中央编译出版社，2014：241.

预算过程绝不能依靠纯粹的强制而延续，必须在社会中引起回响和支持。这也是当前财政预算诸多方面遭到诟病的原因所在，一个不能让全社会普遍认可和接受的财政预算方案，其预算过程就应当是治理的首要目标。

与此同时，一旦将所有政治活动认同为代表国家力量的政府对各项政策偏好与部分组织的利益冲突，就可将这种冲突的斗争记录划等为预算，而在这个过程中，有部分人或组织向政府交出占有的资源或享有的利益，并在公共财政预算中得以有效反映。[①] 财政预算是国家政治生活的重要生存要素，资源和利益的多次分配都是建立在财政预算基础之上的。这种资源的权力性分配模式，使得财政预算始终贯穿于政治生活为一体的环节中，而政治生活客观体现了国家治理在基础性要素的再分配价值。从中国的语境出发，国家治理能力现代化是当前最大的一项政治改革工程，因而如何以财政预算改革推动国家治理能力现代化的进程，是当前预算治理的最大现实命题。

财政预算是中央政府延伸至基层政府的财政支出优先权的集中体现，也是国家治理能力现代化进程中“自上而下”的实践物质载体。财政预算作为一种货币性政策工具，发挥着公共资源在职能部门之间的“利益再分配”功能，因而其自然成为推动国家治理能力现代化的有效工具。因此，财政预算改革的方向和效果直接影响国家治理能力现代化的整体部署和进程。基于财政资源的稀缺有限性，必须准确而又客观地把握住财政预算改革中的两个核心问题：一是“谁（Who）将拥有优先权”，二是“什么活动（What）将执行到何种程度”，而不是“预算收益如何（How）被最大化”。[②] 正如公共预算研究中非常有名的“科依问题”所言：“在什么基础上做出这样一个决定将某一数量的资金配置给活动 A 而不是活动 B?”[③] 为此，作为集体行动的财政预算改革，应

---

① ［美］阿伦·威尔达夫斯基，内奥米·凯顿．预算过程中的新政治学（第四版）［M］．邓淑莲，魏陆，译．上海：上海财经大学出版社，2006：327－329.

② 詹国辉，张新文．治理能力现代化下公共财政预算改革之道［J］．理论月刊，2017（3）．

③ Key，O. 1940. The lack of budgetary theory. American Political Science Review Vol. 34，No. 12：1137－1144.

当集合社会各阶层不同行动者的异质性偏好，而最终预算改革的方案与路线图又需要社会各阶层做出一致性的集体决定，因而预算改革的行动总是比较艰难的。同时，预算改革还兼具了政治改革所必然涉及的多种行为要素，在改革的过程中需要整合社会各种异质性偏好，以期达成最终政治行为的结果，诸如表决投票或政治授权，最终使政治分歧得到有效解决。在这个过程中，预算改革就避免不了与政治改革相互关联，一旦对现行预算过程表现出“非满意”的状态，预算改革有可能就会引起对政治体制的非议，原因不仅仅局限于预算本身的过程，还在于财政预算是政治体制扭曲发展的样态。① 财政预算实际上可以归属为以政治化程序来有效分配现有的财政资源，集中体现个体性偏好在财政资源分配的优先性。② 这也正是公共预算中“希克问题”的答案，即，“在什么基础上决定了把某一数量的资金配置给活动 A 而不是活动 B?”③ 因此，预算管理和预算过程的革新性突破取决于政治程序与政治过程的转变。通过财政预算治理推动政治体制的革新，实现公共财政对公民福利促动效应的有效发挥，而这种促动效应也有赖于国家治理现代化过程中有序的政策和制度安排。

当今，财政预算治理已成为一个公共话题。作为现代国家治理模式转型的一个缩影，财政预算治理最终落脚于如何将封闭、失范和单方的预算管理转变为透明、规范和多维的预算治理。解构现代预算制度的发展逻辑会发现，推进财政预算治理现代化，可以被描绘成一幅包含预算善治、预算共治与预算法治三重思维的立体结构图景④，以实现财政预算的合法性与正当性。

从形式上看，当财政预算按照宪法和法律或政策规定的一整套规定和原则进行，它就是具备合法性的。不过，预算法治作为防御政府预算权力极权化扩

---

① 詹国辉，张新文．治理能力现代化下公共财政预算改革之道[J]．理论月刊，2017（3）．

② Roy T. Meyers. Is there a key to the normative budgeting lock? Policy Sciences. 1996（3）．

③ Schick，Allen. 1986. Crisis in the budget process：Exercising political choice. Washington，D. C：American Enterprise Institute.

④ 吴汉东．国家治理现代化的三个维度：共治、善治与法治[J]．法制与社会发展，2014（5）．

张和行使不受限制的重要方式①，主要是立足于预算权责视域，通过对预算权责的合理配置，最终实现对政府预算滥权、越权和怠权行为的规范制约与有效监督。② 在财政预算治理过程中，预算法律制度体系也需要适应改革的需要，即预算法律目的由“政治国家管理公民社会之工具”转向“公民社会治理政治国家之利器”；法律定位由“强化政府预算管理和宏观调控职能”的手段工具论转向“最大化实现社会公共需要和社会公众福利”的最终目的论；法律结构由“行政主体主导支配”转向“人民主体地位至上”；法律性质由“管理法”转向“控权法”；法律效果由“内部封闭型预算”转向“公开透明型预算”等。③

但是，“正当”则是一个主观性非常强的概念。“正当”关涉社会公众的情感，一般认为，“正当”来源于社会公众是否觉得政治和行政的权力（公权力）是由“好”人根据“好”的实践，在符合社会共同利益的情况下实施的。因此，正当性难以用概念体系予以准确描述和界定。虽然人们经常把民主正当性联系在一起，不过，历史实践证明，民主远远不能保证治理的正当性。④ 民主的游戏规则本身照样能方便多数派的利益，而相当数量的少数派却无法认同，甚至经常可能出现“多数人的暴政”⑤。即使在最早出现议会制民主的社会，也可以看到对公共事务尊重的式微，在行使权力的模式、社会的要求和面临的挑战的性质之间出现了脱节，这说明行政权的合法性与正当性之间已出现一条鸿沟；如果这条鸿沟继续存在，将是对民主本身的威胁。

---

① ［德］齐佩利乌斯．德国国家学［M］．赵宏，译．北京：法律出版社，2011：354.

② 胡明．预算治理现代化视角下的《预算法实施条例》修订［J］．法学，2015（10）.

③ 朱大旗．中华人民共和国预算法释义［M］．北京：中国法制出版社，2015：1－9.

④ 宪法是民主机制的产物，是民族共同体行动依据的根本性文件。然而在不少国家，宪法和法律只是法律专家和政客手中的文件，社会公众无从知晓或了解得很少。

⑤ 多数人的暴政，又称暴民政治、多数人暴力、群体暴政。最先提出“多数人的暴政”的是法国人托克维尔，他于1831年前往美国考察后，写下了名著《论美国的民主》，他指出：“我最挑剔于美国所建立的民主政府的，并不像大多数的欧洲人所指责的那样在于它的软弱无力，而是恰恰相反，在于它拥有不可抗拒的力量。”托克维尔将这种以多数人名义行使的无限权力称为“多数人的暴政”，它是针对法国大革命教训所提出的一个概念，雅各宾派曾经以革命和人民的名义实行恐怖统治。

为了增强财政预算的合法性和正当性，首先，财政预算治理必须满足共同体（社会）感觉到的需要。所谓共同体，在财政预算上，就是以社会公众为基础，参与到财政预算过程之中的当事人。任何治理都是在保护每个人的自主和以共同利益的名义施行的强制之间找到平衡。一旦共同利益不再紧迫或显而易见，所追求的目标就暗淡不清了；一旦达到这些目标的手段不透明，以共同利益施行的强制措施就失去了正当性，每个人都将设法予以摆脱。几乎所有国家都曾实施过非常时期法，在社会受到威胁的情况下，能够暂时取缔各种自由，要求纳税人做出特别的努力，体现互助的精神，甚至牺牲个人的生命。强制是否被接受取决于其必要性。我们可以在许多社会形态验证这条规则，在那里，虽然全国都在逃税，但有些共同体却依然能够毫不费力地集资兴建公共工程。因此，必须最大限度地减少“来自上面”的统一规则，因为这些规则无法让每个共同体完全理解其必要性。所以，指出每条规则制定时的社会背景和必要性非常重要。

其次，财政预算治理要依赖被认可的共同价值和原则。一般而言，并非同时存在着适用于机构组织的集体价值和适用于个人的个人价值。社会的两难命题，例如，自由和共同利益之间，捍卫自己的利益和承认他人的利益之间，和平和正义之间，维护特性和个性之间等命题，都在个人身上体现出来。责任的迫切性不是治理者所特有的，责任的迫切性是每个人、每个社会行动者自身的义务，并非一方面存在着公共道德，另一方面存在私人道德。即使是世界上最好的宪法，如果在每个人的心中没有引起反响，也只是一纸空文。再比如，企业的“行为准则”的经验表明，由全体人员参加制定准则，适用于全体人员的集体程序，使其具有充分的价值，这就更加意味着责任原则，如同人权本身，必须世世代代重新发现，重新创造。如果价值准则或是宪法前言成了布满灰尘的文件，就只对历史书有用；如果治理者的行为不符合他们声称的价值，就没有正当的治理。所以，治理的正当性在一定程度上取决于其文化根基。每个社会都在历史发展中创造了自身适应的调节模式、法律观念、冲突的解决办法、共同利益的维护、自然资源的分享以及权力的组织与行使。对于治理本身而言，调和一致性和多样性的艺术具有普遍性价值，因为每一个共同体都应当能够说明：它为了共同利益是如何组织、如何管理的，如何管理公共资源，如何组织各个行动者的合作伙伴关系，如何进行决策等。

再次，财政预算治理对个人和对国家一样，治理的正当性取决于公平的感觉。每个人或每个国家，无论是强大还是弱小，是否都受到了尊重，可以发表意见？是否得到同等待遇，享有同等权利？是否受到同样的制约和同样的惩罚？当那些没有足够的知识、收入或影响范围狭小的人发现他们实际上不能赢得自己的权利时，公平的感觉就消失了。不过，到底什么是公平呢？

我们经常把公平和正义放在一起，公平和正义的本质都是一般意义上的平等，在某些方面，比如在程序公平领域，公平概念和正义概念可以互换。不过，正义允许某种与公平不完全一致的不平等对待，当社会成员受到不公平对待时，可以予以纠正，而这种纠正所依据的是正义的价值观，而不是某种平等观念。与此相对应，尽管公平概念中包含着差别对待，但是，在诸种差别对待之间，从公平概念出发的理论难以形成自身的理论完整性，只有在正义的概念范围内才能解决不同的自由主义的基本分歧。① 公平包含着平等对待的要求，也包含着差别对待的要求。或者说，公平包含着完全平等（或者均等）的对待，也包含着不完全平等（或者不均等）的差别对待。而在某些时候，公平与平等之间也存在着冲突，例如，从公共政策的角度来说，需要分析竞争和分配中所涉及的起点公平和结果公平的问题，起点公平在两个方面可以实现：一是在正义的基本权利方面；二是在程序公平方面。而对于结果公平来说，只能是在正义的基本权利的实现上，才可以满足结果公平的要求，如果在其他层次的权利的实现上也要求结果公平，就会与公平的要求发生冲突。②

值得注意的是，对于一个人或是一个共同体来说，同其观点是否被听取和

① 自由主义理论之间经常存在分歧，比如，它们或者诉诸平等和福利的价值，或者诉诸自由的价值。

② 余仕麟，吴映平．中国社会正义性的制度建设的新思路——读陈少峰著《正义的公平》[J]．河北大学学报（哲学社会科学版），2011（2）．

考虑相比，一项决策是否经过了合法的程序并不那么重要。因此，传统的民主机制，并不足以保证治理的正当性。为了获得正当性，财政预算治理的各种制度安排必须要真正地经过参与预算治理的各主体之间的协商来决定，并被认为是公平的，特别是一定要符合最大多数和最弱势群体的现实利益。

最后，治理者的选择极为重要，包括象征意义的治理者，从而保证那些以共同体名义掌权的人值得信任。同时，既然治理以共同利益之名要求所有的人接受约束、协助或牺牲，每个人就应当能够验证自己的付出不是没有意义的。如果只是由公民选择更多一点一致性还是更多一点多样性，更多一点协助还是更多一点自由，那就谈不上治理了。因此，治理在于在最小约束原则之上同时获得更多的一致性和多样性，为了达到共同的利益目标，将对每个人必需的约束限制在最低程度上。

第三节　财政预算与政府改革

一、 作为政府改革核心工具的财政预算

经过40余年的改革发展，中国人民的民主权利、生活水平和文明程度等都得到了前所未有的提高，但仍面临不少困难和挑战。主要是发展不平衡不充分的一些突出问题尚未解决，发展质量和效益还不高，创新能力不够强，实体经济水平有待提高，生态环境保护任重道远；民生领域还有不少短板，脱贫攻坚任务艰巨，城乡区域发展和收入分配差距依然较大，群众在就业、教育、医疗、居住、养老等方面面临不少难题；社会文明水平尚需提高；等等。今日之中国正处于世界百年未有之大变局中，各种社会问题和矛盾交织叠加甚至可能集中爆发，这一方面为社会的快速转型和发展提供了机会，另一方面也给政府管理和政策制定带来了挑战。

为了应对国家治理面临的挑战，继续深入推进改革和发展各项事业，党中

央和国务院一再强调要对我国的政府管理机构和体制进行改革和创新。2012年11月，党的十八大提出："稳步推进大部门制改革，健全部门职责体系。"2013年2月，党的十八届二中全会通过了《国务院机构改革和职能转变方案》，并获得十二届全国人大一次会议批准。2018年3月13日《国务院机构改革方案》向社会公布新一轮的国务院机构改革的总体目标是，提高政府服务效能，精简机构，构建起职责明确、依法行政的政府治理体系。当前，我们要维持社会秩序，促进社会发展，离不开国家的积极作为；同时，为了防止执政者滥用权力导致社会活力受到抑制，政府又必须把职能限制在一定的范围之内。因此，我们要建立一个有限的政府，把政府权力关进制度的笼子里，让市场和社会发挥更多的作用，增强社会的活力，增加人民之间的信任度，提高人民群众自我管理的能力；同时，我们要建立有效的政府，加强市场监管和社会治理，为人民提供良好的市场环境和稳定的社会秩序，不断创新，为人民提供满意的公共产品和公共服务。这是我国的政府管理机构和体制进行改革和创新的出发点和落脚点。

任何一个国家的政府都是通过有效地筹集资金，并以特定的方式分配和使用资金来履行政府职能和所承担的公共受托责任。而财政预算作为财政收支的计划和具有法律效力的财政资金的组织管理规范，它是政府汲取财政资源并通过财政支出实现对社会公众的承诺、履行公共受托责任的依据和必须遵守的规程，它在很大程度上决定了政府的行为方式。因此，不同的财政预算制度对应着不同的财政收支组织和管理体制，体现了不同的政府行政和公共治理模式，并进而反映出不同的政府履职手段及其组织公共生产的能力。① 政府施政的服务导向、服务水平和能力在很大程度上取决于财政预算的制度取向及其预算能力，没有预算无法组织公共活动、社会生产，更谈不上公共受托责任的履行。可以说，财政预算作为财政收支的组织管理框架决定了政府的行为模式和履职

① 马韵．服务型政府的预算契约研究[D]．西南财经大学2010年博士学位论文．

的效率效能，财政的可问责性是建立责任政府最具实质意义的环节，因此，财政预算体系及其相关制度的改革将直接引起政府行为方式和能力的改变，这就决定了政府改革将由财政预算的改革来引导。所谓“公共预算乃政府运行之血脉”，没有预算，政府的公共治理是无法推进和实现的。“对政府来说，最重要的手段是预算”①，预算作为“几乎每年都是唯一最重要的政策行为，它以强有力的方式反映并塑造了我们组织中的文化和激励制度，改革预算是提高效能、保持高绩效所必需的步骤”。② 可以说，财政预算不仅是一个国家政治、经济、社会政策的集中体现，还是政府履行公共财政受托责任的一套执行标准和行为规范。

因此，财政预算是改革政府最为核心的工具。无论是政府的控制力，还是以民主的政治程序实现对政府的控制，财政预算都是桥梁和手段。预算管理在本质上是工具性的，这一工具的用途就在于依赖其控制政府和实现政府控制力的双重作用来保障财政预算的合法性和高效运行，最终的目标是使政府能够出色地履行其公共受托责任。

二、 政府改革的方向与财政预算

随着经济社会文化体制的进一步转型，社会经济、政治发展不断向前推进，公民本位、社会本位的理念不断被强化，从 20 世纪 80 年代后期开始，政府职能转变成为中国政府改革的核心价值，对公共利益和政府责任的强调被更为深刻地融入深化政府运行机制及管理体制改革的总体规划和具体部署当中，公共需求和公共利益的满足被认为是一切政府工作的出发点和落脚点。③ 当

① Osborne. D and Gaebler. T，Reinventing Government：How the entrepreneurial spirit is transforming the public sector. Addison－Wesley，1992，p161.

② ［美］马克·G. 波波维奇．创建高绩效政府组织——公共管理实用指南［M］. 孔宪遂，耿洪敏，译．北京：中国人民大学出版社，2002：119.

③ 马韵．服务型政府的预算契约研究［D］. 西南财经大学 2010 年博士学位论文．

前，中国政府改革的目标就是要建立一个以人民为中心，决策权、执行权、监督权既相互制约又相互协调，组织结构优化、机构设置规范、职能有机统一、办事高效的负责任的服务型政府。党的十九大报告明确提出：“转变政府职能，深化简政放权，创新监管方式，增强政府公信力和执行力，建设人民满意的服务型政府。”

正如大卫·格里芬所说，我们的社会充满着进步和创新，我们的文化无处不渗透着变革的意识。[①] 在社会、历史、经济和政治理论不断发展的大环境下，政府为了履行其管理社会公共事务、保障和促进公共利益的基本职能，也在不断进行革新和完善。近代以来，西方社会政府变革就大致出现了三种形态。一是以亚当·斯密为代表的古典自由主义框架下的“有限政府”，政府的职能局限于“守夜人”角色，主要在市场力量所不能达到的领域发挥作用，管得最少的政府被认为是最好的政府，在不干预社会经济事务的前提下，最大限度地保障个人自由和私有产权是理想政府的唯一职责。二是以梅纳德·凯恩斯为代表的新古典主义综合学派提出的“政府干预模式”，即通过理性干预来努力调节市场和国家的活动，倡导政府介入社会经济，充当市场缺陷的弥补者，政府干预经济的范围非常广泛，包括生产分配和维护社会的公平正义。三是开始于20世纪70年代西方发达国家以“政府再造”为主要内容的新公共管理运动，由于政府干预过度同样会给社会经济的运行带来很多负面的影响，西方发达国家经济出现了滞胀危机，政府内部政府机构的膨胀、效率低下，财政支出日益扩张。政党政治为了选票，各党派不顾国家和民众的利益，在削减赤字、加税和增加债务上限的问题上争论不休，也为了选票实行债务财政，寅吃卯粮，将危机尽量拖延给下一任政府。市场边界的扩大带来的传统国家边界内部经济政治和社会力量的失衡，政府支持、规范、干预市场的能力因此而被削弱，财

① ［美］大卫·格里芬．后现代科学——科学魅力的再现［M］．马季方，译．北京：中央编译出版社，1995：2.

政危机和公民对政府的不信任使得政府面临巨大的信任危机和合法性挑战。与此同时，经济全球化、信息化、市场化和知识经济的到来则促成了政府效能在世界范围内的横向竞争。在这种新形势下，一个具有竞争力的政府不仅应该拥有适当的规模，更应从政府行为的效率和效能角度提高其进行公共治理的能力。

与西方声势浩大的新公共管理运动几乎同时期发生的是中国社会最深刻的全方位改革转型，改革涉及经济、政治和意识形态等方方面面，改革的核心内容是从计划经济向市场经济的转轨。对于中国的改革，过去经常出现两种叙事模式：一是认为中国的改革就是国家不断开放、市场力量不断增强的过程，而中国经济的活力主要来自市场，尤其是私营企业。因此，很多人认为，中国改革的目标就是完全取消国家干预经济事务的正当性和合法性，让市场按照其自身的逻辑和规则运行，国家只要为市场运行提供服务就可以了，市场自身就会带来持续的繁荣。基于此，中国下一步改革的目标就是继续减少政府对经济的干预，继续推进国有企业的私有化改革，推动土地私有化和市场化流通，放开对金融体系的监管，国家层面的监管继续收缩，让市场在更多领域发挥主导作用乃至决定性作用。二是认为中国的改革就是一场新自由主义的改革，一切都在按照新自由主义设定的路线前进，改革本身只是对社会主义时期遗产的转化和利用。市场化在中国虽然也带来了一定的好处，但是如果继续沿着这条道路走下去，还将带来更多的问题，从而使中国彻底变成资本主义国家，资本主义国家在市场发展各阶段出现的问题，比如贫富分化、区域发展不平衡、基层组织体系弱化、环境污染等问题都将在中国出现。

需要注意的是，中国改革的过程并非由新自由主义意识形态主导，而是具有中国自身的特色。党的十九大明确要求“使市场在资源配置中起决定性作用，更好发挥政府作用，推动新型工业化、信息化、城镇化、农业现代化同步发展”。也就是说，中国的改革在社会主义与市场化之间保持着张力，并不完全按照市场的逻辑行事，而是尽可能稳妥地逐步推进，尽可能减少相关人群的利益损失并补偿利益受损的人群。这种在不同社会群体之间的利益权衡和补偿机制，是中国改革区别于其他国家和地区改革的一个重要特点。最能体现这一政策取向的，无疑是从 20 世纪 80 年代就已开始的扶贫工程，政府对落后地区和族群给予特殊政策的照顾，以提高它们的发展能力。近年来，党中央更是“坚持大扶贫格局，注重扶贫同扶志、扶智相结合，深入实施东西部扶贫协作，重点攻克深度贫困地区脱贫任务，确保到 2020 年我国现行标准下农村贫困人口实现脱贫”。①

当前，党中央确立了以人民为中心的发展思想，一大批惠民举措落地实施，人民获得感显著增强。脱贫攻坚战取得决定性进展，6000 多万贫困人口稳定脱贫，贫困发生率从 10.2% 下降到 4% 以下。教育事业全面发展，中西部和农村教育明显加强。就业状况持续改善，城镇新增就业年均 1300 万人以上。城乡居民收入增速超过经济增速，中等收入群体持续扩大。覆盖城乡居民的社会保障体系基本建立，人民健康和医疗卫生水平大幅提高，保障性住房建设稳步推进。社会治理体系更加完善，社会大局保持稳定，国家安全全面加强。在改革不断推进的过程中，政府机构的规模逐步缩减，政府开始从微观经济领域退出，基本的资源配置权被归还给市场，政府将更多的精力投入社会公共事业和公共管理领域。总之，政府在每一个领域中承担的责任都在政府的履职实践中得到反映。与此同时，政府也必须正确使用人民赋予的权力，其行为必须对立法机关负责，对人民的根本利益负责。

政府受托责任履行的程度，是社会公众对政府满意与否的关键标准。而政府的受托责任之所以存在的原因在于，预算权是以征税权作为物质前提的，征税权源于公民对其部分私有产权的让渡，与此相交换的是政府必须承当公共受托责任，与财政预算行为对应的就是公共财政受托责任。它包括受托财务责任和受托管理责任，即政府要保证财政收支的合法性，即符合公众的意愿，并按

① 习近平．决胜全面建成小康社会 夺取新时代中国特色社会主义伟大胜利——在中国共产党第十九次全国代表大会上的报告［R］．2017－10－27．

照公认的政府会计准则编制财务报表和报告，及时向社会公开，为实现公众对财政预算的监督提供依据。同时，财政预算的受托管理责任要求财政预算必须确保公共资源使用的经济性、效率性和公众对结果的满意度，以及妥善地经营和管理受托财产，使预算资金的使用符合公众的意愿。从这样的角度看，财政预算可以被理解为某种承诺和约定，同时规定着政府与公民的权利和义务。社会公众根据其承诺履行纳税义务，并控制政府的权力和行动。在政府部门内部，预算决策者依据这一约定来制定公共政策、配置公共资源，预算的执行者按照这一约定使用预算资源组织公共生产，政府组织间的管理同样是通过对承诺履行程度和执行效率的评估为依据的。因此，财政预算就是一系列控制政府和实现政府控制力的契约，财政预算作为各预算参与者之间的契约是控制政府和实现政府控制的双刃剑。①

财政预算是以政府的行政权力取得收入并配置资源的，其所提供的政府收支信息，反映了政府行使一切与公共资源筹集和使用有关的权力信息。实行财政预算改革的目的，就是通过建立具有统一规范、接受监督、公开透明等公共性特点的预算管理制度，有效制衡与约束政府及其官员自由裁量权的非规范性扩张，提高政府管理和使用公共资金的效率。这不仅是公共财政改革攻坚阶段的现实需要，也是促进政府自身改革与职能转变的必由之路。作为公共服务供给的基本制度载体，预算制度将政府与公众的利益密切联结起来。

第四节　研究思路与研究方法

一、 研究思路

财政预算治理研究是一个现实又极具理论深度的论题。研究财政预算治

① 马韵 . 服务型政府的预算契约研究[D]. 西南财经大学 2010 年博士学位论文 .

理，应当立足于当前财政预算制度的现实问题，以治理理论为支撑，以“现实制度—价值选择—制度构建”为主线，其逻辑起点和理论归宿在于财政预算制度作为民主政治程序的价值，着力阐释和发掘财政预算作为民主政治程序、推动国家治理体系和治理能力现代化的制度功能，探讨财政预算制度的善治、共治与法治。

问题意识是理论研究的起点。对于财政预算制度而言，自从20世纪90年代末期中国确立了建立公共财政框架体系的改革目标之后，构建适应市场经济发展需要的公共财政框架，就演变成一系列逐渐制度化推进的具体行动。但是，由于改革过程中受到一些客观条件的制约和限制，有些改革措施并未付诸实施，有些改革因政策设计不完善而出现了新问题和新矛盾。在实践中，我国财政预算制度也出现了不少问题，比如，预算决策权、监督权和预算执行绩效评估尚缺乏明确合理的界定，公共财政体系有待健全，预算民主化程度有待提高，预算监督比较薄弱，法治建设滞后等。当前，国家治理能力和治理体系现代化是党中央部署推进的重大政治改革工程，而财政预算制度本身的制度属性和功能，决定了财政预算制度既是政府改革的内容，又是推动政府改革的工具。因此，如何以财政预算改革推动国家治理能力和治理体系现代化的进程，这是当前预算制度改革的最大现实命题，也是财政预算治理的效果体现。研究财政预算治理，必须紧扣政府从管理到治理的转型，必须植根于政府职能转变、服务型政府建设的内在机理。

解构现代任何制度，制度起源的背景和发展脉络是基本出发点。从制度史的角度认识财政预算制度的本质属性，意味着不仅要研究财政预算制度本身，更重要的是，要剖析财政预算制度产生的特定历史背景，或者说是财政预算制度构建发展的政治、经济以及思想背景。正如罗伯特·霍恩等人在其著作《德国民商法导论》的开篇所写道的：对一个国家的法制史一无所知就不可能真正了解这个国家的法律；在考察一个国家的法制史时，我们要将其与该国的历史背景，即法律在其中得以发展的政治、经济和社会环境结合起来。① 反过来，如果不对法律制度发展的政治、经济和社会环境进行深度挖掘，也很难准确把握法律制度本身的功能和属性，特别是像财政预算制度这种域外移植而来的制度，更需要进行充分的比较分析。因此，选取典型国家的财政预算制度，从制度的理论基础和历史演进的角度定位财政预算的程序属性和民主政治功能，是我国财政预算治理的重要基础。

研究财政预算治理，目的在于推动我国建立一个具有统一规范、接受监督、公开透明等特征的现代预算管理制度，从而有效制衡与约束政府及其官员自由裁量权的非规范性扩张，提高政府管理和使用公共资金的效率，促进政府自身改革与职能转变。因此，研究财政预算治理必须立足于财政预算制度的内核，准确把握财政预算制度的目标、原则和功能属性以及预算权力运行的体制机制，勾画出预算善治、共治和法治的逻辑起点和理论归宿。

实现财政预算“正义善治”，应当从制度的一般价值出发，在公平与效率之间加强以人民为中心的赋权型预算建设，重构传统政治体制下的公共预算权力，其主要目标是打造公平、高效、公开透明的财政预算制度体系。预算善治作为预算治理现代化的目标导向，它强调要更大地增强预算法主体的角色感、更好地促进公民对公共预算的认知感以及广泛地动员预算治理的活力，从而使社会公共需求得到最优化满足。

预算共治之重心在于预算治理的民主化，无论是基于间接民主的人民代表大会，还是基于直接民主的公众参与，现代预算治理不再是以往单边意志决定的封闭治理，而是政府、人大以及公民共同参与的合作治理，不是自上而下的权威管理而是上下互动的合作管理，强调多元预算法律关系主体之间要形成相互协商、制约、监督的预算共治关系。这种共治关系的形成有赖于政府预算权

① ［德］罗伯特·霍恩，海因·科茨，汉斯·G. 莱塞．德国民商法导论［M］．楚建，译．谢怀栻，校．北京：中国大百科全书出版社，1996：1.

力的协调配合、人大预算权力的充分落实以及对公民预算权利的高度尊重。

政府财政预算治理的“善治”与“共治”，最终将落脚在“法律之治”上。在国家治理现代化进程中，治理主体需要增强规则意识、法律意识，秉持法治思维和法治方式，通过国家的一系列制度安排和树立法治权威，保障“善治”和“共治”的运行和实施。从某种意义上讲，国家治理的现代化，实质上是国家法治的现代化。预算法治化作为防御财政预算权力极权化扩张和行使不受限制的重要方式，主要是立足于预算权责视域，通过对预算权责的合理配置，最终实现对财政预算滥权、越权和怠权行为的规范制约与有效监督。

二、 研究方法

在确认论题的价值与研究意义、厘清理论脉络与写作思路之后，研究方法的选取与运用就成为本书写作的成败与否，尤其是研究结论的科学与否的关键所在。财政预算治理属于基础理论研究的范畴，理论目标是试图确立财政预算治理的目标和方向，建构财政预算治理理论体系，这不是单一的研究方法所能胜任的。因此，必须综合运用系统分析、实证分析、比较分析与价值分析等方法，全方位、多维度、多层面地研讨财政预算治理的理论问题，以求理论目标的最终达成。唯有运用综合分析的方法，才能开阔研究的视野，扩展研究的广度和深度，最大限度地缩短与研究对象之间的距离，以保证研究结论的客观性、科学性与合理性。

（一）系统分析法

基础理论研究所要求的体系性、逻辑性与系统分析法的内涵之间可谓天然暗合、相融相契。系统分析法就是要将研究对象作为一个自足自为的系统看待，既要从总体上探寻系统运行、变化的一般规律，又要深入系统的内部，运用系统原理来考察系统的具体结构以及每一结构性要素的运行轨迹与功能发挥。采用系统分析方法，首先是从总体上考察分析和阐述财政预算作为一个完整理论体系的基本原理与框架结构，然后再深入这一理论体系的内部，对其主要的结构性要素进行深入细致的考量与评析，深度揭示其确立轨迹、功能发挥以及在整个理论体系中的应然位置等。同时，由于系统分析法要求不能把作为研究对象的“系统”看作是孤立的、封闭的“系统”，还要研究“系统”与各种外部因素或其他“系统”之间的相互影响与作用，因此，必须着力分析财政预算制度的缘起和我国财政预算制度的发展历程，它们是财政预算治理理论确立的外部条件。通过运用系统分析方法，将财政预算制度的缘起和发展历史沿革与治理理论之间构建沟通的桥梁，彰显财政预算治理深厚的制度基础。

（二）实证分析法

实证分析法也是越来越受到我国人文社会科学学者所追捧的研究方法之一。尽管实证分析法在我国更多的是运用于对策研究中，力求用数据、图表的丰富性、典型性、可代表性来印证结论的普适性和科学合理性，但实证分析本身应包括“规范实证”与“社会实证”两个方面，其基本精神是要求理论联系实际：既要研究现行的法律条文，也要研究法律的具体实施与运用，两者不可偏废。就本书而言，要证成财政预算治理的目标方向与内容，并在治理理论基础上建构财政预算治理理论体系，就必须要对中外财政预算制度及其法律规范进行实证分析，同时对财政预算制度的域外实践进行实证考察。唯其如此，才有可能使所得出的结论和试图建构的理论体系具有坚实的制度根基与社会基础。因此，财政预算治理既要关注中外财政预算制度的规范分析，又注重对财政预算制度实践的追踪考察。

（三）比较分析法

在全球化日益深化的情况下，任何一个国家或地区的财政预算制度和理论研究都不可能是完全封闭的，都要求在相互比较、考量的基础上分析各自的成败得失，然后移植、借鉴他人的制度成果、研究成果为我所用。这既是一种务实、快捷的制度改革与理论创新的态度，也是全球化风潮在财政预算制度和理论发展领域的具体体现。探讨财政预算治理，无论是在基本概念范畴的意义分析上，还是制度构建的立法依据以及体系建构的理论基础与理论依据上，都需要全面考察域内外财政预算治理研究的理论成果和中外财政预算制度改革发展成果，通过理性的比较与分析，把握并抽象出一些规律性的东西，力求使结论建立在较为充足的比较法依据之上。

（四）价值分析法

价值分析的方法是人文社会科学基础理论研究中常用的重要研究方法之，它既可以独立地称为一种“分析工具”或“研究范式”，也可以渗透、凝结于其他的研究方法之中。研究财政预算，无论是在治理理论基础上对财政预算制度体系的全面考察与理性比较，还是在治理理论指引下构建现代财政预算制度，无不面临价值冲突、价值选择与价值协调等问题。可以说，每一结论的得出都是主观见之于客观的价值评判与抉择的结果。而且，从根本上讲，价值分析不仅是研究财政预算治理的研究方法，也是财政预算治理研究的目标。“价值分析法”实际上是涵摄于或统领了“比较分析法”与“实证分析法”，成为实现财政预算治理理论目标的基础性研究方法之一。

第二章

作为民主政治程序的财政预算

随着中国特色社会主义市场经济体制的建立和完善，以及《预算法》的颁布实施，我国在财政预算的编制、执行、决算、绩效、公开、审计等方面初步确立了与市场经济和现代财政制度相适应的现代预算制度管理框架。不过，中国现代预算思想和预算制度不是从中国社会内部自发产生的，而是伴随着近代西方思想潮流的涌入而进入中国，明显是西方舶来品。没有近代西方民主政体，就不可能有严格意义上的现代预算制度和思想。

从世界范围来看，现代预算制度的产生及其发展历程与现代法治国家的建设发展如影随形，财政预算是规范和制约政府权力扩张的重要手段。从形式上看，财政预算是经过法定程序批准的、具有法律效力的政府年度财政收支计划，但就实质而言，它是社会公众对政府权力进行“非暴力的制度控制”的有效途径。[①] 政府通过对社会公共资源（公共资金）的分配，为社会提供一定的公共产品和服务，其活动通过财政预算手段予以控制，而且是有别于市场机制的控制。因此，财政预算是由政治过程决定的控制系统，是配置资源的公共权力在不同主体之间分配的制衡结构和民主政治程序。

① ［美］安·布莱博格．财政预算：实现权利的一个关键工具［J］．权利与公共政策（天则经济研究所），2005（6）．

第一节　现代财政预算的理论基础

从经济和技术层面上看，财政预算是政府收支对比的计划表，是现代经济社会配置公共资源的机制，即通过政治民主程序确定的财政预算，决定着财政配置资源的规模和方向，进而决定着整个社会资源在政府各部门之间或社会不同群体之间配置的比例和结构。① 因此，财政预算是现代国家政府施政和进行财政管理所必需的，是政府筹集、分配和管理财政资金及宏观调控的重要工具。在财政预算制度产生之前，国家财政主要是王权的家务事，臣民对于国家财政基本上没有过问和染指的可能。私有化的财政管理方式和权宜性是此时财政管理的两大重要特征，然而两者都是滋生腐败的温床。② 西方近代以来的启蒙运动，促使社会对自由和财产权利产生全新的认识，“财产权乃是上天的旨意，就跟人的存在一样。法律不可能带给一个人生命，同样，也不可能带来财产权。财产权乃是人性的必然结果”。③ 社会公众在追求民主政治的过程中，预算权作为国家调节和分配公共资源和公共产品的一项重要政治权利，自然得到社会各界的极大关注和重视，预算权逐步发展成为一项公权力，财政预算也逐渐演变为一项重要的国家公权力事务。不过，直到 1689 年英国颁布《权利法案》，真正意义上的财政预算才得以产生。④ 此后，其他国家也开始接受这一做法并逐步发展和完善了现代财政预算制度。在此过程中，社会契约理论、分权制衡理论和合法性理论等为财政预算制度的发展和完善提供了有力的理论武器。

---

① 邹广．我国财政体制的宪政思考[D]．武汉大学 2009 年博士学位论文．

② Caiden，Naomi. A new perspective on budgetary reform. Australian Journal of Public Administration，Vol. 48，No. 1：51 －58. 转引自马骏．公共预算原则：挑战与重构[J]．经济学家，2003（3）．

③ ［法］弗雷德里克·巴斯夏．财产、法律与政府[M]．秋风，译．北京：商务印书馆，2012：142.

④ 英国 1689 年颁布的《权利法案》要求，国家活动所需的支出和收入，都必须有事前的计划，并规定其取得收入的办法和额度及支出的方向，并由新设立的下议院通过后才生效。

一、 社会契约理论

“人是生而自由的，但却无往不在枷锁之中。自以为是其他一切的主人的人，反而比其他一切更是奴隶。”[①] 人类互相对自身利益进行妥协，应当适用一套在尊重他人利益的同时又可以使自身权益得到最大程度保护的社会制度，财政预算制度就是其重要组成部分，即通过订立社会契约，将自己的所有权利、财富都转让与一个“集体”，由这个所谓的“集体”对其中的每个个体的幸福和利益进行保障。在这样一个契约社会中，虽然人们可能牺牲了自己一部分自由，但却也获得了在自然状态中难以享受的幸福，社会公众基于共同利益的需要，通过让渡其部分财产所有权，来换取他们所需要的公共产品和服务。财政预算制度得以建立和发展，可以说社会契约理论提供了重要的理论支撑。

社会契约理论的基本原则是，合法的道德原则乃出于协议，我们不是受所谓的客观道德性所约束，而是受自愿做出的承诺所支配。特定的道德准则、经济和政治体制乃出自特定的非道德的环境，它们是经过讨价还价的过程而产生或确认的。[②] 在此基础上，人们彼此同意组成一个共同体并建立政治国家。“人们联合成为国家并置身于政府之下的……重大的和主要的目的，便是保护他们的财产。而这一方面，恰恰是自然状态所远远不能满足的。”[③]

从本质上看，社会契约是一个寓言，是为集中关注政府的本质设计出来的，而不是一个真实的过程。通过这个过程，人们把自己从同样是寓言式的自然状态解放出来。[④] 这样一个寓言式的社会契约理论，对西方现代国家的发展产生了无与伦比的影响。在某种程度上，现代国家的基本理念和基本制度都是渊源于社会契约理论，财政预算制度当然也不例外。

---

① ［法］卢梭．社会契约论［M］．何兆武，译．北京：商务印书馆，2003：4.

② 顾肃．自由主义基本理念［M］．北京：中央编译出版社，2003：25.

③ Locke，Of Civil Governmennt，ch. ix，sec. 131.

④ ［美］查尔斯·K. 罗利．财产权与民主的限度［M］．刘晓峰，译．北京：商务印书馆，2007：12－13.

社会契约理论认为，人的某些权利法乎“自然”，乃“天赋”应得，不但在逻辑上先于政府，更在价值上高于政府。按照洛克的看法，人最基本的自然权利有三项，即生命、自由和财产。① “人的自然状态乃是一种完全自由的状态。在这种状态中，人们能够以他们认为合适的方法决定自己的行动和处理他们的人身和财产。”② 但问题的症结在于，这些权利虽然具有不容侵犯的神圣性，却常常表现出容易遭受侵害的现实脆弱性。在一种无政府状态下，如果人的自然权利受到侵害，能够解决的办法一般有两种：或者是请求私人帮助，或者是由当事人在涉及自己的权利纠纷之中亲自充当法官。可是，这些救济办法非但效力不足，更会引发宿怨世仇，带来严重的负面后果。③ 因此，生活于自然状态的每一个人，按照平等原则，将自己确定是非标准并据此采取任意行动的部分权利让渡出去，转交给一个公共机构，就成了一件必要和合理的事情。“为了终止伴随自然状态而在的混乱和无序，人们缔结了一项契约，根据契约，人们彼此同意组成一个共同体并建立一个政治国家。”④ 同时，“政治社会如果本身不具有保护财产的权力，……就不成其为政治社会，也不能继续存在；真正的和唯一的政治社会是：在这个社会中，每一成员都放弃了自然权力，把所有可以向政治社会里的法律寻求保护的事宜均交由社会去处理”。⑤ 没有本人的同意，最高权力不得从任何人那里夺走其财产的任何部分。因此，从根本上说，自由不是统治者按照自己的意志对公民施以强制的自由，而是公民免于统治者的无理干涉而按照自己的意志选择和行动的自由。⑥ 用这样的自由精神来导引和塑造的制度之所以良好，在于它实现了保障公民权利和限制政府权力的有机结合，在这种结合形式中，公民权利构成了政府权力根本性的边

① William Ebenstein, Today's ISMS, New Jersey: Prentice - Hall, Inc. , 1954, p. 147.

② Locke, Of Civil Governmennt, ch. ii, secs. 4 and 6.

③ ［英］洛克．政府论（下篇）［M］．叶启芳，翟菊农，译．北京：商务印书馆，1982：77 - 78.

④ Locke, Of Civil Governmennt, ch. ix, sec. 131.

⑤ ［英］洛克．政府论（下篇）［M］．叶启芳，翟菊农，译．北京：商务印书馆，1982：324.

⑥ ［美］萨托利．民主新论［M］．冯克利，阎克文，译．北京：东方出版社，1993：304 - 305.

际约束。

社会契约理论告诉我们，在政治社会中，财产权是应该而且是能够得到保护的；个人放弃自然权利，把所有可以向政治社会里的法律寻求保护的事宜均交由社会去处理；处理事物的原则是以大多数人的支持同意为基础；个人享受到公民社会保护的前提在于“支付相应的比例”或者说是“权利的让渡”，这个“支付相应的比例”在某种意义上就表现为税收。没有税收，政府就无法运作。① 也就是说，政府与公民之间的契约是：政府向公民提供公共产品和服务，作为交换，公民则必须向政府纳税，以保证有充沛的财政收入维持公共产品和服务的供给。“在这种契约下，一个人或更多的人（即委托人）聘用另一个人（即代理人）代表他们来履行某些服务，包括把若干决策权利托付给代理人。”②

在财政预算领域，契约关系表现为多层次、多任务的委托代理。“第一，是所有权与控制权分离所引起的所有者与管理人员的委托代理问题，在公共部门里则表现为公民与权力中心之间的委托代理问题；第二，是权力中心中的政治家与公仆之间的委托代理问题。政府机构由很多相互关联、纵横交叉的机构构成，每个机构中都存在着管理者与被管理者的代理关系；第三，是政府机构与消费它们生产和提供商品及服务的人之间的委托代理问题。”③ 财政预算制度作为这种契约安排的结果，必须接受公众的监督。当今世界的各个民主政体，都是以民意代表机关来监督控制财政预算的编列以及执行的。

通过对预算案的审批，人民才能享受到当家做主的滋味，才能体会到民主的意义。不过，在我国，人民代表大会预算监督机制的实效性明显欠缺。目前

---

① ［美］查尔斯·K. 罗利．财产权与民主的限度[M]．刘晓峰，译．北京：商务印书馆，2007：17.

② ［美］迈克尔·詹森，麦克林．管理行为、成本与所有权结构[M]//陈郁. 所有权、控制与激励——代理经济学文选．上海：上海人民出版社，上海三联书店，1998：5.

③ Albert Breton. Competitive governments：An economic theory of politics and public finance，London：Cambridge University Press，1996. P24.

各级人民代表大会财经委对预算草案的初审结果和人民代表大会会议期间人大代表的审议意见，基本上是以简报的形式通报给政府财政部门，所提出的意见和建议能否被采纳、采纳多少等缺乏硬性约束。预算监督仍然停留在听取和审议报告的方式上，基本上属于事后监督，缺乏过程性的有效监督。各级人民代表大会常委会对于财政决算的审查监督，除了听取财政部门负责人所做的本级决算的报告外，也只是依赖政府审计部门对同级预算执行和其他财政收支情况的审计工作报告。① 因此，如何推动我国财政预算“以人民为中心”、由人民真正主导财政预算还任重道远。

二、 分权制衡理论

预算制度的实质是纳税人及其代议机构（立法机构）控制政府财政活动的制度机制。随着现代预算制度的建立，现代国家开始以一种“前所未有的方式”从公民和社会汲取财政收入，并将之用于公共目的或集体目标。这些现代民主国家终于发展出一种“被广泛视为有效率的、有生产率的，而且比以前更加公正的”财政制度。② 具有独立财产权利的纳税人担负着政府财政供应的责任，就必然要求对政府的财政拥有控制权，即以法律程序来保证政府收支活动不偏离纳税人的利益，保障公民的财产权益不受政府权力恣意扩张的侵犯。③

汉密尔顿说过：“如果人人是天使，那就不需要政府了。如果是天使统治人，就不需要对政府有任何外来的或内在的控制了。”④ 之所以要对权力实行限制和约束，是因为人性存在缺陷。“一切有权力的人都容易滥用权力，这是

① 高志立，孙仁宏．市场化进程中的政府预算公共化实践进展、主要问题与对策建议［J］．经济研究参考，2011（28）．

② Carolyn Webber and Aaron Wildavsky. 1986. A history of taxation and expenditure in the western world. New York：Simon and Schuster，pp. 300－301.

③ 周劲松．公共预算权力配置问题研究［D］．财政部财政科学研究所 2012 年博士学位论文．

④ ［美］汉密尔顿，杰伊，麦迪逊．联邦党人文集［M］．程逢如，在汉，舒逊，译．北京：商务印书馆，1980：264.

万古不易的一条经验。有权力的人使用权力，一直到有界限的地方才休止。”[①]为了限制权力的恣意扩张，分权与制衡就成为良好制度设计的内在要求。

在某种意义上，分权制衡原则与“纯粹”的民主逻辑并不相容。众所周知，民主政治的一个基本理念是“人民主权”。根据卢梭提供的经典辩护，主权之所以由“人民”来负载，是因为“人民”体现了崇高而庄严的“公共意志”。[②] 不过，如果把“人民”视为彰显“公意”的“道德人格”，那么，“人民”便理所当然握有不可分割和不受限制的绝对权力。原汁原味的民主离不开公民的政治参与，名副其实的政治参与需要公民的亲自“出场”和“在场”，公民在政治舞台的现身和表演不是被迫卷入而是自愿作为，积极介入政治过程意味着通过行使正当权利而在一种互动情境中做出关乎公共事务的集体决策。因此，卢梭关于“公意支配个人是自己支配自己，个人服从公意也是自己服从自己”的断言，就不仅是为人民主权提供合法辩护，而且是为假冒民主名义的集权专制提供堂而皇之的借口。[③] 无论在逻辑上还是在历史上，人民主权都意味着“天下为公”，坚持国家权力“属于人民”，在设计和实施具体的制度规范的时候，应该重点防范国家权力“归于私人”。不过，正如凯尔森所言：“分权原则，无论从字面上所了解的或被解释为一种权力分配的原则，实际上不是民主的。相反地，符合民主观念的，却是权力应集中于人民。”[④] 因此，分权制衡非但没有否定人民主权，反而可以说是人民主权制度化的真正实现。“当立法权和行政权集中在同一个人或同一个机关之手，自由便不复存在了；因为人们将要害怕这个国王或议会制定暴虐的法律，并暴虐地执行这些法律。如果司法权不同立法权和行政权分立，自由也就不存在了。如果司法权同立法权合而为一，则将对公民的生命和自由施行专断的权力，因为

① ［法］孟德斯鸠．论法的精神（上册）［M］．张雁琛，译．北京：商务印书馆，1982：154.
② ［法］卢梭．社会契约论［M］．何兆武，译．北京：商务印书馆，2003.
③ ［英］罗素．西方哲学史（下卷）［M］．何兆武，李约瑟，译．北京：商务印书馆，1984：225.
④ ［奥］凯尔森．法与国家的一般理论［M］．沈宗灵，译．北京：中国大百科全书出版社，1995：313.

法官就是立法者。如果司法权同行政权合而为一，法官便将握有压迫者力量。如果同一个人或是由重要人物、贵族或平民组成的同一个机关行使这三种权力，即制定法律权、执行公共决议权和裁判私人犯罪或争讼权，则一切便都完了。”①

回溯历史，在11世纪，欧洲不少国家都出现了政治统一和中央集权的趋势。在此过程中，由于国家机关的扩充、常备军队的膨胀、封地制度的取消和国家机关官吏俸禄的增加等原因，民族国家的财政支出急剧增加。因此，政府只能通过扩增税目、横征暴敛来维持基本开支。但是，无限度地征税严重损害了社会各阶层尤其是新兴资产阶级的利益。新兴资产阶级为维护自己的利益，引导公众以议会制度为平台与封建统治阶级开展了尖锐的斗争。财政预算制度就是在这一斗争过程中产生的，在现代预算制度出现最早的英国，首次将“非赞同毋纳税”和“无代表权不纳税”等预算原则在1215年的《大宪章》中以法律形式确立下来，议会初步掌握征税的审批权。与之相伴，宪法政治上的分权制衡理论与财政预算制度的产生相互佐证，分权制衡理论为财政预算的征收支出分离、预算公开等制度提供了坚实的理论支撑。通过议会对财政预算行使审批和监督的权力，赋予财政预算体现纳税人意志的政治意义，是现代民主政治国家的重要体现。

民主政治的本质在于以一系列准则或规范来限制政府权力，它是一种以法治为形式、以民主为基础、以分权制衡为手段、以个人自由为终极目标的现代政制。哈耶克曾经指出，民主政治的实质包括两个方面：其一是限权，即限制政府及立法机构的专属权力；限权的一个精巧的技术性手段是分权。其二是保障，即保障人民的各项基本权利，特别是英国思想家洛克所主张的生命、自由和财产权。② 对此，亚里士多德早就提出，“人类倘若由他任性行事，总是难

---

① ［法］孟德斯鸠．论法的精神（上册）［M］．张雁琛，译．北京：商务印书馆，1982：156.

② ［英］哈耶克．自由宪章［M］．杨玉生，等译．北京：中国社会科学出版社，1999：349－365.

保不施展他内在的恶性。”① 而“对统治者的控制，一直是通过对征税权的约束来实现的”②。因此，将财政预算权从“国王”的手中剥离出来也就属于自然之义。

当前，我们正在全面加强党内监督、人大监督、民主监督、行政监督、司法监督、社会监督、舆论监督等制度建设，着力形成科学有效的权力运行和监督体系，特别是由于政府管理事务面宽量多、自由裁量权大，通过贯彻落实行政权力清单制度，建立并完善公众参与、专家咨询和政府决定相结合的决策机制以及重大决策终身追责机制等，进一步规范和约束行政权力，强化对政府依法履行职权的监督。财政预算制度作为民主政治制度设计的重要组成部分，也能够对公共权力的行使进行严密的控制，可以通过制度设计确立新的权力制衡机制，有效地防止权力的专横。基于制度设计，行政机关必须向立法机关（人民代表大会）负责；行政机关编制的预算，必须经立法机关的充分审议通过后才具有法定效力，行政机关才可以执行。通过对预算的审议，一方面限制行政机关权力的扩张，另一方面避免政府支出的过度膨胀，加重人民的负担。当然，如果没有公开透明、规范统一的预算约束，或者预算没有法律效力，就存在政府对公共资金的使用及其效果不承担责任的可能，公共资金就很难基于社会公众的利益而得到正当合理和有效的使用，就不可避免地会出现效益低下、贪污腐败、挥霍滥用等情况，预算本身的监督功能也难见成效。

三、 合法性理论

在民主社会中，政府政策的实质是民众个人意志的集中和汇总，也就是财政学中所说的公共品偏好的显示和汇总，这需要一个公共选择和公共决策的程序才能完成。作为公共选择和公共决策过程的财政预算，它的起点和归宿应该

---

① ［古希腊］亚里士多德．政治学［M］．吴寿彭，译．北京：商务印书馆，1983：319.

② ［美］詹姆斯·布坎南，［澳］杰佛瑞·布伦南．宪政经济学［M］．冯克利，等译．北京：中国社会科学出版社，2004：10.

立足于符合社会公益、满足民众的意愿，要求民众能够参与预算规则的立法过程，以此彰显充分的合法性。

关于合法性（或者合法），它是一个比较典型的舶来词。从字面上理解，合法无非就是指合乎法律规范的要求，即所谓“循规蹈矩”的含义。不过，在西方思想语境中，合法性是包含合乎法律性（政权来源）、有效性（政府绩效）、人民性（政权主体）和正义性（道义）的一个概念体系。“合法性”概念讲的是民众对政府的心理认同和服从问题，它不但是一个理论概念，更是一个政治秩序观问题。对于合法性的认识，除了形式意义上的“合乎法律”，还要看法律本身是否科学合理，是否符合公众意愿，满足公共利益。因此，财政预算的合法与否，不只看预算过程是否符合《预算法》，关键还要看预算程序是否保证了各参与主体的平等与自由，是否体现了全体公民的意愿以及是否履行了私人与公共部门之间的契约。预算不仅应该建立在广泛考虑所有人的公共需求和利益的基础之上，而且还建立在利用公开审视过的理性指导和协商基础之上。①

一般认为，合法性概念是由法国思想家卢梭提出并阐述的，也就是卢梭强调公民的政治参与，政治合法性来自人民的参与同意。德国社会学家马克斯·韦伯则对现代政治合法性进行了反思，强调对公民权的保护与公民的政治参与是治理合法性的两个重要因素，政治的合法性分为传统统治、超凡魅力型统治和法理型统治三个类型。② 按照韦伯的看法，“统治”的行动逻辑蕴含着一种“命令—服从”关系，这种关系能够确立起来，固然因为发布命令的一方拥有足够的强制力，但是，服从一方最低限度的自愿与认同也非常重要。后者对统治秩序提供价值支撑的合法性信仰。③ 而哈贝马斯进一步提出，“合乎法律”不是合法性的充分条件，只有被认为公正合理的法律和政策才会获得社会认

① 陈家刚．协商民主中的协商、共识与合法性[J]．清华法治论衡，2009（1）．

② ［德］马克斯·韦伯．学术与政治[M]．冯克利，译．北京：生活·读书·新知三联书店，1998：56－57.

③ ［德］马克斯·韦伯．经济与社会（上卷）[M]．林荣远，译．北京：商务印书馆，1997：238－239.

同。合法性是指执政者的政治权威得到社会民众的广泛认同、服从和忠诚，并通过适当的决策及政策实施来塑造政治秩序，以保持政治体系的稳定性和有效性。因此，合法性取决于两个方面：一是取决于政府自身的活动，包括执政者为了强化自己的统治而运用法律、道德伦理和意识形态的力量为自己所做的种种论证；二是执政者在民众当中赢得广泛的信任和忠诚，从而使民众自觉地服从于政府。①

对于财政预算而言，形式上的合法性是指财政预算过程符合《预算法》的要求。在严格意义上讲，《预算法》可以被理解为是用来指导财政预算编制、批准、执行、监督的“预算程序法”。我国《预算法》从第四章预算编制开始，对预算审查和批准、预算执行以及预算调整等整个预算程序进行了法定性的规定。同时，我国《宪法》规定：“中华人民共和国的一切权力属于人民。”国家的一切权力属于人民，人民当家做主，享有管理国家事务的权利，这是中国民主政治的本质，即提倡民主政治、主权在民和以人民为中心。因此，民主政治在财政预算中的表现就是公共资源的获取与分配的权力属于人民，财政预算的合法性立足于社会公众的有效参与。如果社会公众觉得他们的意见在预算过程中没有得到充分的尊重，那么，设计再完美的预算也往往会受到抵制。

合法性理论的基本观点是行使国家权力的授权必须来自受这种权力支配的社会成员的集体决策。② 确切地说，它来自社会成员的讨论和决策，即在设计用来承认其集体权威的社会政治制度之中并通过这种制度表现出来。这是民主概念的抽象描述，同时也是对协商的描述。③ “预算（决策）具有合法性，不只是因为它碰巧符合大多数公民未经审视的偏好，而且是因为它已经经过了正当性的考验。公民应该能够认为这种方式做出的决策是合理的，除非未来的协

---

① 蔡定剑．论深化政治体制改革的迫切性[J]．中国政法大学学报，2008（3）．

② Michael Walzer，Spheres of Justice，New York：Basic Books，1983.

③ 陈家刚．协商民主中的协商、共识与合法性[J]．清华法治论衡，2009（1）．

商表明它们是恰恰相反的。”① 因此，财政预算合法性源于集体的理性反思，而不是源于个人意志，理想的协商使预算形成过程的各种分歧最终通过讨论而达成共识。遗憾的是，在我国，财政预算很难被真正全面、深入地研究，财政预算草案的内容难以得到细致的专业性的审查和论证，社会各界也没有很多的机会对预算草案发表意见，审议预算的人大代表有时甚至连预算草案文件都看不完。

一般而言，在进行立法和决策时，能够进行善意讨论和理性争论的社会往往会更公正，或者更好地保护自由。因此，除了公众的理性讨论、反思和对话，合法性还应当通过理想的协商程序来实现，在这种程序中：一是参与者认为彼此平等；二是基于合理多元主义的事实和理性人的假设，参与者在一定的场域内充分沟通，以明晰其他参与者的意图，利用其他人可以接受的理由来维护或批评参与者的意见，从而形成讨论的结果；三是按照这种讨论的结果进行合作，并视这些结果是权威的。在此情况下，合法性借助协商而得到增强。②如果未经协商而做出具有约束力的预算决策，不仅说明政府不尊重社会公众，而且当其将这些决策施于社会时也缺乏足够的正当性。“政府官员必须认识到协商的表达价值还存在着实践上的理由：协商不仅有助于制定完善的公共政策，而且还能够促进这些政策的实施。”③ 不过在我国，公众对财政预算的感知度非常低。虽然近年来不少地方参与式预算改革取得了一定进展，但是总体而言，预算过程的参与不具有广泛的代表性，并且参与者对财政预算草案的利

① Christian Hunold. Corporation, Pluralism and Democracy: Toward a Deliberative Theory of Bureaucratic Accountability, in Governance: An International Journal of Policy and Administration, Vol. 14, No. 2, Blackwell Publishers, 2001.

② John Stuart Mill, Considerations on Representative Government, Prometheus Books, 1985; Cass Sunsein, Democracy and the Problem of Free Speech, Free Press, 1993.

③ Amy Gutman and Dennis Thompson, Why Deliberative Democracy? Princeton University Press, 2004, p23.

益表达，多是关注于学理层面，对现实中的公众利益诉求尚缺乏比较全面的把握。[①] 社会公众往往很难具备监督财政预算活动所必要的知识和信息，无法实质性地参与到财政预算活动中来。同时，“原子化的个人和政府系统的权威相比，呈现着力量的不对称”。[②] 因此，公众参与财政预算明显存在影响力不足的问题。

第二节　财政预算的历史演进

在西方，财政预算一直是经济学、政治学和公共行政学等学科领域重要的研究话题。作为政府治理的重要手段，西方国家现代预算制度的建立与完善走过了几百年的历史，经历了新兴资产阶级力量与落后王权力量的斗争过程，经历了暴力式的革命路径和非暴力式的改良路径。在整个发展过程中，因为所处的政治、经济和社会背景不同，财政预算管理所依据的条件也有所不同，由此产生了不同模式的预算制度。财政预算是一个历史现象，与特定的时间和地点相联系，而不是某种一成不变的制度。[③] 从本质上看，一个国家预算制度的选择与该国的政治体制、政党政治、经济体制、经济发展阶段、历史文化等环境因素密切相关，各国预算制度的优化与完善也始终与政府改革、政府效率的提高密切联系在一起。不过，在发展与改革过程中，财政预算越来越成为社会公众和立法机构控制和约束政府权力扩张的有效工具，是“把权力关进制度的笼子里”的重要载体，这也彰显了财政预算作为民主政治程序的特质。

① 高志立，孙仁宏．市场化进程中的政府预算公共化实践进展、主要问题与对策建议[J]．经济研究参考，2011（28）．

② 赵成根．民主与公共决策研究[M]．哈尔滨：黑龙江人民出版社，2000：6.

③ Caiden，Naomi. A new perspective on budgetary reform. Australian Journal of Public Administration，Vol. 48，No. 1：51 –58.

一、 财政预算的域外考察：以英美国家为例

在政治和财政发展史上，议会首先获得的权力就是财政预算方面的权力，这个权力一般被称为“钱袋子”的权力，正是围绕这一权力才逐渐形成现代宪法政治体制。在获得“钱袋子”的权力之后，议会逐步获得了其他的权力，比如立法权和人事任命权。① 财政预算制度起源于英国，当时它就是作为以新兴资产阶级为代表的议会与封建王室贵族进行斗争的工具而产生的。事实上，“钱袋子”的权力或许可以被看成是最全面最有效的武器，通过运用它，任何宪法都可以将人民代表武装起来纠正各种痛苦，有效实施各种公正的和值得尊敬的措施。② 在这方面，美国基于典型的权力分立体制也产生了独具特色的财政预算制度。因此，纵观英国和美国的宪政历程，我们可以清晰地发现财政预算制度的建立和发展历程。

（一）英国财政预算制度

当欧洲诸国仍处于黑暗的中世纪时，英国以 1215 年《大宪章》为标志，开始了财政预算制度的构建过程，到 18 世纪五六十年代，格莱斯顿财政改革奠定了英国现代预算制度的基本框架，其间经历了安茹王朝后期（1215—1216 年）、金雀花王朝（1216—1399 年）、兰开斯特王朝（1399—1461 年）、约克王朝（1461—1485 年）、都铎王朝（1485—1649 年、1660—1714 年）、共和政府（1649—1660 年）等时期。③ 预算制度的形成和发展是和议会制度紧密联系

---

① Rick Stapenhurst. 2008. The legislature and budget. In Rick Stapenhurst, Riccardo Pelizzo, David M. Olson & Lisa von Trapp. Eds. Legislative oversight and budgeting: A world perspective. Washington, D. C.: The World Bank.

② ［美］汉密尔顿，杰伊，麦迪逊．联邦党人文集［M］．程逢如，在汉，舒逊，译．北京：商务印书馆，1980：58.

③ 钱乘旦，许洁明．英国通史［M］．上海：上海社会科学出版社，2002：362 – 364.

在一起的，“立宪政治的历史可以说是现代预算制度的成立史”。①

英国预算制度的历史渊源，可以追溯到公元5—7世纪盎格鲁－撒克逊王国中的“贤人会议”。“贤人会议”的主要职责是根据世袭原则选举王位继承人，辅助国王决定王国内外大事。“在所有的盎格鲁－撒克逊王国中，贤人会议的同意对于执行法律、课征税收和批准公共管理的主要活动，都是必需的。”② 然而，“贤人会议”在多大程度和范围内控制君主增税的企图，是依据双方之间的力量对比而定的。总体而言，“贤人会议”的税收权是被限制在很小的范围之内的。

1215年《大宪章》是英国预算制度形成的起点，它第一次将“非赞同毋纳税”和“无代表权不纳税”原则以法律形式确立下来。同时，《大宪章》确立了“法律至上，王在法下”的原则，奠定了英国议会制度的基础。正是议会所具有的财政职责，才使过去具有贵族议政性质的“贤人会议”转变为一个具有代议制性质的机构。③ 随后在1337—1453年英法百年战争期间，议会对税收的控制范围进一步扩大。英法百年战争带来的额外开支使英国君主不得不在政治上和经济上更加依赖议会的支持，这就导致了议会地位的实质性上升及其构成的变化。④ 1348年，议会重申：“从此以后，没有议会的授权和同意，国王陛下的宫廷会议不得课征任何税收，也不得借款。”⑤ 在构成方面，议会逐渐分成了上、下两院。在英国财政预算制度形成过程中，下议院的形成具有重大意义。⑥ 在此之前，各阶层纳税人只能借助于贵族对君主的反对来保护自己的利益，而贵族主要关心的只是如何保护贵族和主教们的利益。下议院的成

---

① ［日］井手文雄．日本现代财政学［M］．陈炳良，译．北京：中国财政经济出版社，1990：173.

② Smith，G. B.（1892）．History of the English Parliament：Together with An Account of Parliament of Scotland and Ireland. V1，London：Ward，Lock，Bowden Co，pp. 14－15.

③ 彭健．政府预算理论演进与制度创新［D］．东北财经大学2005年博士学位论文．

④ 彭健．英国公共预算制度的演进［J］．东北财经大学学报，2008（2）．

⑤ 全国人大常委会办公厅外事局．外国议会简介［M］．北京：中国民主法制出版社，2010：236.

⑥ 彭健．政府预算理论演进与制度创新［D］．东北财经大学2005年博士学位论文．

立使得纳税人与君主的税收关系进一步变化，意味着议会是纳税人选出的代表，而不是由国王指定的人选所组成的机构。下议院在产生初期，还必须依靠上议院的支持才能行使权力。1373 年，议会与国王在争夺进口关税权力的斗争中取得胜利，下议院获得了财政授权的动议权。此后，财政授权的决定由下议院做出，而上议院仅是对它们表示赞同而已。1407 年，君主和贵族试图否定下议院的动议权，结果未能成功。从此，下议院牢固确立了动议权，而这一年也成为议会控制财政最重要的里程碑之一。①

在都铎王朝时期②，议会下议院进一步巩固了对财政的控制。都铎王朝时期各个君主都遵循“非赞同毋纳税”的传统，依靠议会来获得预算收入。议会与国王的关系是相互制约的：一方面，国王的权力得到加强，大贵族失去了限制王权的力量；另一方面，议会的权威也得到加强，因为国王并不是抛开议会来加强自己的统治，而是利用议会来实现自己的意志。在此时期，逐渐形成了英国著名的“王在议会”原则，并出现了“议会至上”的萌芽，下议院政治地位提高，进一步加强了对政府财政权的控制。1489 年，上议院一致认为：某项国王旨意提出的剥夺财产权议案在上议院通过后，还必须经过下议院认可后，方才能够成为法案。在亨利七世时期，授权动议的程序由提出申请的方式改为提出法案的方式，并且形成了财政拨款议案只能先由下议院提出和决定的惯例。到亨利八世时期，借助宗教改革的有利形势，议会开创了政府议案必须首先提交下议院审议的先例，从此以后，有关社会经济立法和财政拨款议案，必须先交由下议院提出和决定。③ 到 1628 年，英国议会下议院提出了限制王权

---

① 王淑杰．英国财政预算制度[M]．北京：经济科学出版社，2014：35.

② 都铎王朝历时 118 年，历经三代五位国王，其中亨利七世、亨利八世和伊丽莎白一世都是王权显赫、在位较久而又颇有作为的君主。他们承前启后，一再扩充王权，但又受到议会以及法律，尤其是议会法和普通法的限制，具有相当突出的“有限性”，这又是他们区别于欧洲大陆和东方社会的绝对主义王权，形成了颇具特色的专制君主体制。参见蒋孟引．英国史[M]．北京：中国社会科学出版社，1998：216

③ [英] 肯尼思·O. 摩根．牛津英国通史[M]．王觉非，译．北京：商务印书馆，1993：324.

的《权利请愿书》，该文件明确规定："从今往后，非经议会法令的认可和赞同，人们不应再被强制课征或提供礼品、借款、捐款、税收和协助税等。"1641 年，英国议会宣布："以前国王在无议会的个人统治时期所征收的船税是非法的，以后不经过议会同意，无论是对英国臣民还是侨民，都不得征收吨税和磅税。"① 从而明确了关税的征税权属于议会，彻底解决了历时数个世纪关于关税的征收是否属于以及在多大程度上属于君主之特权的争议。特别是 1689 年颁布的《权利法案》，再次否定国王的征税权和进口权，规定必须定期召开议会会议，明确议会是英国最高的立法机关，议会权力高于王权。

作为奠定现代英国政治制度基础的《权利法案》与《大宪章》以及《权利请愿书》，共同构成了"非赞同毋纳税"之宪法原则的完整基础。随后一直到 18 世纪初，议会又通过了《叛乱法案》（1689 年）、《三年法案》（1694 年）、《王位继承法》（1701 年）等系列法案，对国王财税权力进一步限制，形成了国王"统而不治"的君主立宪政治体制。到了 18 世纪中叶，国王基本上失去了对政府的控制权，在王权进一步削弱的过程中，行政权力逐渐从枢密院转到内阁手中，内阁逐渐成为英国的最高行政机关，实现了行政部门（内阁）由向国王负责到向议会负责的转变。从此，内阁既是最高行政机关，同时又是下议院的一个委员会，对财政预算高度负责。议会下议院可以削减内阁提出的预算支出，拒绝内阁的收入建议，或者要求内阁再提供新的预算方案等。但是，如果议会下议院提议增加支出，则意味着对内阁丧失信任，需要重新组建政府。因此，决定政府支出的上限，被认为是内阁最关键的预算责任。

从都铎王朝到议会内阁制的形成，英国财政预算制度日益发展，基本完成了财政预算制度的构建过程，主要表现在以下五个方面②：

一是加强税收控制权。英国的税制经历了从自然经济税制属性的土地税单

---

① 全国人大常委会办公厅外事局．外国议会简介[M]．北京：中国民主法制出版社，2010：242.

② 王淑杰．英国财政预算制度[M]．北京：经济科学出版社，2014：45－54.

一税制到基本适应近现代市场经济体制的税收体系的复杂过程。特别是从 18 世纪到 19 世纪中叶，其税制结构从简单直接税到间接税，再到现代直接税（所得税），形成了一个适应并能促进近现代市场经济发展的税收体系，基本确立了英国的现代税制结构。在此期间，议会的税收控制权进一步加强，特别是在 1787 年，议会通过了《统一基金法》，建立了政府在英格兰银行的公共账户即“统一基金”。自该年开始，政府所有的收入均应纳入统一基金，所有的支出均应由统一基金支付，从此以后，以往采用的极为复杂的确定专项收入用于专项支出的制度宣告终结，极大地增强了议会下议院的税收控制权。1832 年议会改革之后，议会下议院对政府的依赖减少，政府的税收提议经常或是被废止，或是被修正。

二是强化对王室的收入控制。通过确立王室年俸制度，国王自己继承下来的世袭收入转由国家征收，这部分收入是“王室年俸”的主要来源。如果国王需要更多的款项补助，则必须经过议会的特别手续批准之后才能拨付。同时，对“非议会收入”[①] 进行控制，将其作为预算收入纳入统一基金，而所有预算支出都由统一基金支付。当所有的资金包括进来之后，政府的中央现金账户（国库）就变成了统一基金。

三是进一步加强预算支出控制。议会采取了一系列的措施，以改善和加强对政府支出的控制。建立了系统的拨款制度，对民用支出的控制逐步加强；逐步取消了“非拨款支出制度”，逐步废除政府各部门用收入去抵补支出的做法。特别是在 1706 年 12 月 11 日，议会对财政预算的具体规则做了重大改变，议会下议院做出决议：“除了君主的建议，本院不接受任何增加公共服务费用的提议。”[②] 这一规则在 1713 年 6 月 11 日作为永久立法，成为英国财政制度的

① “非议会收入”主要包括：变卖王室地产的收入、王室的食物与重要产品征发权的收入、卖官鬻爵的收入、专卖权和垄断权的售卖收入、没收财产的收入、战俘赎金、外国政府的贡纳、海外领地的售卖收入、强制捐款等。

② 资料来源：英国议会下议院《66 号议事规则》。

基础，并成为最重要的永久性法令和宪法基本原则之一。

四是实施支出责任制度。确立“拨款”制度的同时，也明确了“支出责任”制度，即行政当局就预算支出对议会负责。行政当局向议会或针对议会的调查提交关于预算支出的说明或解释。1780 年 4 月 6 日通过的《丹宁议案》，是英国宪法史上重要的转折点之一。该法案规定：“议会具有检查王室年俸支出的权力，除了君主私人金库和秘密服务基金之外，所有的公共账户包括王室的支出账户，都要提交给公共账户委员会审查。”从此，英国在宪法上确立了“预算支出必须向议会提交陈述”的原则，并很快在此基础上形成了完整的财政支出责任制度。1822 年，财政大臣开始向议会提交关于政府财政的指导方针和财政计划的支出责任，支出责任主要包括财政计划收入、计划支出以及预期的盈余或赤字等内容，这标志着英国财政预算制度发展已较为成熟。

五是严格控制政府借款。1680 年，议会通过决议，明确了议会对君主借款的完全控制。这一年议会通过决议：“从今以后，无论君主以关税、货物税的收入，还是以取自家庭钱财的收入为担保而进行借款，都被认为是在妨碍议会的活动，必须对这些行为负责。”①

目前，在英国的预算制度中，财政部和内阁发挥着主导作用。其中，财政部是英国政府具体管理预算事物的部门，部长往往由首相兼任。在整个预算过程中，财政部负责编制年度预算草案，指导和监督预算执行，协调和管理对预算的内部控制。同时，全国的税收和支出、公债发行、制订有关公共开支的长期计划，包括货币政策和金融管理政策也都由财政部负责。②

内阁作为最高行政机构，负责对财政预算进行审查，审查的重点在于支出的效益和有效性，审查各部门任务的完成情况以及是如何履行职责的。同时，

① Einzig，P. The Control of the Purse：Progress and Decline of Parliament's Financial Control. London：Secker & Warburg，1959，p98.

② 彭健．英国公共预算制度的演进[J]．东北财经大学学报，2008（2）．

内阁也对预算支出是否超出限额、社会保障资金的运用、地区政策和就业措施的有效性进行全面审查。另外，预算案虽然都是由政府提出，但是不经过议会通过和批准，预算案也不能被执行。议会通过预算对政府财政事务实施监控，对财政预算行为的调查和监督，既可以由全体大会来发挥作用，也可以由具体的委员会，如议会的各个委员会、各执政党的委员会发挥作用，还可以由议员个人发挥作用。其中，在具体委员会中，公共账户委员会专门负责审计政府各部门的开支金额，检查经费的使用效果和效益。

（二）美国财政预算制度

在一定程度上，“倾茶”事件①是1776年美国革命的导火索，而“倾茶”事件是由财政预算问题引起的，“倾茶”事件的主要缘由就是英国决定对殖民地征税。殖民时期的美国，其政府事务由英国国王的代表管理，但是，美国各州议院控制着政府的收支。在美国革命时期，美国确立了立法部门（议会）至高无上的权力，行政权被联邦宪章控制在一个“恰当政府”的弱行政体系范围内。美国1787年宪法生效后，“恰当政府”的含义从弱中央政府、弱行政权转变为一个强大的行政权威和国家政府。在联邦政府成立的最初几年，汉密尔顿是一个非常强势的财政部长，他有效地偿还了革命战争时期的借债。同时，作为联邦党人的领袖，他强烈要求增加政府的行政权力。他认为，强有力的行政权是重要的，财政预算和财政管理则是这一权力的首要工具。② 但是，以杰斐逊为首的反联邦党人，一致反对汉密尔顿的这种主张。他们认为，分权是必要的，包括预算在内的所有政治问题，都应该在国会的决策范围内。由政

---

① 1773年12月16日发生的波士顿倾茶事件，最开始被约翰·亚当斯称为“the Destruction of the Tea in Boston”，波士顿茶叶大摧毁，它是一场由波士顿“自由之子”（Sons of Liberty）所领导的政治示威事件。示威者们乔装成印第安人的模样潜入商船，将东印度公司运来的一整船茶叶倾入波士顿湾，以此反抗英国国会于1773年颁布的《茶税法》。

② ［美］托马斯·林奇．美国公共预算（第四版）［M］．苟燕楠，董静，译．北京：中国财政经济出版社，2002：31－32.

府对所有的预算问题行使领导权是不恰当的。①

众所周知，美国建国者在设计国家权力架构时，深受西方启蒙运动以来的权力分立与制衡的影响。② 美国1787年宪法第一款第9节规定，“所有与收入有关的事务都必须源自国会”。正如林奇教授指出的，美国的建国者们不愿意说，国会必须解决有关收入的问题，正如一个世纪以前的英国《权利法案》对议会要求的那样。他们只是宣称这些问题必须来自代表人民的国会。③ 宪法第一款第7节还规定，“除法定拨款外，不得从国库提取任何资金”。在这种规定之下，首先，政府必须向国会提交预算。④ 其次，拨款一般以财政预算的形式呈现，拨款必须由国会通过拨款法案。而且一项拨款预算经过选举产生的议员通过后，它就变成了法律。⑤ 总而言之，美国1787年宪法确立了这样一种制度：凡与收入和拨款有关的问题，国会都是主导机构。⑥

为了限制政府的行为，美国宪法规定：如果没有国会的授权批准，总统和行政机构没有权力进行预算支出。国会的拨款分为两大类：一是军事开支，二是除军事部门之外的政府各部门的经费。在预算的统筹方面，国会制定了资金支付时间表与资金支出目标，规定了总的预算限额。在预算的编制方面，国会要求行政部门尽可能详细地将资金的使用理由、资金的使用方式和资金的流向

---

① ［美］托马斯·林奇．美国公共预算（第四版）［M］．苟燕楠，董静，译．北京：中国财政经济出版社，2002：31－32。

② 美国独立战争从1775年开始，1776年7月发表《独立宣言》，到1783年9月3日英美两国在巴黎凡尔赛签订合约正式承认北美独立。独立战争历时8年，在此期间主要的问题就是独立，因此，为独立寻找理论根据，以及独立后的建国方略、国家政治结构成为当时最主要的问题。对此，影响较大的思想家主要有杰斐逊、潘恩和汉密尔顿。

③ ［美］托马斯·林奇．美国公共预算（第四版）［M］．苟燕楠，董静，译．北京：中国财政经济出版社，2002：31.

④ 1789年，极其崇拜英国政治体制的美国第一任财政部长汉密尔顿按照和他的英国同行一样的方式，向美国国会提交了第一份预算申请并请求通过。

⑤ ［美］威廉·C. 加纳．学校财政：战略规划和管理［M］．孙志军，等译．北京：中国轻工业出版社2005：73－74.

⑥ ［美］托马斯·林奇．美国公共预算（第四版）［M］．苟燕楠，董静，译．北京：中国财政经济出版社，2002：31.

提交给国会，大到修建桥梁房屋，小到一个工人的工资，都必须进行报告并获得国会的批准。参众两院完全控制国家预算，财政部长实际上的工作仅限于对预算数据的集中与统计，而不包括对预算的评价与决策，也并不完全了解预算的执行情况。不过，国会无论是在军事开支还是除军事部门之外的政府各部门的经费，均为一揽子拨款，政府享有很大的自由处置权，甚至可以将一个部门的经费挪至另外一个部门使用。① 行政机构如何花钱的程序与规则，可由自己决定。具体的行政机构可以直接向国会委员会申请财政拨款，各行政部门实际上是受国会的直接领导，在经费申领上不受总统的控制。预算执行条目预算，而且预算条目十分细化，包含了各个收支项目，重点反映资金或资源的投入状况，全面而准确地反映资金或资源如何被投入，但对资金或资源投入的效率并不关注。

1861—1865 年，美国爆发了南北战争。由于战时的特殊情况，税收急剧减少，国债数量相比以往任何一届政府都明显增多，而以当时联邦政府的财政状况和体系，显然无法及时筹措到充足的资金，联邦政府财政举步维艰。因此，战时的特殊性要求政府在调拨资金和使用资金等方面能够快速决策。总统作为战争的最高决策者，在没有法律授权的情况下，可以不经过国会的申请报告和审批程序，对预算资金进行调配。

在南北战争的影响下，总统在财政预算上取得了一定的主导权，国会的预算机构也做出了相应的调整，参众两院开始逐步形成收入与支出两方面的分割与剥离。南北战争以后，由于战争开支巨大，国民生产荒废，政府的财政收入急剧减少，财政赤字大量增加。为加强控制政府的财政支出，国会分别于 1865 年成立众议院拨款委员会，于 1867 年成立参议院拨款委员会，管理政府开支事项。1905—1906 年，国会制定了《反赤字法案》，明确规定财政拨款或

---

① 1809 年以后，美国国会渐渐加强对政府开支的控制，但也只是禁止若干政府部门挪用款项，要求政府有更具体的说明申请款项的理由和拨款的使用。

财政款项的划拨要分期进行，比如分季度进行，以防止过度支出；禁止政府官员在预算拨款之前做出财政支出的承诺，超出预算拨款的额度而进行支出或者违背预算拨款的初衷而进行支出都是违法的。直到现在，美国这些禁令仍然约束着联邦政府官员和其他雇员的日常财政行为。

不过总体而言，在 20 世纪以前，美国财政预算制度仍是杂乱无章的。从财政收入来看，税种极多，收入繁杂，但是，国家却无法汲取足够的财政收入；从财政支出来看，政府并没有一份具体统一的预算计划，政府部门通常直接向国会的委员会或者议员申请拨款，财政预算缺乏集中统一和规范透明。直到进步时代[①]后期，美国开始启动预算改革，逐步建立了现代财政预算制度。

20 世纪 20 年代，随着进步时代预算改革的推进，政府的预算权力逐步加强。以 1921 年《预算与会计法案》为标志，美国联邦政府建立了行政预算体制。在提高公共预算效率和理性的旗帜下，行政预算体制将主要的预算权力集中到总统手中。不过，1921 年《预算与会计法案》并没有直接改变国会制定收入与支出的程序，只是赋予总统代表政府各个政府行政分支部门提出预算和支出要求的权力与责任，形成一个集中全面完整的联邦财政预算，而立法机构（国会）还可以通过简单多数票原则对预算进行更改。在《预算与会计法案》实施过程中，国会并没有得到额外的预算权力，也没有额外的方式来建立和执行在支出和税收立法方面的预算优先权，国会既没有能力，也没有法定权限将预算分析与经济信息独立于总统所提交的预算提案。因此，《预算与会计法案》可以说是总统主导预算的法律基础。[②] 特别是在第二次世界大战以后，美国国会将个人所得税转变为大众税种并从薪金中扣除税金，让总统从预算控制

---

① 美国的 1890—1928 年被称为进步时代。那时的美国存在诸多的危机，如腐败、假冒伪劣、安全事故等，其他社会矛盾也异常尖锐。为了解决这些危机，美国进行了一系列深刻的制度建设，所以，“进步时代”也是美国现代财政制度的成形期。

② 肖鹏．美国财政预算制度［M］．北京：经济科学出版社，2014：49.

者的角色转变为计划制订者的角色，总统的预算权力大大提升。①

进入20世纪70年代，美国国会又开始夺回预算权力，将一部分预算权重新收回国会。1974年，国会通过《国会预算和扣押控制法案》，该法案限制了总统在预算上的一些自由裁量权，并加强了国会检查政府进行预测和经济调控的能力。1985年，国会通过《格拉姆－拉德曼－霍林斯法案》来控制预算赤字。几经反复，该法案被1990年的《预算执行法案》所代替，用以进一步强化预算平衡的标准。到了1996年，一部分授权再次返还给总统，国会给了总统更大的减少国会批准预算支出的权力②，这使得总统可以在一个特定的拨款法案内取消国会批准的某些项目的支出数额。不过，随后，总统的这一权力被宣布违宪。到20世纪八九十年代，预算权力常常沿着党派路线，在国会和总统之间更加平等地分配，使得双方经常需要就预算进行反复协商。③

从程序的角度看，美国联邦政府的预算程序可以分成三个阶段，即预算编制、预算审批和预算执行，不同的预算阶段都有不同的预算法案予以支撑。

在预算编制阶段，1921年的《预算与会计法案》是仅次于美国宪法层次最重要的预算法案，它要求总统协调和批准所有联邦部门的预算申请，并向国会递交财政预算申请，同时还成立了预算局，即现在的行政管理和预算局（OMB）来协助总统完成预算工作；而1993年的《政府绩效和结果法案》要求行政部门准备战略计划、绩效计划和报告，它也是联邦政府试图以各种方法改善预算程序合理性的重要表现之一。

在预算审批阶段，1974年的《国会预算法案和扣押控制》要求在参议院

① 从权力制衡的角度出发，国会要求总统提交的预算草案在内容上有很详细的规定，包括要求的拨款和被提议的收入措施，预算年度和当前年度的收支估计，当前年的拨款、负债水平，国库过去、现在和预计的财政状况，以及有关政府财政状况的其他信息。总统要向国会解释如何处理盈余和赤字。总统可要求额外拨款，但是各政府部门必须遵从预算局发布的预算信息要求。

② 这主要是因为1996年美国国会通过了分项否决法案，赋予了总统分项否决的权力。

③ ［美］艾伦·鲁宾．公共预算中的政治［M］．叶娟丽，等译．北京：中国人民大学出版社，2001：116.

和众议院中，分别设立预算委员会和国会预算办公室，并对总统提交的预算提案进行审议，同时，它们还要向参众两院中的预算委员会就预算水平和审议计划提出建议。

在预算执行阶段，1870 年的《反超支法案》要求 OMB 按照时间阶段或者其他依据给机构分派拨款，同时，法案禁止机构支出超过分派给他们拨款；而 1974 年的《国会预算和扣押控制法案》则是为阻止行政部门阻挠国会支出的重要法案，法案要求总统在行政部门延迟或废除国会批准的支出时必须通知国会，总统私下扣留款项的权力，只能在法律规定的有限范围扣留部分开支项目。

当前，美国政府的财政预算制度主要立基于 1921 年的《预算与会计法案》、1974 年的《国会预算和扣押控制法案》以及 1985 年的《格拉姆－拉德曼－霍林斯法案》和 1990 年的《预算执行法案》，它们都是美国现代预算制度构建过程中里程碑式的立法。

二、 我国财政预算制度的发展历程

中国的预算制度起源何时，历史学界和经济学界历来看法不一。不过，立足于中国古代农耕文明和封建专制体制的中国古代预算制度和预算思想，与现代预算制度相差甚远，即使是 1911 年民国资政院通过的总预算案，虽被视为中国历史上第一个近代意义的国家预算案，也只有预算而没有决算。1949 年新中国成立后，中国的各项事业迈入历史新纪元，财政预算也掀开了新的篇章。此时，国家百废待兴，面临着恢复国民经济、稳定金融物价、改造调整工商业、促进农村土地改革、支持抗美援朝等各种“公共需求”和“公共危机”，中央人民政府通过健全机构，统一财经制度，也统一了税制，至此，新中国财政预算制度应运而生。

在我国，财政预算发展史的本质是一部预算制度立法史。[①] 因此，以关键

① 肖鹏．美国财政预算制度［M］．北京：经济科学出版社，2014：43.

的财政政策[①]和法律为节点，可以鲜明地勾勒出中国财政预算制度的发展历程。

（一）《关于统一国家财政经济工作的决定》

新中国成立初期，财政负担极其沉重，国民党政府遗留下来的经济基础薄弱，财税收入情况非常困难。为巩固政权、恢复经济社会所需的支出却增长迅速，财政负担非常沉重。[②] 对此，1950 年 3 月，中央人民政府政务院通过了《关于统一国家财政经济工作的决定》。

《关于统一国家财政经济工作的决定》明确了四个方面的统一：一是统一财政收支，通过统一公粮和税收管理来统一收入，通过制定编制，节省开支等来统一支出；二是统一物资管理，主要通过清仓查库来统一全国物资管理；三是统一贸易，主要通过贸易部来调节国内供求，组织对外贸易，有计划地供售物资与回笼货币等；四是统一现金管理，通过人民银行统一管理国家现金调度，并建立起统一的国库管理制度。[③] 《关于统一国家财政经济工作的决定》初步明确了我国财政收支管理制度。

（二）《中央人民政府政务院预算决算暂行条例》

1950 年 3 月，在统一全国财政经济工作以后，我国开始实行统收统支的高度集中的财政管理体制，推动实现财政收支平衡、稳定市场和初步恢复国民经济。1951 年 5 月，政务院颁布实施了《中央人民政府政务院预算决算暂行条例》，初步建立了在保证国家集中主要财力进行重点建设的前提下，实行划分收支、分级管理的财政体制，确立了集中统一、分级管理为主的预算制度模式。

---

① 财政政策是一国宏观经济政策体系的重要组成部分，是通过主动运用财政预算、税收和公共支出等手段，来实现一定的经济、社会发展等宏观经济目标的长期财政战略和短期财政策略。在我国，政策一直发挥着特殊的作用，尤其是在改革开放之前，法制没有得到应有的重视，政策更是发挥着主要作用。

② 娄冰．中国预算制度：变迁轨迹和改革路径[D]．中国社会科学院 2013 年博士学位论文．

③ 娄冰．中国预算制度：变迁轨迹和改革路径[D]．中国社会科学院 2013 年博士学位论文．

第一，建立中央主导型的财政预算制度。从财政体制看，无论是1950年的“统一领导、分级负责”，还是1951年的“收支挂钩、留用抵支”，主要都是在保证中央财力的基础上给予地方适当的机动权，地方并无相对独立的主体地位和利益，也没有太多去创造收入从而增加自己财力的激励。《中央人民政府政务院预算决算暂行条例》是典型的层层分解预算指标、层层实施控制，以“控制”为主要目标的管理方式。

第二，建立以计划为主，以财政预算为辅的机制。《中央人民政府政务院预算决算暂行条例》明确规定，国家预算依照国家施政方针和建设计划编制，财政预算在某种程度上成为计划的附庸。依照建设计划编制预算，使得国家的预算方针和编制过程都有统一的导向，即配合计划实施，相应组织财力。因此，各级政府为了配合计划实施，财政预算可以突破“预算硬约束”，在编制时就留有预算缺口。在经济社会发展过程中，由于各级代理人在与上级博弈的过程中往往形成局部优势，它们逐渐可以实现对预算控制总额的突破。

第三，建立通过行政隶属关系管理财政预算的体制。国家财政的收支系统，采取统一领导、分级负责的方针。国家财政分为中央级、大行政区级和省（市）级三级财政（1953年取消大区一级财政，成立了县一级财政），中央级以下统称为地方财政。按照企业、事业和行政单位的隶属关系和业务性质，划分中央财政收支和地方财政收支的范围，同时也确定中央与地方的收入解交比例。各级财政机关和各级人民政府是整个财政预算资金流动的阀门，阀门的大小则由中央向地方递减。

第四，政府可直接与企业发生预算分配关系。新中国成立初期，国家通过没收官僚资本、继承解放区公营经济以及投资兴办企业等多种方式，初步建立了能够控制国家经济命脉的国有经济，并由中央和地方政府直接经营管理。

（三）毛泽东同志的《论十大关系》

1956年4月，毛泽东在政治局扩大会议上做了《论十大关系》的报告，

《论十大关系》明确指出："国家安排国民经济计划和国家预算要以轻重为序，改进中央和地方的财政管理体制，改进国家和企业、事业单位财务管理体制，更多地发挥地方和单位的积极性；兼顾国家、生产单位和个人三方面的利益，使企业在统一领导下有更多的机动性。"根据《论十大关系》的精神，财政预算制度也做出了相应调整：

在中央与地方关系上，从1957年开始实行"以收定支，五年不变（后改为三年不变）"的办法。在国家与企业的关系上，实行利润分成办法。从1958年起，在国营企业实行利润全额分成制度，企业留成比例由各个管理部门核定。

在财政收入方面，除原有地方税和地方企业利润作为固定收入外，还包括在地方的中央管理的企业利润分成收入；根据各地不同情况将营业税、所得税等税种收入，划一定比例，作为调剂收入。

在财政支出方面，地方经常性支出，由地方自行安排，中央专项安排的支出（包括基建拨款），由中央专项拨款，每年确定一次，列入地方指标；对于有的地方收入（包括固定收入，企业分成收入，税收调剂收入）不能满足正常支出需要的，不足部分由中央拨款补助。

在税收制度上，实行合并税种、简化征税的办法，即把商品流通税、货物税、营业税和印花税合并为工商统一税，对"中间产品税"一般不征税。

（四）《预算外资金管理试行办法》

党的十一届三中全会之后，党中央认真总结历史经验，确立了改革开放的重大发展战略。为了激发国民经济活力，中央采取"放权让利"[①] 的办法来逐

① 所谓"放权让利"，放的是一部分资源配置权，使地方政府和国营企业能够拥有一定的财权，让的是地方和企业层面因既定的配置资源权力而产生的相应利益，目的是提高资源配置的效率和通过利益激励调动地方和企业的积极性，从而在计划体制的边界上随着地方分配权的扩大、企业自主权的扩大、多种所有制形式的成长、企业和个人收入分配比重的提高、银行经营业务的扩大、物资流通的放松等，形成以利益为导向、以供求为平衡机制、以资本社会动员和形成为核心的市场化体制的雏形。

步改变高度集中控制的资源配置方式。在财政经济体制改革过程中，随着“放权让利”“分级包干”等改革政策的实施，地方政府和国有企业的自主财权得到扩大，但是，行政事业单位收费①大大增加，农村收费②也日益增加，导致预算外资金③收入快速膨胀。

预算外资金改变了传统的资源配置方式，降低了经济运行效率，造成一定程度的资源浪费，也影响了政府对经济调节和控制的能力。对此，1983 年财政部颁布实施了《预算外资金管理试行办法》，1986 年国务院颁布实施了《关于加强预算外资金管理的通知》，对推进我国财政预算制度建设意义重大。

第一，编制预算外资金收支计划。《预算外资金管理试行办法》明确规定：国务院各部门和各省、自治区、直辖市在编制预算内收支的同时，也要开始编制预算外资金收支计划，以便进行综合财政计划，全面统筹财政资金，综合平衡社会财力。

第二，编制预算外资金年度收支决算。按照财政部制定的全国统一的预算外资金科目和决算表格，编制全国预算外收支决算。财政部先下达编报要求，规定编报预算的范围和口径，然后由各基层单位按照统一的科目、表格编制后报送主管部门，主管部门汇总后报送财政部门审核；各级财政部门将本级预算外收支决算和下级上报的决算进行汇总，报同级人民政府审批，同时报送上级财政部门；最后由财政部汇总全国数据，审核后报送国务院。

---

① 当时，行政事业单位收费主要有：养路费、隧道车辆通行费、港口费、环境保护费、排污费，以及名目繁多的管理费、注册登记费、审批费、检验费、防疫费、教育附加费等。

② 当时，农村收费方式主要有：村提留、乡统筹、摊派、收费、派购、克扣、罚款等。尽管中央三令五申要减轻农民负担，但农民的负担却与日俱增，有的地方对农民的收费达 100 多种，仅与婚姻登记有关的收费就有 10 多种。

③ 预算外资金是指国家机关、事业单位、社会团体、具有行政管理职能的企业主管部门和政府委托的其他机构为履行或代行政府职能，依据国家有关法律法规和具有法律效力的规章而收取、提取、募集和安排使用，未纳入财政预算管理的各种财政性资金。此外，在改革开放初期，国营企业实行“税利分流”之前，国营企业的留存利润在性质上也属于预算外资金的范畴，这也是改革开放初期预算外资金迅速膨胀的原因之一。

第三，编报预算外资金半年执行情况报表。从 1985 年开始，各地区、各部门编报预算外收支半年执行情况报表，通过编报各年度上半年预算外资金收支执行情况，及时掌握收支动态，把握发展趋势，加强国家宏观决策，引导财政资金有效使用。

第四，加强机构能力建设。财政部门在各省、自治区、直辖市财政厅（局）成立相应的管理机构，地市县级配备专职人员，用专业队伍管理预算外各项资金。对行政事业单位的预算外资金，实行由财政部门专户储存、计划管理、财政审批、银行监督的管理模式；对国营企业及其主管部门的预算外资金，采取计划管理、政策引导的方式；完善企业财务和会计制度，推进“利改税”和“税利分流”改革，开展清产核资、产权登记和资产评估工作。

（五）财政部《关于事业单位财务管理的若干规定》

1989 年，财政部颁布了《关于事业单位财务管理的若干规定》，区分事业单位的不同情况，分别实行全额、差额、自收自支三种管理方式，并进一步加强财务管理。

一是将事业单位收入全部纳入单位预算进行统一核算和管理。国家对文、教、科、卫、体育等行政事业单位试行“预算包干”办法，即节余留用，增收归己，超支不补，加强对上述单位的激励和约束，促进各单位增加收入、节约开支，提高财政资金使用效益。

二是事业单位的预决算要全面反映国家预算拨款情况及本单位收入情况，防止收入和支出出现“两张皮”，避免各单位和部门由于历史条件、资产状况、盈利能力、市场适应能力等情况的不同而产生各种横向不公平现象。

三是进一步加强事业单位收入核算，准确反映各种收入、收益情况。防止事业单位利用行政性职能的垄断地位或者职权从事营利性活动，不遵守相应的法律法规、非法牟取利益、破坏市场经济秩序的现象。

（六）《国家预算管理条例》

1991 年 10 月，国务院正式颁布实施了《国家预算管理条例》。不过，由于该条例有许多内容不符合实际情况，因而实施仅两年时间就被 1994 年《预算法》所取代。

根据《国家预算管理条例》的规定，在编制依据上，预算应根据国民经济和社会发展计划，参考上一年预算执行情况编制；在管理层级上是五级政府五级预算；在管理职权上，各级政府为预算管理的国家行政机关，财政部门为职能部门，各级政府、各部门、各单位要加强预算外收入管理，上下级预算之间不得随意调用、挤占，要“强化预算的分配、调控和监督职能”；在编制方式，要按照复式预算编制，自 1992 年试行；在监督机制上，各级预算需经同级人大审查和批准，同时明确了审计对预算的监督权限。①

（七）《中华人民共和国预算法》和《预算法实施条例》

党的十四大之后，为适应经济体制改革和政府职能转变的需要，1994 年 3 月 22 日，第八届全国人民代表大会通过了《中华人民共和国预算法》，并于 1995 年 1 月 1 日开始实施，国务院随后颁布《中华人民共和国预算法实施条例》，构建具有公共财政特征的财政运行模式，不断推进部门预算、国库集中收付、政府采购等预算管理制度改革，深化了预算管理制度改革。

第一，预算的范围、内容、编制时间、编制方式等发生重大变化。部门预算按照综合预算原则，将一个部门所有收入和支出按照统一形式在一本预算中全面反映，实现“一个部门一本预算”；部门预算将部门支出划分为基本支出和项目支出，分别采取不同方式管理。部门预算编制的内容涵盖财政拨款结转和结余资金、政府采购预算、新增资产配置预算等内容；预算编制时间为 10

① 娄冰．中国预算制度：变迁轨迹和改革路径[D]．中国社会科学院 2013 年博士学位论文．

个月；预算从基层预算单位编起，逐级汇总，所有支出项目落实到具体预算单位，预算编报内容必须符合实际。

第二，改革财政国库管理制度，推行国库集中支付。参照国际惯例，建立对财政资金实行集中收缴和支付的管理制度，也称国库单一账户体系，所有财政资金收支全部在国库单一账户体系中运作；所有财政收入直接缴入国库，财政支出按预算由财政直接支付或授权预算单位支付给商品或劳务供应者。

第三，实施政府收支分类管理。一是对政府收入进行统一分类，建立类、款、项、目 4 级收入分类科目体系，将政府收入划分为税收收入、社会保险基金收入、非税收入、贷款回收本金收入、债务收入以及转移性收入等 6 类；二是建立新的政府支出功能分类体系，按支出功能统一设置了类、款、项三级科目，清晰反映政府各项职能活动和财政支出情况；三是建立新型的支出经济分类体系，用于反映政府各项支出的具体使用方向和流向，支出经济分类科目设类、款两级。

第四，实施政府采购制度。明确我国政府采购试点的框架体系，推动政府采购试点工作，扩大政府采购范围，增加政府采购规模，扩大纳入政府采购的资金规模，加强政府采购在节能、绿色消费等方面的政策引导。

第五，加大国债管理改革力度。一是进一步加强国债制度建设，实行国债余额管理制度，每年在人大批准的年末国债余额限额内，合理安排国债发行品种、期限和节奏；二是推进国债市场化改革，改进国债招标方式，针对不同期限品种，采用多种招标方式。定期滚动发行国债，将关键期限国债品种从最初的 7 年期增加到 1、3、5、7、10 年期等 5 个期限品种。发行记账式贴现国债、附息国债及凭证式国债、储蓄国债（电子式），满足投资者多样化需求。

第六，将所有政府收入全面纳入预算管理。收费资金实行“收支两条线”的管理模式，“收缴分离、收支脱钩”，对尚未纳入预算管理的行政性收费、专项收费及事业性收费实行财政专户储存；健全政府性基金预算，建立国有资本经营预算，试编社会保险基金预算，将所有政府性收入纳入预算管理。

（八）2014 年《中华人民共和国预算法》的修改与完善

《预算法》自 1995 年实施以来，对于规范预算行为、加强预算管理、强化预算监督等各方面都发挥了重要作用。但是，随着全面深化改革的推进，面对中国特色社会主义市场经济条件下构建公共财政体系的新要求，协调各种重大利益关系的新需要以及全面推进依法治国、建设法治政府和服务型政府的新形势，2014 年第十二届全国人民代表大会常务委员会第十次会议对 1995 年开始施行的《预算法》进行修订。此次修订突出预算的完整性，将政府全部收支纳入预算管理，加强预算的社会监督，拓展预算审核重点、完善地方债管理，彰显出建立现代财政制度的改革方向。

一是实行全口径预算管理，政府全部收支纳入预算，接受人民监督。实行全口径预算管理，收入是全口径的，不仅包括税收和收费，还包括国有资本经营收入、政府性基金收入等；支出也要涵盖广义政府的所有活动。同时，将地方政府债务纳入预算管理，比如第 4 条明确规定：政府的全部收入和支出都应当纳入预算；第 5 条明确规定：预算包括一般公共预算、政府性基金预算、国有资本经营预算、社会保险基金预算。

二是预算审核重点转向支出预算和政策。根据 1994 年《预算法》，预算审查重点是收支平衡，并要求预算收入征收部门完成上缴任务。① 目前，审核预算的重点由平衡状态、赤字规模向支出预算和政策拓展。比如，新增第 48 条规定，全国人民代表大会和地方各级人民代表大会对预算草案及其报告、预算执行情况的报告重点审查下列内容：上一年预算执行情况是否符合本级人民

① 在很长一段时间里，预算执行中“顺周期”问题突出，收入征收部门在经济增长放缓时，为完成任务收“过头税”；而在经济过热时，为不抬高基数搞“藏富于民”，该收不收。

代表大会预算决议的要求；预算安排是否符合本法的规定；预算安排是否贯彻国民经济和社会发展的方针政策，收支政策是否切实可行；重点支出和重大投资项目的预算安排是否适当；预算的编制是否完整，是否符合本法第四十六条的规定；对下级政府的转移性支出预算是否规范、适当；预算安排举借的债务是否合法、合理，是否有偿还计划和稳定的偿还资金来源；与预算有关重要事项的说明是否清晰。同时，收入预算从约束性转向预期性，通过建立跨年度预算平衡机制，解决预算执行中的超收或短收问题，如超收收入限定冲抵赤字或补充预算稳定调节基金，省级一般公共预算年度执行中出现短收，允许增列赤字并在下一年度预算中弥补，等等。

三是规范专项转移支付。重点规范专项转移支付，建立健全专项转移支付定期评估和退出机制，市场竞争机制能够有效调节事项，不得设立专项转移支付，除国务院规定上下级政府应共同承担事项外，不得要求下级政府承担配套资金。比如，新《预算法》第 16 条规定，“国家实行财政转移支付制度。财政转移支付应当规范、公平、公开，以推进地区间基本公共服务均等化为主要目标”，明确了转移支付的设立原则、目标。另外，第 38 条、第 52 条等条款，对预算编制方法、下达时限等做出规定。①

① 《预算法》第 38 条规定：一般性转移支付应当按照国务院规定的基本标准和计算方法编制。专项转移支付应当分地区、分项目编制。县级以上各级政府应当将对下级政府的转移支付预计数提前下达下级政府。地方各级政府应当将上级政府提前下达的转移支付预计数编入本级预算。第 52 条规定：各级预算经本级人民代表大会批准后，本级政府财政部门应当在二十日内向本级各部门批复预算。各部门应当在接到本级政府财政部门批复的本部门预算后十五日内向所属各单位批复预算。中央对地方的一般性转移支付应当在全国人民代表大会批准预算后三十日内正式下达。中央对地方的专项转移支付应当在全国人民代表大会批准预算后九十日内正式下达。省、自治区、直辖市政府接到中央一般性转移支付和专项转移支付后，应当在三十日内正式下达到本行政区域县级以上各级政府。县级以上地方各级预算安排对下级政府的一般性转移支付和专项转移支付，应当分别在本级人民代表大会批准预算后的三十日和六十日内正式下达。对自然灾害等突发事件处理的转移支付，应当及时下达预算；对据实结算等特殊项目的转移支付，可以分期下达预算，或者先预付后结算。县级以上各级政府财政部门应当将批复本级各部门的预算和批复下级政府的转移支付预算，抄送本级人民代表大会财政经济委员会、有关专门委员会和常务委员会有关工作机构。

四是按照功能和经济性质分类编制细化预算支出。新《预算法》第32条、第37条、第46条等做出明确规定，各级预算支出要按其功能和经济性质分类编制。按功能分类能明确反映政府职能活动，知道政府支出是用到教育上还是水利上；按经济分类则明确反映政府支出按经济属性究竟是怎么花出去的，知道有多少用于支付工资，多少用于办公用房建设，等等。

五是严格债务监管，防范债务风险。建立严格规范的地方政府债务管理制度，切实防范化解财政金融风险，促进国民经济持续健康发展，是党中央、全国人大、国务院高度重视和社会各界广为关注的重要问题。新《预算法》从举债主体、批准主体、规模与额度、用途和还款要求、监督制约机制和法律责任等方面做出规定，从法律上解决了地方政府债务怎么借、怎么管、怎么还等问题。按照“疏堵结合、借用还统一”的思路，“开正门、堵偏门、筑围墙”，全方位构建了从严从紧的地方政府债务监管制度。对于举债主体，规定地方政府债务举债主体只能是省级政府；对于批准主体，规定举债规模由国务院报全国人大或其常委会批准；关于举债方式，规定只有发行地方政府债券一种方式，除此以外不得以任何方式举借债务；对于举债规模与额度，规定地方政府债务规模实行限额管理，地方举债限额由国务院在全国人大或其常委会批准的规模内下达；关于举债用途和还款要求，明确规定举债资金用于必需的公益性资本支出，不得用于经常性支出，同时借债应有偿还计划和稳定偿还资金来源。另外，各地举债要列入本级预算调整方案，报本级人大常委会批准。同时不得违法担保，要求除法律另有规定外，地方政府及其所属部门不得为任何单位和个人债务以任何方式提供担保。国务院建立地方政府债务风险评估和预警机制、应急处置机制以及责任追究制度，国务院财政部门对地方政府债务实施监督（第35条）。同时，新《预算法》还在其他六处对地方政府举债做了严格规定：规定预决算公开和说明的内容包括“举借债务的情况”（第14条）；规定“预算安排举借的债务是否合法、合理，是否有偿还计划和稳定偿还资金来源”是全国人大和地方各级人大审查预算的一项重点内容（第48条）；

规定预算执行中“需要增加举借债务数额的”，应当进行预算调整（第 67 条）；规定“经批准举借债务的规模、结构、使用、偿还等情况”是县级以上各级人大常委会审查决算的一项重点内容（第 79 条）；规定各级政府、各部门、各单位“违反本法规定举借债务或者为他人债务提供担保”的，要承担相应的法律责任并进一步强调违反规定的具体处罚（第 94 条）①；各级财政部门按年度编制以权责发生制为基础的政府综合财务报告，报本级人大常委会备案（第 97 条）。

六是加强预算公开。与 1994 年《预算法》相比，新《预算法》首次对“预算公开”做出全面规定，第 14 条对公开的范围、主体、时限等提出明确具体的要求，对转移支付、政府债务、机关运行经费等社会高度关注事项要求公开做出说明，并在第 92 条中规定了违反预算公开规范的法律责任。

七是人大审查批准预算的权威性和严肃性明显加强。加强和改进人大预决算审查监督，是党的十八大、十八届三中全会提出推动人民代表大会制度与时俱进的内在要求，是加强对政府全口径预决算审查和监督的重要任务。新《预算法》既确立了预算的权威性和严肃性，又健全完善了预决算审查监督的程序规范，还充实细化了预决算审查监督的实体内容要求。比如，新《预算法》第 13 条、第 32 条、第 68 条等规定，强调各级人民代表大会是国家权力机关，经人大批准的预算具有法律效力，要严格按批准的预算执行；强调硬化支出预算约束，要坚持“先有预算，后有支出”原则，严格执行经人大批准的预算，列入预算的才能支出，没有列入预算的不能支出；预算执行中，政府一般不制定影响财政收支增加或减少财政收入的政策措施，维护人大批准的预算的权威性和严肃性；确需对预算做出必要调整的，要编制预算调整方案，按法定程序报人大常委会审批。同时，在总结全国人大和地方人大实践经验基础

① 《预算法》第 94 条规定：各级政府、各部门、各单位违反本法规定举借债务或者为他人债务提供担保，或者挪用重点支出资金，或者在预算之外及超预算标准建设楼堂馆所的，责令改正，对负有直接责任的主管人员和其他直接责任人员给予撤职、开除的处分。

上，新《预算法》增加了人大初步审查的规定；[①] 另外，还明确和规范人大审查预算、决算的重点内容。预算审查重点内容包括八个方面，即落实人大预算决议，预算安排符合法律规定，贯彻经济社会发展方针政策，重点支出和重大投资项目预算安排，预算编制完整细化，对下转移性支出预算安排，债务合法合理与偿还资金来源，重要预算事项说明等情况；决算审查重点内容包括十二个方面，即预算收入，支出政策实施和重点支出、重大投资项目资金使用及绩效，结转资金的使用，资金结余，本级人大批准的预算决议落实情况等。这些规定，对于增强人大预决算审查监督的规范性和可操作性、提高审查监督的针对性和实效性具有重要意义。

八是明确“勤俭节约”原则，加大责任追究力度。新《预算法》对于厉行节约、硬化支出预算约束做出严格规定，比如，第 12 条确定了统筹兼顾、勤俭节约、量力而行、讲求绩效和收支平衡的原则，第 37 条规定严控机关运行经费和楼堂馆所等基本建设支出。另外，新《预算法》重新梳理了违法违纪情形，加大了责任追究力度，在第 92—95 条集中详细规定了法律责任追究体系，政府及有关部门违规举债、挪用重点支出资金，或在预算之外及超预算标准建设楼堂馆所的，对负有直接责任的主管人员和其他直接责任人员给予撤职、开除的处分，如构成犯罪将依法追究刑事责任。

三、 财政预算制度发展历程的比较与启示

从形式上看，财政预算可谓只是一连串的数字，不过，数字背后却是激烈的权力斗争。正如韦伯尔和威尔达夫斯基在其著作《西方世界的税收与支出史》中所总结的，在公共预算的发展史上，19 世纪是预算权力从君主（或者

① 《预算法》第 22 条规定：县以上各级人大初步审查后要提出“初步审查意见”；设区市、自治州以上各级人大有关专门委员会初步审查时要邀请本级人大代表参加；各级财政部门对人大提出的初步审查意见的处理情况要进行反馈；人大初步审查意见和财政部门反馈的处理情况报告，要印发本级人大代表。

国王）转向人民及其议会的时期。[①] 在这一时期，议会为了更好地监督政府的收支，建立了一系列监督审查财政预算的程序与规则。在现代民主政治中，议会很大一部分的事务是“通过预算程序来批准政府开支，并为政府的各项计划筹集款项”。[②] 然而，进入20世纪以来，许多民主国家都出现了行政权力膨胀的现象，在公共预算领域亦然。[③] 由于各国宪法和政治制度结构安排的不同，各国预算体制的法律基础差别较大。[④]

总体而言，在英国的预算体制中，习惯法发挥了重要作用。第一，内阁是进行预算决策的重要机构，但是，也没有法律文件明确规定内阁在预算事项中的职责；第二，英国财政部的好几项权力都源自皇家特许，如规定拨款的结构和控制支出等；第三，内阁备忘录或财政部协约并非法律文件，但它们却具有指导预算程序的作用。另外，在英国，立法机关相对比较信任行政部门，英国的财政部有很大的预算权，这是历史传统形成的，法律正式将预算权力授予行政部门。根据授权，各方在预算程序中的主要责任通过法令的形式加以明确界定，或者根本就不通过正式文件加以规定。在预算执行过程中，行政部门不用接受立法机关的严格监管。内部审计被看作是整个预算管理过程中的一部分，内部审计机构也不需要向立法机关报告。

美国宪法建立了制定、执行和解释预算法案的基本政府构造和制度，为后来颁布的预算法案提供了制度基础。美国宪法是美国联邦财政预算法案最重要的立法来源文件。宪法以下是国会和总统颁布的制定法，包括编制、递交、批

---

① Carolyn Webber and Aaron Wildavsky. 1986. A history of taxation and expenditure in western world. New York：Simon and Schuster，pp. 300 –327.

② ［美］斯蒂芬·施密特，马克·谢利，芭芭拉·巴迪斯. 美国政府与政治［M］. 梅然，译. 北京：北京大学出版社，2004：258.

③ Allen Schick. 2002. Can national legislatures regain an effective voice in budget policy? OECD Journal of Budgeting Vol 1，No. 3，pp. 15 –42.

④ 在一些国家，关于年度预算程序的法律，主要通过立法机关对一些主要预算问题的解释构成，在这些法律中，包括了人们所熟知的预算原则，而预算程序中的细节问题则由法律效力级次较低的规章来规范。在另一些国家，对预算程序中的主要环节，法律中都有一些具体条款加以规定。

准和执行的预算制度，程序和决策规则。在没有其他预算法案的时候，宪法提供了制定公共政策（包括预算决定）的制度框架。如“除了依照法律的规定拨款之外，不得自国库中提出任何款项”的规定成为后来的预算法案的基础。同时，美国主要的宪法原则“三权分立，相互制衡”贯穿于整个美国预算法制系统。在某种意义上，美国所有程序性预算法案，本质上都是这条宪法原则的运用。但是，美国宪法中关于预算过程的规定并不详细，因此，美国颁布了很多个别法案，以此填补宪法中关于国会和总统在财政预算过程中角色规定的空白。从美国建国到现在，这些预算法案已经发展成为一个比较全面的法律体系。

美国的预算法律可以归结为两种类型：“程序导向型”和“结果导向型”。1921 年的《预算与会计法案》和 1974 年的《国会预算和扣押控制法案》是典型的“程序导向型”的预算法律。① 这些法律规定了预算参与者及他们的作用，制定了游戏规则，从而总统和国会可以最终达成妥协，以保障政府在每个财政年度的正常运转。这些法案中的一些具体条款反映了一种政治平衡，以保证对国家财权的分享。如果出现争端，联邦法院会出面进行协调。② 美国预算法的历史发展过程，实际上是一个依预算法治国的过程。依预算法治国意味着政府不能在法律手段之外增加收入或支出公共资金，即政府的行政部门有对政府财政的物质保管权，但立法机关有控制财政部门行使财政资源的权力。③ 预算程序只是以法案的形式就预算执行、审批和执行阶段对各参与者的行为进行了程序性规定，它只是影响而不能确保预算分配结果的公正合理。

总之，从英国和美国财政预算发展的历程，我们可以清晰地发现预算制度背后的权力博弈和权力格局，甚至可以断言，与之相比，没有哪一项制度可以

① 詹姆斯·L. 陈. 论美国重大的联邦预算法[J]. 白彦锋，译. 经济社会体制比较，2008（1）.

② 同上。

③ 陈立齐. 美国联邦预算法律构造、演变及对中国的启示[M]//牛美丽，马蔡琛. 构建中国公共预算法律框架. 北京：中央编译出版社，2012：267.

对国家宪法政治架构和国家治理体系产生如此深远而直接的影响。因此，我们在研究中国的财政预算制度时，不能停留在预算制度本身的基本结构和外在形式上，必须将其纳入整个国家治理现代化进程之中，通过完善中国的财政预算治理体系，推动整个国家治理体系现代化和国家政治权力的优化布局。

当前，我国已进入全面建成小康社会的关键阶段，国内外形势正在发生深刻复杂变化，经济社会发展仍处于重要战略机遇期，也面临多重压力，特别是财政可持续发展面临严峻挑战。近年来，随着新《预算法》的颁布实施，我国财政预算制度不断健全，现代财政预算制度已基本确立，基本预算原则已与国际接轨。按照党中央、国务院决策部署，财政部门扎实推进各项改革，在完善政府预算体系、实施中期财政规划管理、推进预算公开、建立跨年度预算平衡机制、实施预算绩效管理等方面取得了明显成效，[①] 具体表现如下：

第一，政府预算体系逐步完善。按照新修订的《预算法》确立的一般公共预算、政府性基金预算、国有资本经营预算和社会保险基金预算保持完整独立、有效衔接的要求，积极完善政府预算体系。通过明晰一般公共预算、政府性基金预算、国有资本经营预算和社会保险基金预算的职能定位和支出边界，减少相互之间的交叉重叠；同时，加大政府性基金预算转列一般公共预算的力度，[②] 加大国有资本经营预算调入一般公共预算的力度，逐年提高调入比例。[③] 另外，积极推动专项收入统筹使用，取消城市维护建设税及矿产资源补偿费、探矿权采矿权使用费和价款、草原植被恢复费、海域使用金等专项收入专款专用，对相关领域支出统筹安排。

第二，实施中期财政规划管理。从 2016 年开始，在统筹当前和长远、对未来三年重大财政收支情况进行分析预测的基础上，提前研究规划期内重大改

---

① 财政部预算司．新中国成立 70 年来财政体制和预算管理改革成就[J]. 中国财政，2019（12）

② 2015—2017 年，国家先后将地方教育附加、文化事业建设费等 19 项政府性基金调整转列一般公共预算。

③ 2019 年，中央国有资本经营预算调入一般公共预算比例达到 28%。

革、重要政策和重大项目，在编制年度预算的同时研究制定了全国中期财政规划。与此同时，根据中期财政规划和部门改革发展需求，合理确定规划期内中央部门的支出总量和结构，加强中央部门中期规划管理。从 2016 年开始，对纳入中央部门预算的一般公共预算和政府性基金预算拨款收支实行中期规划滚动管理。突出政策与预算相结合，增强预算和规划的约束力，各部门年度预算安排不得突破中期财政规划确定的对应年度部门中期财政规划。另外，积极指导地方省级政府实施中期财政规划管理，提高财政政策的系统性和前瞻性，增强财政的可持续性。

第三，不断加大预算公开力度。自 2004 年以来，财政部积极推进预算公开工作，从无到有、从有到全，预算公开取得重大历史性突破，① 赢得社会各界的广泛肯定和好评，公开范围逐步扩大，除涉密信息外，政府预决算、部门预决算信息都向社会公开。在此基础上，财政部还公开了各类财税政策和财税制度，各部门公开了本部门职责、机构设置、机关运行经费安排及使用等情况。另外，公开内容逐步细化，一般公共预算支出已经公开细化到支出功能分类项级科目，基本支出细化到经济分类款级科目；“三公”经费按因公出国（境）、公务用车购置运行、公务接待公开；转移支付实行分地区、分项目公开。另外，公开渠道逐步统一，从 2017 年起，建立预决算公开统一平台，集中公开预决算信息，方便公众查阅和监督。

第四，根据经济形势发展变化和财政政策逆周期调节的需要，建立跨年度预算平衡机制。一般公共预算执行中如果出现超收，超收收入用于冲减赤字、补充预算稳定调节基金；如果出现短收，通过调入预算稳定调节基金、削减支出或增列赤字，并在经全国人大或其常委会批准的国债余额限额内发债平衡。政府性基金预算和国有资本经营预算如果出现超收，结转下年安排，如果出现短收，通过削减支出实现平衡。2015—2019 年，中央财政分别调入使用中央

---

① 据财政部统计，2018 年省、市、县三级政府预算公开率基本都达到 100%。

预算稳定调节基金1000亿元、1000亿元、1350亿元、2130亿元、2800亿元，为平衡跨年度预算、缓解收支矛盾发挥了重要作用。①

第五，全面实施预算绩效管理。自2004年以来，预算绩效管理从探索起步逐步走向成熟定型，特别是按照《中共中央、国务院关于全面实施预算绩效管理的意见》要求，财政部加快预算绩效管理改革步伐，已经建立起以项目支出为主的全过程预算绩效管理框架，实现绩效目标全覆盖。一般公共预算、政府性基金预算和国有资本经营预算的所有中央部门本级项目、对地方共同财政事权转移支付和专项转移支付均已实行绩效目标管理，并与预算同步申报、同步审核、同步批复下达。同时，实现绩效监控全覆盖，中央部门对所有本级项目预算执行情况和绩效目标实现程度实行“双监控”，建立“红黄蓝”预警机制，强化绩效监控结果分析利用，及时纠正偏差，堵塞漏洞；此外，实现绩效自评全覆盖，中央部门对上年所有本级项目全面开展绩效自评，要求地方对照年初设定的绩效目标对中央专项转移支付开展绩效自评。另外，逐步建立了重点绩效评价常态机制②，向人大报告绩效结果并有序向社会公开③，主动接受监督。

第六，严格地方政府债务管理、防范化解债务风险。按照党中央、国务院决策部署，财政部依照法律授权，加强顶层设计、着力推进制度建设，逐步形成覆盖地方政府债务限额管理④、预算管理、风险管理、信息公开、监督管理等各个环节的“闭环”制度体系，将一般债务和专项债务分别纳入一般公共

① 数据来源于财政部网站。

② 2016—2019年组织对140多个重点项目和政策开展了绩效评价，涉及预算资金超2万亿元。

③ 2019年，财政部将中央部门本级50个重点项目、所有共同财政事权和专项转移支付、大部分政府性基金项目的绩效目标，20个重点项目绩效评价报告，265个中央部门项目绩效自评结果提交全国人大常委会参阅或审议并向社会公开，主动接受监督。

④ 从2015年起，每年提请全国人大或其常委会批准地方政府债务限额，2015—2019年地方政府债务限额分别为16万亿元、17.19万亿元、18.82万亿元、21万亿元、24.08万亿元，依法设置举债规模的“天花板”。

预算和政府性基金预算管理，主动接受人大和社会监督，推动地方政府债务管理规范化、制度化、透明化。

结合英国和美国的财政预算制度特征，我们发现，目前我国的财政预算在预算管理和控制方式上还停留在技术层面，基本出发点在于“改进预算管理制度，强化预算约束，规范政府行为，实现有效监督，加快建立全面规范、公开透明的现代预算制度”①，远未触及财政预算制度的本源性功能，财政预算在国家治理体系中的基本制度定位尚未确立。因此，亟须进一步深化预算管理制度改革，实施全面规范、公开透明的预算制度，这是深化财税体制改革，建立现代公共财政制度的迫切需要；也是完善社会主义市场经济体制，加快转变政府职能的必然要求；是推进国家治理体系现代化，实现国家长治久安的重要保障。

第三节　财政预算的程序属性

汉语中的“程序”一词依《辞海》解释就是指“按时间先后或依次安排的工作步骤”。这在字面上比较容易理解，但含义过于宽泛，诸如事件的展开过程、节目的先后顺序、计算机的控制编码、实验的操作手续、诉讼的行为关系等都可以称为程序。但在社会科学的学术语境中，对程序的理解通常是将国家权力运行的过程、方式和边界分解成若干个过程和环节，每一个过程和环节又有“检验标准”和期限要求，这就为权力主体的自律设计了内控装置，让它们服从自己的角色安排，依据规则行事。程序在时间和空间要素上的这些特定安排，有利于克服和防止权力运行的随意性和随机性，既使权力主体围绕着既定的轨道运行，也使权力行使过程具有可预见性。②“程序的实质是管理和

① 参见2014年6月中共中央政治局会议审议通过的《深化财税体制改革总体方案》。

② 王英津．论程序政治——对我国民主道路的新探索[J]．中国人民大学学报，2002（3）．

决定的制度化，其一切布置都是为了限制（权力的）恣意、专断和裁量。”①按照德国社会学家卢曼的说法，在西方旧的身份共同体关系解体与资本主义新秩序确立这一历史过程中，有两项制度起到了神奇的作用，一个是社会或私法领域的契约，另一个是国家或公法领域的程序。

预算的目标是将稀缺资源分配到相互竞争的公共需求领域，从而实现各种社会目标。作为实现社会目的和选择适用手段的工具，财政预算包括社会各类型的参与者以及促使各种参与者相互作用和影响的过程。财政预算通过预算编制、审查、批准和执行等环节，彰显了国家权力运行的过程、方式和边界，以此达到“有节度的自由、有组织的民主、有保障的人权、有制约的权威、有进取的保守”② 这样一种社会状态。

一、 财政预算的过程性

财政预算本身是一个多维度的概念。站在不同的视角，对财政预算本质的理解也不尽相同。从经济学上说，财政预算的实质在于配置稀缺资源，是在不同社会成员之间分配稀缺性公共资源的一项政策工具。然而，财政预算的实质又不仅局限于此，它还具有政治性，也是对政治权力的一种配置，是各种政治力量博弈的结果。同样，财政预算也具有管理和法律的性质。总之，财政预算涵盖了民主国家政治、经济、法律等各个方面的内容，从不同的视角审视财政预算过程，又有着不同的特点。

（一）作为经济过程的财政预算

一般而言，我们可以把经济看作生产、分配日常生活必需的产品和服务的系统。财政预算是在社会公众之间分配稀缺性公共资源的一项政策工具。所有

① 季卫东．法律程序的意义[J]．中国社会科学，1993（1）．

② 季卫东．法治秩序的建构[M]．北京：中国政法大学出版社，1998：11.

的预算，无论是公共的还是私人的，个体的还是组织的，都是对于未来一定时期内的收入和支出的计划，都会涉及在各种可能的收入之间、支出之间的选择。预算产生的根源在于资源的稀缺性，这是一个经济学的基本问题。如果资源能够取之不尽、用之不竭，预算也就没有必要了。财政预算具有一般预算的许多特点，因此，财政预算程序在内容上也表现为对稀缺的公共资源的配置过程。

政府取得收入的途径和规模受到经济结构和经济规模的限制，可用于支出的资金也就非常有限了，但可供政府选择的支出可能性却千差万别。比如，为了优化支出结构，促进基本公共服务均等化，在预算支出安排上，围绕“保增长、扩内需、调结构、惠民生”这一主线，认真落实积极的财政政策，深化财政改革，强化财政管理，促进经济平稳较快增长。在预算资金分配上，坚持以人民为中心，按照基本公共服务均等化的要求，把更多财政资金投向公共服务领域，不断加大对重点支出项目的保障力度。始终把民生问题放在财政保障的首位，建立以人为本的公共财政支出体系。在预算编制和支出安排上，优先考虑民生，把更多的资金投向“三农”、教育、科技、卫生、社保、环保、公共安全等领域，不断提高民生支出占财政支出的比重，解决好群众关心的热点、难点问题，让经济社会发展成果更多地惠及人民群众。[①] 基于此，财政预算的过程就是将有限的资源配置到各单位、各部门的过程，预算的最终结果就是形成一个资源配置表。

（二）作为政治过程的财政预算

财政预算从来都不是一个简单的技术性问题，而是一个与国家政治密切相关的重大问题。从本质上看，预算过程就是一个政治过程。[②] 正如希克所说

---

① 肖鹏．财政监督视角的中国预算管理制度改革评述[J]．财政监督，2012（34）．

② ［美］艾伦·威尔达夫斯基，内奥米·凯顿．预算过程的新政治学（第五版）［M］．北京：北京大学出版社，2006：2－3．

的，预算过程就是要在资源申请、资源保护和资源配置之间建立联系。[①] 财政预算是对政治权力的配置过程，是各种政治力量通过互动博弈而使权力配置逐步达到均衡状态的过程。从宪法政治角度观察，财政预算权力居于国家权力结构的核心地位。财政预算程序是一个政治过程，是政治领域中寻求政治利益的政治实践。政治过程决定着预算过程，预算结果依赖于政治决策过程。

政治过程决定了财政预算各参与主体将在预算程序中拥有什么样的发言权以及在决策的什么时候怎样行使发言权，也决定了立法机构和行政管理机构在预算过程中哪一方的权限更大更重要。比如，在我国，中央预算由全国人民代表大会审查和批准，同时《预算法》第 44 条规定："国务院财政部门应当在每年全国人民代表大会会议举行的四十五日前，将中央预算草案的初步方案提交全国人民代表大会财政经济委员会进行初步审查。"另外还有一些基本问题，比如，在确定优先选择时，公众到底起什么作用或在多大程度上起作用[②]；预算提议包含哪些方面的信息，这种信息对决策者有何帮助；什么情况下要求预算是平衡的，如果不平衡将如何应对处理等，也都说明了预算程序的政治性。

另外，从各国预算程序改革历史中亦可得知，预算程序的某些部分或环节是预算改革本身无能为力的，预算改革的成功需要对政治过程的某些部分进行改革。[③]

（三）作为管理过程的财政预算

管理是在特定的环境下，对组织所拥有的资源进行有效的计划、组织、领

---

① Schick，Allen. 1988. An inquiry into the possibility of a budgetary theory. In Irene Rubin. New directions in budget history. New York：State University of New York Press.

② 我国《预算法》第 45 条规定："县、自治县、不设区的市、市辖区、乡、民族乡、镇的人民代表大会举行会议审查预算草案前，应当采用多种形式，组织本级人民代表大会代表，听取选民和社会各界的意见。"这是《预算法》2014 年修改时新增的有关听取意见的条款，不过也仅限于县级以下。

③ 任晓兰．财政预算与现代国家建构研究评述[J]．天府新论，2014（4）．

导和控制，以便达成既定的组织目标的过程。财政预算通过资金的分配和控制，有效地对政府行政活动进行管理。预算过程是确定提供公共项目和服务的方式与途径的过程，它建立了评估活动效益、效率和效果的成本或标准。正是预算程序确保了所有法定的项目和活动每年（或者一个周期内）至少接受一次审查或评价，财政预算才成为建立在“成本—效益”分析基础上的对行政部门进行成本效益管理的有效工具。

财政预算的管理过程强调对财政支出效率、结果和公共责任的落实，在预算执行中逐步建立起外部控制机制，实现财政资源的统筹协调、优化配置。通过预算编审、执行机制，按照部门建议、财政审核、政府审定、人大审批的预算决策程序，所有财政性收入直接缴入国库单一账户体系，所有财政支出均由预算统一安排，克服路径依赖和固化利益格局，构建覆盖政府全部收支、完整统一的财政预算体系。

（四）作为法律过程的财政预算

法律即人类在社会层次的规则，社会上人与人之间关系的规范，以正义为其存在的基础，以国家的强制力为其实施的手段者。法治性是财政预算活动的核心所在，各国的预算程序也大多以法律的形式来加以规范。通过有效预算管理制度的制约以及一系列配套的法制约束，保证由社会公众（或其民意代表）来决定预算收支分配的规模和支出的结构，一视同仁地对待广大社会公众，确保公共资金分配的正义与公平。

从法律的角度来看，预算程序的每一个步骤，都是对法律精神的贯彻，是一个预算编制、执行、审批、监督和审计部门执行相关预算法律法规的过程。财政预算报告一旦经过权力机关批准生效之后就具有法律效力，政府年度预算法案就是一部政府各权力机关在财政年度必须遵循的法律。从这个意义上讲，也可以把财政预算程序看作是一个立法的过程。因此，财政预算程序既是一个执法过程，又是一个立法过程。

二、 财政预算的一般程序

无论是从政治、法律、经济的角度，还是管理的角度理解预算程序，它最终都要体现在预算的编制、审批、执行、决算和绩效管理的各个程序制度上。这些程序制度构成一个预算周期或预算循环，这正是从财政学和预算实践的角度定义的财政预算程序，体现的是技术操作层面的预算程序。一般来说，一个预算周期都是开始于一个财政年度开始以前，而结束于一个财政年度结束之后。

（一）预算的编制

预算编制是整个预算工作程序的开始，主要由政府机关负责，因而预算的编制与政府行政机构体制有着十分密切的关系。目前，在时间上，各国预算编制工作开始的时间不尽相同，预算编制工作通常由财政部或者专门预算机关来主持。

由财政部主持预算编制工作，一般首先是由财政部负责指导政府各部门编制支出预算草案并初审和协调这些草案。同时，财政部根据各种经济统计资料和经济发展形势预测，编制收入预算草案。最后，财政部综合收入和支出两个部分，把预算草案交给有法定预算提案权或国会审议权的机构核定。而基于权力分立制衡思想，有些国家，比如美国将预算编制和预算执行完全分开，由专门的预算机构主持预算编制工作，例如由政府特设的专门预算机关主持预算编制工作，而财政部门只负责预算执行。在美国的行政机构体制中，联邦政府部门中主要由行政管理和预算局负责预算编制工作，财政部门只负责税收政策、税收估算和预算执行。这种设置从权力制约的角度为实现对财政预算权力的制约提供了更加可靠的保证。

关于我国的预算编制工作，按照编制主体划分，我国预算可分为部门预算和财政总预算。部门预算由各预算部门编制，是财政总预算的基础；财政总预算由各级财政部门编制，是以各部门预算为基础的汇总和综合。但是，由于部门预算是综合预算，既包括财政拨款或补助形成的收支，又包括部门按规定自行组织的收支，因此，这种汇总和综合并非简单的加总关系。预算编制应主要包括三个方面的内容，即单位预算编制、部门预算编制和总预算编制。

财政预算的编制是指财政预算收支计划的预测及确定。财政预算编制意味着要考察公共资源过去的使用情况，分析已经实现的目标及其成本，并为将来的预算周期分配新的资源，这一过程被称为编制预算。目前，我国财政预算编制的法律依据主要是《预算法》以及相关的法律法规。比如，在我国《预算法》中，对预算编制的原则、内容、形式、举债的要求、财政后备资金的建立、结余结转资金的处理、编制及批复的时间和程序等都做了明确的规定，特别是政府收入的取得要严格遵循税收法定的原则，依法征收；政府的每一笔开支都要事先列入预算，并经法定程序批准。

财政部门在汇编中央或地方预算草案时，并不是简单地将各部门预算中的收支数额进行汇总，而是根据预算汇编的口径和预算管理办法，把与中央或地方预算有缴款、拨款关系的预算数字进行汇总编制。此外，还要把财政部门直接掌握的收支，如债务收入和债务支出、总预备费等一并编制，经过审核、汇总和综合平衡后，编制成中央或地方预算草案。

（二）预算的审批

预算的审批是财政预算程序的第二个阶段。预算在具有法律效力之前，相关部门（主要是财政部门）要对预算草案进行审查，立法机关在此基础上也要对预算草案进行审查和批准，从而使预算具有法律效力，这一过程就是预算的审批。

在发达市场经济国家，预算的批准权力属于议会，大部分国家的议会实行两院制。实行一院制的国家预算直接由议会批准，比如瑞典、荷兰、西班牙等国家。在实行两院制的国家中，大部分国家议会的两院都有批准财政预算的权力，比如美国、法国、德国、日本等国家。预算草案的具体审核由议院中的各种常设委员会与其所属的各种小组委员会进行。其一般程序通常是要将待审议表决的年度预算草案分发给负责预算收入和支出审议的各小组委员会，由小组委员会研究以后向预算委员会提出意见并形成报告书，由预算委员会提出决议，最后由议院大会审议表决。

在我国，预算批准的权力属于各级人民代表大会。《预算法》第 20—21 条规定：全国人民代表大会审查中央和地方预算草案及中央和地方预算执行情况的报告；批准中央预算和中央预算执行情况的报告。全国人民代表大会常务委员会审查和批准中央预算的调整方案；审查和批准中央决算。县级以上地方各级人民代表大会审查本级总预算草案及本级总预算执行情况的报告；批准本级预算和本级预算执行情况的报告。县级以上地方各级人民代表大会常务委员会审查和批准本级预算的调整方案；审查和批准本级决算。乡、民族乡、镇的人民代表大会审查和批准本级预算和本级预算执行情况的报告；审查和批准本级预算的调整方案；审查和批准本级决算。也就是说，全国人民代表大会负责审查中央和地方预算，并且只批准中央预算，不批准地方预算；县级以上地方各级人民代表大会只批准本级财政预算，不批准汇总的下一级总预算。

（三）预算的执行

财政预算草案被立法机构审查批准后，即成为具有法律效力的财政年度收支计划，预算过程便进入了计划的执行阶段。因此，所谓财政预算执行就是组织财政预算收支计划的并按照预算对收支进行监督控制、调整平衡的过程。预算的执行是预算程序的第三个阶段，是整个预算工作程序中最重要的环节。

依法执行议会通过的预算，是政府行政机构的职责，主管财政收支的政府机构（财政部门）负责指导和监督国家各所属预算单位具体执行收支预算。财政预算收入的执行就是依据国家的相关法律法规、政策制度规定，即在对各种税源、费源预测以及既定的税率、费率基础上，把各地区、各部门、各企事业单位应缴财政的预算收入，及时足额地收缴入库。财政预算支出的执行主要是根据年度支出预算和按季度分月用款计划，及时合理地拨付预算资金，以保证经济和事业发展的资金供给。在拨付资金的过程中，既要按照计划及核定的资金用途，结合各部门的经济事业发展进度，及时合理地拨付资金，还要监督各用款单位管好用好预算资金，通过建立预算资金支出效益评价体系，提高公共资金的使用效益。因此，支出执行中的控制既有合规性控制，也有绩效性控制。合规性控制是通过详细的投入控制来确保经批准的预算法案在预算执行中不会被改变，这种控制要以完善的内部管理系统、奖惩机制及审计制度为保障。① 绩效性控制要求支出部门和机构对预算资源使用的结果负责，在这种控制模式下，支出部门和机构的管理者对预算资源的使用或营运决策方面有很高的自主性，但不能改变由立法机关通过的预算中所阐明的政策及收支安排。

在预算执行过程中，要按照有关的法律法规和制度规定，对预算资金的集中、分配和使用过程中的各种活动加以控制，即监督检查各预算执行单位执行预算和遵守财经纪律的情况，纠正预算执行中出现的各种偏差，使监督成为保证财政预算正确执行的有效措施。当然，由于预算编制预期的实现环境在实践中会发生不可预料的种种变化，也会使得在预期条件下编制和批准的财政预算最初所确定的公共政策目标及预算目标发生变化，因此，在财政预算执行过程中，还需要依据预算编制时所确定的目标，并根据实际情况的变化，在合法合规的前提下，调整财政预算执行的具体目标和实现方式。②

按照我国《预算法》的规定，国务院财政部门具体组织中央和地方预算的执行；提出中央预算预备费动用方案；具体编制中央预算的调整方案；定期向国务院报告中央和地方预算的执行情况。地方各级政府财政部门具体组织本级总预算的执行；提出本级预算预备费动用方案；具体编制本级预算的调整方

① 李燕．“年终突击花钱”的原因分析及因应之策[J]．中央财经大学学报，2012（1）．
② 同上。

案；定期向本级政府和上一级政府财政部门报告本级总预算的执行情况。

在预算执行实践中，财政部门还需要研究落实财政税收政策的措施，支持经济社会健康发展；制定组织预算收入和管理预算支出的制度及办法；督促各预算收入征收部门和单位、各有预算收入收缴职责的部门和单位依法履行职责，征缴预算收入；根据年度支出预算和用款计划，合理调度、拨付预算资金，规范库款和国库单一账户体系管理，监督检查各部门、各单位预算资金使用管理情况，建立覆盖预算执行全过程的动态监控机制，厉行节约，提高效率；统一管理政府债务的举借、支出、偿还，对使用单位和债务资金使用情况进行监督检查与绩效评价；指导和监督各部门、各单位建立健全财务制度及会计核算体系，规范账户管理，健全内部控制机制，按照规定使用预算资金；汇总、编报分期的预算执行数据，分析预算执行情况，按照本级政府和上一级政府财政部门的要求定期报告预算执行情况，并提出相关政策建议；指导和监督各部门、各单位建立健全资产管理制度，监督检查各部门、各单位资产使用情况；组织和指导预算资金绩效监控、绩效评价，充分应用绩效评价结果；协调预算收入征收部门和单位、国库及其他有关部门的业务工作。

（四）决算

政府决算是预算管理过程中一个必不可少的、十分重要的阶段。决算是整个预算工作程序的总结和终结，是预算程序的最后一个环节，是一种事后监督。政府决算是指政府各部门按照法定程序编制的、用以反映经法定程序批准的年度预算执行结果的财政预算总结报告，是一定预算年度之内财政预算收入和支出的最终结果，也是政府的经济活动在财政上的集中表现。世界各国在预算年度终了后，大多要求提出政府决算，以求政府公共受托责任之解除。

在我国，各级政府财政部门负责本级政府和本级政府所属部门、预算单位决算草案的编制工作。《预算法》第 74 条规定：决算草案由各级政府、各部门、各单位，在每一预算年度终了后按照国务院规定的时间编制。编制决算草案的具体事项，由国务院财政部门部署。

按政府决算的级次划分，凡是编制财政预算的地区、部门和单位都要编制政府决算，只有这样，各个地区、部门和单位的预算才是全面、真实和完整的。因此，政府决算体制和财政预算体制一样，通常一级政府一级决算，按照统一的政府决算体系逐级汇编而成，具体分为中央级决算和地方级决算。

中央级决算即中央政府决算，它是在中央各主管部门按财务规定汇总的所属的各行政、事业、企业单位财务决算的部门决算基础上，加上国库年报和税收年报等相关内容组成，由财政部负责审核并汇总编制。

地方级决算包括各省（自治区、直辖市）、市（地、州）、县（市、区、旗）、乡（镇）四级决算。地方各级政府总决算是在同一级政府各主管部门汇总所属相应的各单位决算的基础上，加上所属下级政府总决算以及国库年报、税收年报等，经由地方财政部门审核汇总后形成。

按照政府决算的内容划分，政府决算报告的内容必须遵守一定的技术要求，以准确反映相关的信息，方便各申报、审核单位的管理工作，因此，政府决算按报告的内容一般包括决算报表和决算文字说明两部分。其中，决算报表主要是用数字填列各种决算表格，决算文字说明主要是对本级预算的执行和管理等各种情况所做的文字说明，以配合决算表格数字的内容。

按政府决算报送主体划分，决算分为总决算和部门决算。政府决算报送主体的规定是因区分财政资金审批单位和具体使用单位而形成的，以有利于财政资金的纵向和横向管理，

总决算是总预算执行最终结果的报告文件，是由各级财政部门汇总本级及其下级财政部门的年度实际收支所编制的决算。它是各级总预算执行结果纵向的全面反映。其内容包括：全年的收支预算数、调整预算数、决算数及其他相关的基本数字和决算说明书。我国的总决算由中央总决算和地方总决算组成，地方总决算又分为省（自治区、直辖市）、市（地、州）、县（市、区、旗）、乡（镇）四级总决算。

部门决算是构成各级总决算的横向基础，由执行部门预算的行政、事业部门和单位编制。它要求各单位在年终终了后，在搞好年终清理、结清账目的基础上，及时、准确、完整地编制部门单位决算草案，分别填列预算数、调整预算数和决算数，并附有决算说明书，按照预算支出的领报程序自下而上逐级审核汇总后，上报同级财政部门，汇入总决算。

（五）绩效管理

当前，中央财政已经初步构建起以项目支出为主的一般公共预算绩效管理体系，部分地方也结合实际做出了有益探索，基本形成了绩效目标设定、支出责任评价和结果运用三位一体的全过程绩效管理。在大规模减税降费、政府过紧日子的背景下，如何提高财政资金使用效益受到关注，这就涉及财政预算绩效管理。

财政预算绩效管理是政府绩效管理的重要组成部分，是一种以支出结果为导向的预算管理模式。它强化财政预算为民服务的理念，强调预算支出的责任和效率，要求在预算编制、执行、监督的全过程中更加关注预算资金的产出和结果。预算绩效管理要求政府部门不断改进服务水平和质量，花尽量少的资金、办尽量多的实事，向社会公众提供更多、更好的公共产品和公共服务，使政府行为更加务实、高效。推进预算绩效管理，对于提升政府执政的公信力，促进高效、责任、透明政府的建设具有重大的政治、经济和社会意义。

预算绩效管理最早产生于 1949 年的美国，是政府部门按所完成的各项职能进行预算，将财政预算建立在可衡量的绩效基础上，即干多少事拨多少钱。它要求预算过程充分利用关于政府活动产出与成果的数量化信息，把财政资金分配和政府部门的绩效更紧密地结合起来，是“为结果而预算”。[①] 从管理流程上来看，预算绩效管理是一个由绩效目标管理、绩效运行跟踪监控管理、绩

---

① 徐震，喻志刚. 论联合国绩效预算模式及其对绩效审计的启示［J］. 审计与理财，2009（12）.

效评价实施管理、绩效评价结果反馈和应用管理共同组成的综合系统。推进预算绩效管理，要将绩效理念融入预算管理全过程，使之与预算编制、预算执行、预算监督一起成为预算管理的有机组成部分，逐步建立“预算编制有目标、预算执行有监控、预算完成有评价、评价结果有反馈、反馈结果有应用”的预算绩效管理机制。

完整的绩效预算管理过程一般可分为五个阶段：一是政府确定预期要实现的施政目标，并细化分解为部门绩效目标和具体工作计划；二是为实现各部门的绩效目标和工作计划配置资源；三是各部门分别围绕绩效目标实施工作计划并报告绩效目标完成情况；四是评价机构按照确定的标准和方法对绩效目标的实现情况进行评价，并向社会公布评价结果；五是应用评价结果，调整政府及部门的施政目标和计划，并据以确定以后年度的预算。

预算绩效管理强调结果导向，加强预算绩效管理，促进公共资源的科学合理配置，要求使用好有限的财政资金，进一步保障和改善民生，做到发展为了人民、发展成果由人民共享，这与科学发展观、以人民为中心的核心要求是一致的。预算绩效管理注重支出的责任，加强预算绩效管理，强化部门的支出责任意识，履行好经济调节、市场监管、公共服务、社会管理等政府职能，推进预算绩效信息公开，有利于促进政府部门提高管理效率，改善决策管理和服务水平，提升公共产品和服务的质量，进一步转变政府职能，增强政府执行力和公信力。① 加强预算绩效管理，要求预算编制时申报绩效目标，实施绩效运行监控，加强绩效监督和结果问责，建立预算安排与绩效评价结果有机结合机制，把绩效理念融入预算编制、执行、监督、管理全过程，既可有效缓解财政收支紧张的矛盾，又可提高财政资金的使用效益，是进一步提升财政科学化、精细化管理水平的有力抓手。预算绩效管理更加关注公共部门直接提供服务的效率，加强预算绩效管理，促进财政工作从“重分配”向“重管理”“重绩

① 夏先德．全过程预算绩效管理机制研究[J]．财政研究，2013（4）．

效”转变，解决财政资金使用的绩效和支出责任问题，是市场经济国家财政管理发展的一般规律，也是我国财政改革发展到一定阶段的必然选择。

三、 财政预算的特殊程序

在我国，除了存在于各国宪法和预算法律中对于预算一般程序的原则性规定，还有在预算过程中可能发生的预算先期执行问题、预算超收问题、预算调整问题和法定支出问题等，这些特殊程序在预算程序运行过程中时有出现，并引起社会各界广泛的关注。

（一）预算的先期执行

所谓“预算先期执行”，通常是指预算草案尚未得到立法机构的正式批准，但在财政年度上已经开始执行，这就引发了预算的先期执行问题。[①] 如果预算年度开始前预算还未得到批准，一般是由议会通过一个临时预算来维持政府的正常运转。如果新财政年度的预算未能按时通过，法律规定了临时预算加以解决。对此，宪法或普通法之中通常有相关的明确规定。

在有些国家，行政部门可以根据前一年度的预算授权继续维持政府的运行。比如，西班牙宪法就规定，前一年度的预算将会自动延期，直到通过新预算；而法国宪法规定政府可以制定法令来保证政府的运行，对此，法国《预算基本法》进一步解释说，由于公共服务是不可或缺的，最少也要按照前一年度的水平予以提供；德国宪法规定：要维持国家机构的正常运转，继续实行现行法律规定，履行联邦职责，继续推行前一年度预算批准的项目和转移支付，同时，德国宪法还规定，当现有收入不足时，行政部门可以在限额之内借款；韩国宪法也规定了临时预算的范围，主要是维持法定机构的运转，执行法

① 王晓洁，马蔡琛．基于程序视角的中国公共预算法制化进程[M]//牛美丽，马蔡琛．构建中国公共预算法律框架．北京：中央编译出版社，2008（134）．

律规定的支出，继续以前预算批准的项目。

另外，在有些国家，法律允许按照政府的提案制定过渡预算。比如，芬兰宪法就允许将政府的预算提案作为过渡。再比如丹麦、瑞典、日本等国家，宪法或其他法律也允许设置过渡预算法草案，但是，对于过渡预算法草案的法律地位并没有准确界定。瑞典议会根据法律规定的“议会可以批准提前的拨款”，将决策权转授给了议会预算委员会。日本《公共财政法案》规定：内阁可以向国会递交一定时期的过渡预算，但法律规定比较模糊，并没有明确其根据的是前一财政年度的预算还是新财政年度的预算。

财政预算是政府运转的物质基础和保障，同时也是宪法政治权力博弈的结果，“决不能让政府关门”是预算立法的基本思想，因此，在预算尚未通过之前就产生了先期执行问题。不过，美国联邦政府预算向来是民主、共和两党政治博弈的焦点和筹码。美国法律规定：如果国会未能在财政年度开始的时候通过拨款法案，国会就会通过“持续决议”；该决议会根据前一年度或总统预算提案的情况，来规定政府需要履行的职责；如果国会未能通过这样的决议，那么，联邦政府就要被迫关门。比如，2018 年 1 月，由于美国国会参议院没能通过一项联邦政府临时拨款法案，联邦政府非核心部门从当地时间 2018 年 1 月 20 号零点开始被迫暂时关闭。这是自 2013 年 10 月以来美国联邦政府再次出现“关门”风波。

我国《预算法》第 54 条规定：预算年度开始后，各级预算草案在本级人民代表大会批准前，可以安排下列支出：上一年度结转的支出；参照上一年同期的预算支出数额安排必须支付的本年度部门基本支出、项目支出，以及对下级政府的转移性支出；法律规定必须履行支付义务的支出，以及用于自然灾害等突发事件处理的支出。根据前款规定安排支出的情况，应当在预算草案的报告中做出说明。预算经本级人民代表大会批准后，按照批准的预算执行。这是对我国先期执行范围的约束性具体规定，明确提前支出情况必须“在预算草案的报告中做出说明”，同时，先期执行范围纳入“批准的预算”。

（二）预算超收

对于预算超收问题，一般是通过设立稳定调节基金来实现财政的长期平衡和可持续发展。目前大致可分为三种类型：一类是新加坡、爱沙尼亚、南非、中国香港、美国的阿拉斯加州等国家和地区设立的一般预算储备基金，主要来源是财政预算年度盈余的积累以及非正常因素形成的超收收入，目的是用于平衡在经济萧条时的财政预算。第二类是俄罗斯、伊朗、委内瑞拉、哥伦比亚、科威特、尼日利亚、挪威、智利等国家设立的稳定型基金，目的是保持财政预算的长期稳定。第三类是科威特、阿曼、基里巴斯、巴布亚新几内亚以及美国和加拿大的有关州（省）等设立的储蓄型后代基金，目的是保障子孙后代在将来资源枯竭以后能够“有饭吃”。①

纵观各国在稳定调节基金的管理和运作方面的规定，大体上有四个方面②：

第一，基金的设立由法律予以规范。比如，俄罗斯在 2003 年 12 月 23 日正式颁布第 184 号联邦法律③，规定自 2004 年起设立联邦预算稳定基金，其收支计划及其使用方向和使用额度均由每个财政年度的《联邦预算法》确定。

第二，基金有确定的收入来源。一是来源于主要资源性产品销售价格超过基准价格形成的超额收入，比如，阿曼规定，当石油价格在每桶 15 ~ 17 美元之间时，每桶 2 美元的收入注入“国家储备基金”；二是来源于主打产品销售收入的一定比例，比如尼日利亚规定，按每升 5.3 那拉（当地货币单位）从该国石油销售收入中提取“特别石油信托基金”；三是部分来源于财政预算盈余，比如挪威将因油价上涨而形成的“额外”石油收入及预算盈余计提进入

① 王晓洁，马蔡琛．基于程序视角的中国公共预算法制化进程［M］//牛美丽，马蔡琛．构建中国公共预算法律框架．北京：中央编译出版社，2008（134）．

② 乌日图．关于财政预算稳定调节基金问题的几点思考［OL］．中国人大网，www.npc.gov.cn.2008－03－10.

③ 该法律以第 13.1 章的形式补充进《俄罗斯预算法典》。

国家石油基金，最高时从预算中拿出的资金达到当年 GDP 的 6% 。①

第三，基金支出有明确的规则。比如挪威、阿曼等国家允许基金在某些条件下向财政提供补贴用于弥补财政赤字，比如科威特、阿曼、尼日利亚等国家要求投资于基础设施。总体而言，基金不能成为政府随意支配的“小金库”，确保基金实现稳定长期财政状况的目的和功能。

第四，突出议会的审批和监督作用。比如，美国阿拉斯加州的宪法预算储备基金的规模和基金支出，每年由州议会确定；俄罗斯联邦政府要向议会报送有关稳定基金收入进款、基金使用和投资情况的季度和年度报告。

我国《预算法》第 66 条规定：“各级一般公共预算年度执行中有超收收入的，只能用于冲减赤字或者补充预算稳定调节基金。各级一般公共预算的结余资金，应当补充预算稳定调节基金。省、自治区、直辖市一般公共预算年度执行中出现短收，通过调入预算稳定调节基金、减少支出等方式仍不能实现收支平衡的，省、自治区、直辖市政府报本级人民代表大会或者其常务委员会批准，可以增列赤字，报国务院财政部门备案，并应当在下一年度预算中予以弥补。”这就明确了我国各级一般公共预算执行过程中发生“超收收入”情况时使用范围的约束性具体规定。不过，我国《预算法》没有明确“超收收入”具体的法定含义和范围，这应当由相关授权立法部门或法律授权部门具体明确。

（三）预算调整

所谓预算调整，是指政府对已经过立法机构审批的预算进行调整，主要包括总额调整，如追加拨款、超收等；或者动用储备金、项目之间重新配置财政资金等。在很多国家，为了维护预算法案的严肃性和有效性，追加支出一般都

---

① 王晓洁，马蔡琛．基于程序视角的中国公共预算法制化进程［M］∥牛美丽，马蔡琛．构建中国公共预算法律框架．北京：中央编译出版社，2008（134）．

是通过动用储备金和在项目之间重新配置财政资金来解决，而不是要求国会追加拨款。对于通过国会追加拨款而实现的追加支出，一般都需要立法机构审批。

在预算执行阶段动用储备金和在项目之间重新配置财政资金，是否需要立法机构审批，各国的情况也不一样。

储备金的设置通常有两种模式：一是由中央政府设立总储备金，二是由各部门设立储备金。比如，加拿大从简化和集中支出管理的角度设置总储备金，而一般部门储备金的动用则由财政部门或支出部门自行决策。对于动用总储备金是否需要立法机构审批，各国情况不一样。有些需要立法机构审批，比如意大利国会批准的储备金高达全年总支出的8% ~10%，用于应付新增项目或现有项目的超支；英国国会每年通过两个或两个以上的追加拨款，从储备金或其他项目的减支中解决这些追加支出。而澳大利亚等国家只需财政部门审批即可，澳大利亚在某部门出现未料到的紧急情况需要追加预算时，由该部门的部长向财政部长提出申请，财政部长根据程序决定是否追加以及追加的金额。

关于项目之间资金重新分配的审批，一般有两种情况：

一是在原立法机构审批的级次上，重新配置财政资金必须经立法机构审批，其他层次则授权财政部门或支出部门。比如，加拿大宪法规定在没有得到国会同意的情况下，支出部门不能在不同拨款项目之间改变资金的用途，但是，可以在同一拨款项目内部重新分配资金。当然，即便可以重新分配，各部门也不能随意改变特定资本项目支出之间的资金配置。在美国，不同预算账户之间调拨资金，必须得到国会的同意，在同一账户内调拨资金只需得到国会相关委员会的同意；而在比利时，资金在不同项目之间的转移，只需经过财政部门同意即可。

二是无论在哪个层次上重新配置财政资金，都无须立法机构审批。比如，澳大利亚规定对于日常支出计划，只需在财政部门的授权下，支出部门可以自行在项目之间转移资金，而无须经过立法机构或财政部门审批。[①]

我国《预算法》对预算调整做出了详细规定，2014年修订时增加一系列约束性条款。《预算法》第67条明确了预算调整适用范围标准，规定了执行中只有在出现“需要增加或者减少预算总支出的；需要调入预算稳定调节基金的；需要调减预算安排的重点支出数额的；需要增加举借债务数额的”等情形时才能调整预算。第68条规定调整预算时，必须在预算调整方案中做出安排。第69条对预算调整的理由、项目和数额以及审查批准程序。[②] 另外，《预算法》第72条对项目资金重新分配做出规定，要求“各部门、各单位的预算支出应当按照预算科目执行。严格控制不同预算科目、预算级次或者项目间的预算资金的调剂，确需调剂使用的，按照国务院财政部门的规定办理”。

（四）法定支出

法定支出是指以法律法规的形式将支出项目及所占份额、增长比例固定下来的支出。

---

① 王晓洁，马蔡琛．基于程序视角的中国公共预算法制化进程[M]∥牛美丽，马蔡琛．构建中国公共预算法律框架．北京：中央编译出版社，2008（134）．

② 《预算法》第69条规定：在预算执行中，各级政府对于必须进行的预算调整，应当编制预算调整方案。预算调整方案应当说明预算调整的理由、项目和数额。在预算执行中，由于发生自然灾害等突发事件，必须及时增加预算支出的，应当先动支预备费；预备费不足支出的，各级政府可以先安排支出，属于预算调整的，列入预算调整方案。国务院财政部门应当在全国人民代表大会常务委员会举行会议审查和批准预算调整方案的三十日前，将预算调整初步方案送交全国人民代表大会财政经济委员会进行初步审查。省、自治区、直辖市政府财政部门应当在本级人民代表大会常务委员会举行会议审查和批准预算调整方案的三十日前，将预算调整初步方案送交本级人民代表大会有关专门委员会进行初步审查。设区的市、自治州政府财政部门应当在本级人民代表大会常务委员会举行会议审查和批准预算调整方案的三十日前，将预算调整初步方案送交本级人民代表大会有关专门委员会进行初步审查，或者送交本级人民代表大会常务委员会有关工作机构征求意见。县、自治县、不设区的市、市辖区政府财政部门应当在本级人民代表大会常务委员会举行会议审查和批准预算调整方案的三十日前，将预算调整初步方案送交本级人民代表大会常务委员会有关工作机构征求意见。中央预算的调整方案应当提请全国人民代表大会常务委员会审查和批准。县级以上地方各级预算的调整方案应当提请本级人民代表大会常务委员会审查和批准；乡、民族乡、镇预算的调整方案应当提请本级人民代表大会审查和批准。未经批准，不得调整预算。

一般情况下，国外政府的公共资金分配权，统一在总统预算办公室或各级财政部门，支出拨款一般都需受到国会（议会）的监督。与各职能部门发展有关的法律法规，通常无权要求其预算资金占多大的份额或者每年增长多少比例，所需的事业发展资金只能依据上年度执行情况、财政收支、经济增长和通货膨胀等因素测算确定。

也有一些国家，比如美国，最大的法定支出就是社会保障、债务清偿和司法系统的开支，它们被称为刚性预算或者赋权型预算，着重为符合要求的个人、公司或者政府部门的特定项目提供发展资金。美国规定，养老金、失业救济金或基本的医疗保障是公民的一种权利，因此，在预算决策中必须居于优先地位。20 世纪末期，美国联邦财政刚性开支大约占整个预算支出的 67%，其中，社会安全保障占 23%，政府债券利息 15%，医疗照顾计划占 12%，医疗补助占 6%，其他占 11%，这个比例是根据法律规定的计算因素和计算公式而得出的，每年都根据实际情况加以调整。除此之外的其他项目，一律采用科学的预算编制方法，在议会的监督下按优先次序安排资金，并且能够以其认为最有效益的投入组合提供教育、科技、医疗保健和环保等公共服务，并不存在关于其每年增长比例的特殊法律条文。这些虽然类似于法定支出，但其内涵意义与我国却有着本质的不同。①

法定支出是一个典型的中国话题。在我国，法定支出主要指有关法律法规明确规定了支出比例或增幅要求的特定支出项目，涉及面很广，包括农业、教育、科技、计生、卫生、环保、社会保障、公务员工资等。法定支出具有强制性的特点，往往是通过法律、法规、政府文件和各种形式的“达标”规定，甚至“一票否决”。根据审计署 2012 年 6 月颁布的对 54 个县财政性资金审计结果，为满足国家有关农业、教育、科技等法定支出的增长要求和中央有关部

① 王晓洁，马蔡琛．基于程序视角的中国公共预算法制化进程［M］∥牛美丽，马蔡琛．构建中国公共预算法律框架．北京：中央编译出版社，2008（134）．

门出台的达标增支政策安排的支出，是其当年公共财政支出的77.23%。①

我国的法定支出大多源于20世纪90年代，法定支出的设立具有良好初衷，但是，过多过滥的法定支出项目也会带来诸多问题。

首先，法定支出过多导致了相关法律间的矛盾和冲突。《预算法》是国家对预算分配、管理和监督的基本法律，而很多法定支出项目是政府职能部门通过《农业法》《教育法》《科技法》等许多部门法律加以强制性的规定，实际上它是各职能部门为了自己的政绩和部门利益、争夺更多财政资源的行为，在一定程度上是对财政预算管理职能的侵蚀。一旦资源分配出现冲突时，就产生如何协调法律间冲突和矛盾的问题。

其次，法定支出过多加大了地方政府支出压力，越是基层政府，法定支出的压力越大，而且法定支出过多也限制了地方财政的自主性，地方自主安排的财政能力就很小，不可避免导致财政支出结构的固化僵化，地方政府不能够根据本地区老百姓真正的需求对财政资金进行统筹安排，因此，也很难最大限度地发挥财政资金使用的效率。

最后，法定支出同地方收支增幅或生产总值挂钩的“一刀切”也导致了资源分配的不均衡，造成资金使用的浪费。例如，对于县级政府来说，要求科学研究支出高于经常性收入增长的规定就是不适合的，因为对于绝大多数县级政府来说，没有从事基础科学和高新技术研究和开发的条件，其结果只能是挪作他用。对此，党的十八届三中全会通过的《中共中央关于全面深化改革若干重大问题的决定》提出：“清理规范重点支出同财政收支增幅或生产总值挂钩事项，一般不采取挂钩方式。”

在现阶段，法定支出的存在是必要的，“法定支出”脱钩并不意味着要减少对这些重要支出项目的财政投入，而是需要对现有众多的挂钩法定支出项目进行清理整顿。对于具有公共性的重点项目应该重点保障，将具有竞争性和营

① 见审计署官方网站。

利性的支出项目更多交给市场，这样才能不断优化法定支出结构，让有限的财政资金用在刀刃上。同时，要赋予地方政府更大的预算自主权，充分发挥地方各级人大在法定支出中的决定性作用。地方各级政府根据各地社会经济发展的实际情况，因地制宜、统筹兼顾安排财政支出，对于有关国计民生的重点支出项目应该优先安排，确保有关事业发展的正常投入。另外，也要加强《预算法》在预算分配领域的基本法地位，维护《预算法》的权威性和严肃性，限制其他部门的法律和法规对预算安排和执行做出的硬性规定。

| 第三章 |

财政预算的治理逻辑

自现代预算诞生之日起，它就一直处于国家治理的核心，是现代国家治国理政的重要基本制度，只不过各国的预算制度实践存在诸多不同。作为配置资源的行政过程，从收入决策开始，到预算执行终结，每一个阶段都关乎整个预算制度的功能和目标的实现程度，也决定着整个预算的体制和运行机制，体现着整个资源配置的合理程度，都是预算制度设计中的根本性问题，关乎财政预算的功能属性、原则和目标以及体制模式，也是寻求预算制度治理现代化的逻辑展开。

第一节　财政预算的基本功能

现代预算必须是经法定程序批准的、政府机关在一定时期的财政收支计划。它不仅是财政数据的记录、汇集、估算和汇报，而且是一个计划。这个计划必须由行政首脑准备和提交；它必须是全面的、有清晰分类的、统一的、准确的、严密的、有时效的、有约束力的；它必须经过立法机构批准和授权后方可实施，并公之于众。[①] 因此，作为制约和监督权力运行重要载体的预算制度，必然要具备全面完整、规范有序、绩效控制、调控有力、公开透明、法治问责等基本特征，而这些特征之所以产生，源于预算制度的基本功能。

---

① 王绍光．安邦之道——国家转型的目标与途径[M]．上海：上海三联书店，2007：27.

按照美国著名预算学者 A. 普雷姆詹德的论述，预算作为经济政策的手段，其功能大体表现在以下几个方面："第一，从政策角度讲，它指明了经济的趋势，并表达了有效利用社会资源的意向。……第二，预算的一个主要功能是促进经济的宏观平衡。……第三，由于最近强调以公平的方式来分配资源，因而预算已成为减少不公平的工具。……第四，预算应更好组织，以便使它对国民经济总体的影响得到快速的和富有意义的发展。"① 当然，这一概括更多的是着眼于预算制度的经济功能，实际上，除了优化资源配置、维持国民经济的总体平衡之外，预算制度还具有特别重要的监督政府权力的宪法政治功能。正因为如此，预算制度是一项不可或缺的制度，是国家政治体制最重要的组成部分之一，其重要性不亚于选举制度、政党政治，立法机关制度和舆论监督制度。② 也就是说，财政预算的功能集中体现在优化资源配置、维持国民经济平衡和监督政府权力三个层面，前面两个功能往往是显性的，而监督政府权力既是财政预算的本源性功能，也是其隐形的功能，而且此项功能往往还取决于前两项功能的发挥程度。

一、 优化资源配置

预算制度的首要功能，就是确定资源的合理配置，从而真正管好人民的"钱袋子"。资源配置功能也就是政府可以通过预算，将政府的收入与支出进行有系统的归类与安排，明确而合理地处理财政问题。③ 因此，我国《预算法》第 27 条明确规定："一般公共预算收入包括各项税收收入、行政事业性收费收入、国有资源（资产）有偿使用收入、转移性收入和其他收入。一般公共预算支出按照其功能分类，包括一般公共服务支出，外交、公共安全、国防支出，农业、环境保护支出，教育、科技、文化、卫生、体育支出，社会保

① ［美］ A. 普雷姆詹德．预算经济学［M］．周慈铭，译．北京：中国财政经济出版社，1989：42.
② 王绍光．美国"进步时代"的启示［J］．读书，2001（8）．
③ 高玉琢．政府预算中的宪政问题研究［D］．苏州大学 2008 年博士学位论文．

障及就业支出和其他支出。一般公共预算支出按照其经济性质分类，包括工资福利支出、商品和服务支出、资本性支出和其他支出。”

一直以来，政府都是被视为一种超然主体，它存在于企业之外，拥有社会公共管理权，其职能是向社会成员提供公共物品，同时强制性地向社会成员征税。理查德·A. 马斯格雷夫的“公共财政理论”[①] 将政府职能划分为：经济稳定、资源配置和收入再分配三种，其中资源配置即是财政预算的基本职能。在国家治理层面，政府作为国家代理人，既要维护社会稳定公平实现其社会价值，又要推动经济增长实现其经济价值。然而，不论是更加关注社会价值，依靠公共物品进行资源配置的“小政府”，还是追逐经济价值通过政府投入资本进行资源配置的“大政府”，公平与效率都很难兼顾。政府公共资源配置的属性和构成对政府与市场的关系将产生重要影响，也在很大程度上影响了宏观的公平和效率。按照马斯格雷夫的说法，社会财富应当得到最为合适的配置。由于公共财产具有非敌对性与非排他性，容易产生搭便车行为；而市场又不能提供诱因促使生产者提供公共财产，从而无法达到资源配置的最适合状态，因此，有必要由政府介入，担任公共财产供给与配置的角色，以矫正受到扭曲的资源配置状态。[②]

多年来，政府职能转变就是要退出市场机制的优势领域，而弥补市场失灵的劣势领域——提供充足的公共产品和公共服务，满足社会公共需要。根据公共物品理论，具有非排他性、非竞争性的公共物品、公共资源由政府配置，市场资源由市场配置。但是，市场的局部利益驱动功能使商品生产者只追求自身的局部利益，忽视环境保护、文化保护、公共健康等社会整体利益，更不愿投资于教育、卫生、基础研究等非营利性或低营利性的部门。因此，在财政预算

① 理查德·A. 马斯格雷夫是现代财政学领域享有世界声誉的财政学家之一。他在财政学领域的杰出贡献是建立了一个可以全面系统地研究财政问题的理论框架，从而把财政学纳入了庞大的经济理论体系，而且他特别注重民主社会中公共部门的作用。

② 高玉琢 . 政府预算中的宪政问题研究［D］. 苏州大学 2008 年博士学位论文 .

制度中，财政支出的安排，要始终以优先满足社会公共需要为圭臬，财政收入的取得，要建立在以人民为中心、为满足社会公共需要而筹措汲取资金的基础之上。一方面，政府通过不断完善基础设施、基本公共服务、社会保障、资源要素和户籍等方面的制度来构建社会公平保障体系；另一方面，政府通过税收制度来调节高收入群体的过高收入，通过转移支付手段来提高低收入群体的收入，并通过法律手段来取缔非法收入。预算是人民通过其代表所议定的国家岁出、岁入的契约书，财政的健全是决定经济的根本，在世界各国中，财政预算都是相当重要的。只有预算才能有效推动国内各项重要公共政策，如果国家的财政状况良好、公共预算充足，则能执行更多有利于民生的资源配置。① 财政预算经由公共选择机制，表现为一个公共偏好的表达过程，它提供了公众参与预算过程的途径，全面反映社会公共需求。在市场机制正常合理运行状态下，正确处理市场与政府的关系，厘清市场与政府的职能边界，充分发挥市场对资源配置的决定性作用和更好发挥政府作用，着力解决市场体系不完善、政府干预过多和监管不到位等问题。

在财政预算制度结构中，政府负责编制预算并负责资金的使用，然而，如何使资金效率效能发挥到最大，从而促使事关国计民生的问题能够得到适当和及时的处理，这无疑是任何政府都必须高度重视的问题。从本质上看，国家治理过程中公共财务管理的核心问题仍是“资源有限，欲望无穷”，因此也才有公共预算研究中非常有名的“科依问题”和“希克问题”，即“在什么基础上做出这样一个决定将某一数量的资金配置给活动 A 而不是活动 B?”② “在什么基础上决定了把某一数量的资金配置给活动 A 而不是活动 B?”③ 所以，有限

① 高玉琢．政府预算中的宪政问题研究[D]．苏州大学2008年博士学位论文．

② Key, O. 1940. The lack of budgetary theory. American Political Science Review Vol. 34, No. 12: 1137－1144.

③ Schick, Allen. 1986. Crisis in the budget process: Exercising political choice. Washington, D. C: American Enterprise Institute.

资源的配置效率仍然是最值得关注的。

1999 年 4 月 “亚洲发展银行” 在其出版的《管理政府支出手册》中建议，良好的公共支出管理必须注意三个层面：财政纪律、策略性的资源配置与运作效率。一个能将资源有效分配的预算程序，必须同时解决下列问题：

第一，有多少资源可供使用？

第二，资源如何使用？

第三，资源用在何处最为有效？

在《联邦党人文集》中，汉密尔顿就告诫我们：“在社会资源容许的范围内，有足够的权力获得经常而充分的货币供应，被认为是每种政体所不可缺少的要素。由于这两方面的缺乏，以下两种弊端必须会产生一种：不是人民必然遭到不断掠夺，作为代替供应公众需要的比较适当的办法，就是政府必然陷入致命的萎缩状态，并且在短时期内灭亡。”① 可见，国家治理在很大程度上必须依赖科学与合理的财政预算。当然，政府机关的正常活动是以充足的财源支配为保障的，这就是通过税收的征收来保证政府运转的经费来源。“一个国家没有税收是不能长期存在的。如果没有这个重要的支柱，它就一定会丧失独立，降到一个省份的地位。”② 然而，在有了足够的岁入的基础上，如何确定资源的合理配置，就成为国家是否为人民的幸福规范政策的基本标准。从历史潮流演进中可以看到，人类社会是倾向于追求民主的，随着民主程度的不断加深，社会的公共需求也越来越能够反映在财政预算政策上。

财政预算制度是代议民主政治发展的产物，社会各个阶层可以在此制度下，通过权力的运作来取得自己所需要的资源。所以，财政预算呈现的是不同社会阶层所分配的利益，也间接反映了社会中权力结构的关系。人类所处的社会由封建专制转变成现今的民主主义，最大的转变在于对于政治、经济、社会

① ［美］汉密尔顿，杰伊，麦迪逊．联邦党人文集［M］．程逢如，在汉，舒逊，译．北京：商务印书馆，1980：146.

② 同上，第 62 页。

各层面资源的掌握。这种掌握的能力，也就是所谓的“社会力量”。① 社会力量的展现在于社会中有些人相较于其他人，显示出更有能力实现他们自己的目标，而有能力者会忽视较无能力者的偏好。在追求自利、经济自由、交易价值，在重视资源的配置效率而忽略资源的分配公平的市场经济体系中，社会力量的不对等将造成资源分配的不均，这样一来，这些弱势群体的经济安全势必遭受威胁。这种资源分配不均的情况在资本主义市场经济体系是不断上演的，由此也更加突显出政府维护个人经济安全，在资源分配上即财政预算上所应该扮演的角色。一般而言，在资源配置中，市场发挥决定性作用，与此同时，政府通过统筹短期利益与长远利益、局部利益与整体利益来实现资源的合理规划与配置。

财政预算具体展现了国家整体资源“分配”的优先顺序，也反映出国家当时的经济、社会等问题。财政预算制度在形成本质上，是关涉整个经济体系内资源“分配”的公共事务，政府资源分配的工作反映的是政府在整个经济体系所扮演的角色，而资源分配代表了不同阶层所展现的对于政治、经济、社会各层面资源的掌控能力。② 就分配公平而言，财政预算无论是岁出还是岁入，都将产生“再分配”效果，预算中任何一项支出和收入，都将使社会中某些人或特定团体得到利益或遭受损失，其主要原因是由于财政预算不同于民间经济活动，在“统收统支”的预算原则下，各种类型的岁出与岁入项目之间并没有任何直接的关联。因此，财政预算的受益者与成本负担者不是同一个人，这种再分配效果将使财政预算正常的形成成为“零和赛局”。19 世纪意大利经济和社会学家巴瑞图认为，一个社会的最佳所得分配，是在无人遭受损失的情形下，某些人获得利益的分配方式。引申至公共政策制定时，则可解释为：某一计划或政策至少对一人以上有利且没有人因之受害时，即为一项可以

① 高玉琢．政府预算中的宪政问题研究[D]．苏州大学 2008 年博士学位论文．

② 高玉琢，王宏．政府预算能够保证公共资源的公平分配——从政治经济学的观点出发[J]．兰州学刊，2007（6）．

考虑接受的方案或政策。巴瑞图原则是强调“主要之少数，轻微之多数”，当这项原则应用到公共事务时，可以结合政策规划原则的“劣势者利益最大化原则”，多照顾弱势族群的利益与权益，并以此缩短社会上贫富差距过大，而达到巴瑞图最佳境界。①

二、 平衡国民经济

一般而言，国民经济总体平衡是指国家通过宏观经济管理，使国民经济发展的总供求规模、比例、效益和速度相互协调。在不同的时代、不同的发展阶段，社会经济发展的主要矛盾不同，经济不平衡的内容和形式也有所不同。实现国民经济总体平衡，不仅要做到经济领域的综合平衡，随着社会的发展，更要保证国民经济与社会、民生、生态环境、国防等其他社会系统之间的平衡，而实现的基本方式在于统一财政收支，进而做到财政收支平衡，这也是财政预算的重要功能。

预算制度如同其他国家制度一样，在立法上一开始并没有被赋予特殊、超越满足公共需求的功能，直到 1967 年德国预算制度改革。《德国基本法》第 109 条第 2 款首次赋予了预算制度在宪法上的特殊任务，规定联邦与各邦在预算上必须考虑总体经济的均衡，这种总体经济上的功能所涉及的就是预算制度的国家目标②。这项规定的特点在于并不是仅仅涉及一项目标规定，而是规定一项特定的结果——“均衡”，作为追求的目标。这项规定是将维持国民经济总体平衡作为真正的法律义务加以设计的。

其实，在中国很早就有“量入以为出”③ 的记载。在西方自由资本主义时

---

① 所谓巴瑞图最佳境界，是指达到无法再让任何人图利而不损及其他人的情境。也就是说，无论资源如何重新配置或使用，均无法使某些经济个体获取更高的利益，而同时也不牺牲其他经济个体的利益。但在现实社会中，当决策者要提高某些人或团体的利益时，往往多多少少会损害其他人的利益，所以经济学家们所努力追求的巴瑞图最佳效率理想，在实际中常常难以完全实现。

② 所谓国家目标规定是指宪法中的规范，国家机关必须依据该规范内容行使其权力。

③ 见《礼记·王制》。

期，财政预算一般也要求收支平衡，其出发点在于简政节支，以适应资本主义经济自由放任、自由竞争的要求。

到了垄断资本主义时期，尤其是20世纪30年代出现严重经济危机之后，许多资本主义国家相继采取赤字财政政策，试图通过扩大政府开支来扩大就业，增加有效需求，从而刺激经济发展，以缓和经济危机。第二次世界大战之后，由于国家部门急速扩张以及给付行政的“四面出击”，财政预算的总体经济能量开始逐渐展现，现代国家除了基本的秩序功能外，也被要求为社会和经济发展的稳定、社会福祉和社会正义承担责任。特别是受到以美国经济学家P. A. 萨缪尔森为代表的西方经济学家提出财政周期平衡理论的影响，不少国家实行“补偿性财政政策”，即在经济萧条时期，实行赤字财政政策；在经济繁荣时期，则实行盈余财政政策，并以繁荣时期的财政盈余来弥补经济萧条时期的财政赤字，实现财政收支的周期性平衡。然而，以往财政预算所采用的扩张政策，经过数十年后已出现许多负面影响，其中影响最大的，莫过于预算中产生庞大赤字。

国家的政府财政出现赤字，预算编制无疑会受到相当程度的限制。没有充足的预算财力，政府的施政能力势必大打折扣，而且没有多余的回旋余地来完成施政计划，人民对政府的信心和信任度将大幅降低。当人民对政府产生不信任甚至是排斥态度时，对执政党而言，便会面临政治支持度的降低，就有失去执政权的可能。如果无法妥善处理预算赤字所造成的财政失衡，也就会失去执政的舞台。例如，美国曾因为政府财政问题险些引发债务违约，虽然民主党和共和党两党之争是主因，但不能否认财政问题本身也是导火索。日本曾因为财政问题数次引发内阁变动，现任首相安倍晋三第二次当选前，日本首相就一直处于不稳定的状态。回顾中外历史，因为财政问题而导致一个国家由盛转衰，甚至走向战争、走向崩溃的案例数不胜数。欧美国家因为过去财政严重恶化，甚至拖累经济，而理论模型也提出反凯恩斯理论的逻辑，证明财政恶化是导致经济长期被拖累的主要原因。预算赤字的产生，在某种程度上可以说是政府无能或者不负责任的表现，它意味着现任政府花光了自己任期内可以支配的经费，却未能偿还它应该负担的债务，同时把债务负担的烂摊子留给了下一任政府。

最近几十年来，由于现代工商业社会日益向多元化发展，人民对政府的要求也越来越多，导致公共事务日益复杂，同时，财政预算规模不断扩大，当支出的增长率大于收入的增长率时，财政赤字便不可避免。[①] 财政赤字使得政府必须寻找新的财源，而在理性以及自利的动机之下，一国政府因为唯恐会失去民心，很少会通过增税的方式来筹措新的财源。所以，由政府出面举债增加国家可以动用的资源便应运而生，尤其是在第二次世界大战之后，经济稳定发展，全世界弥漫着乐观的气氛，使得政府支出逐渐失控，政府组织与人员不断增加，政府支出规模不断扩大，使得财政赤字持续增加，公共债务急速膨胀。债务规模一旦突破财政收入的100%，就极有可能遭到国际三大评级机构降级处理。如果发生主权债务降级处理，必然会引发国际上的抛售浪潮。届时，债务危机将成为触发系统性危机的引线。从国家与老百姓的关系来看，财政预算制度关系到两个“钱袋子”：国家的“钱袋子”和老百姓的“钱袋子”。这两个“钱袋子”通过财政这个管道连接在一起，财政的任何制度安排都会对其产生影响。国家多收，国家的“钱袋子”就会鼓起来，可以提供更多的公共服务，避免更大的公共风险，但老百姓的“钱袋子”就会瘪下去；相反，国家少收，老百姓的“钱袋子”就会鼓起来，国家的“钱袋子”就会瘪下去，可以提供的公共服务就会减少，公共风险可能加大。这就涉及国家的“钱袋子”和老百姓的“钱袋子”的平衡问题，所以必须依据不同发展阶段的特定经济社会条件，找到一个黄金分割点。

近些年来，中国政府基础设施建设支出、各类民生支出、行政管理支出等普遍呈迅速上涨趋势，就每一项政府支出而言，其增长总能找到合理解释，同

① 高玉琢．政府预算中的宪政问题研究［D］．苏州大学2008年博士学位论文．

时也给国民经济总体平衡带来明显的压力。为促进经济发展，首要任务就是改善财政，关键就在于加强财政纪律。政府应减少支出，缩小规模，在经济不景气时更应如此。也就是说，财政越是窘困、经济越是不景气，政府更应贯彻财政纪律。随着政府职能的扩张和公共支出的日趋庞大，财政预算制度对于国家经济政策、资源配置已成为关键性的因素。2019 年 3 月 13 日，第十三届全国人民代表大会财政经济委员会公布了《关于 2018 年中央和地方预算执行情况与 2019 年中央和地方预算草案的审查结果报告》。从财政收支情况来看，2019 年财政平衡压力较为突出。在实施更大规模减税降费、经济下行压力加大以及去年部分减税降费政策翘尾减收等因素的影响下，预算报告预计，2019 年财政收入增速将有所放缓。同时，各领域对财政资金需求很大，多领域需要财政支出重点保障。

因此，必须平衡好“稳增长”和“防风险”的关系，加强政策和资金统筹，在加大减税降费力度和着力保障重点支出的同时，保证财政可持续。政府要“过紧日子”，严控“三公”经费预算，一般性支出要压减 5% 以上，取消低效无效支出。另外，还要提高财政资金使用效益，继续盘活财政存量资金。维持国民经济总体平衡，统筹经济社会发展，需要切实解决失业、贫困、社会保障、国民教育、公共卫生和医疗，以及社会分配等方面的问题，保证经济持续发展、社会稳定。首先，经济是基础，以经济建设为中心不能动摇。以经济建设为中心的理念也已经取得全体国民的共识。其次，转变政府职能，承担服务性政府应有的责任。社会发展领域中的问题，同经济体制改革中政府职能的不到位有关系。社会保障、科学技术、文化教育、公共卫生和医疗，乃至文学艺术和教育等领域，或多或少受到市场竞争的影响，而这些特殊部门需要采取特殊政策，不能简单实行“市场化”“产业化”一刀切。尽管经济优先原则对于现阶段的中国意义不言而喻，但我们所追求的目标是一个由经济、文化、卫生所构成的有机的复杂体系，在发展中不能在各个实践领域中孤立地决策和行动，而忽视它们之间的相互联系和相互影响，而需要做到这一点，关键在于发挥财政预算的平衡功能。党的十八届三中全会提出“改革税制，稳定税负”，是基于当前现实条件提出的一个改革原则，也是当前条件下平衡两个“钱袋子”的原则。

三、 监督政府权力

从本源意义看，现代预算制度其实就是权利与权力博弈，乃至于是利益争夺的产物，而利益博弈与争夺的基本场域往往是在议会。实际上，现代议会发端于英国，是社会公众为了维护自身权利，限制国王（政府）征税的权力，从而维护自身利益的一种工具。也就是说，代议民主制度是民众出于对政府的财政活动进行监督、控制的需要而逐步发展起来的，而预算制度本身是民众对（国王）政府的财政活动进行监督和控制的法律规范。因此，财政预算的原始功能就是监督政府权力。

“好的政府体制就是‘一套能够监督权力，特别是要监督君主或行政部门的权力’的体制。”① 事实上，基于“人性本恶”的认知，西方人对政府（国家）的认识是出人意料的一致：政府（国家）就其本性而言是恶的。德国哲学家叔本华说：“在新生的婴儿身上已带着原罪，不过要在他成长时才显出来。……亚当不幸，我们所有的人也在亚当中不幸。——实际上原罪（意志的肯定）和解脱（意志的否定）之说就是构成基督教的内核的巨大真理，而其他的一切大半只是这内核的包皮和外壳或附件。”② 德国哲学家黑格尔则进一步指出，“教会有一熟知的信条，认为人的本性是恶的，并称本性之恶为原始的罪恶。依这个说法，我们必须放弃一种肤浅的观念，即认为原始罪恶只是基于最初的人的一种偶然行为。其实由精神的概念即可表明本性是恶的，我们无法想象除了认为人性为恶之外尚有别种看法。”③

---

① ［美］史蒂芬·B. 斯密什．政治哲学［M］．贺晴川，译．北京：北京联合出版公司，2015：207.

② ［德］叔本华．作为意志和表象的世界［M］．石冲白，译．北京：商务印书馆，1982：556.

③ ［德］黑格尔．小逻辑［M］．贺麟，译．北京：商务印书馆，1980：91.

既然人性本恶，一切有权力的人按其本性来说就必然会滥用权力，所以在组成政府时，权力必须制衡。也就是法国思想家孟德斯鸠所言："要防止滥用权力，就必须以权力约束权力。"① 而在近代美国，无论是联邦党人还是反联邦党人，都对权力的本质有着非常深刻的认识："权力有一种自我扩张的天性，所以就应该通过一定的措施，对其进行有效限制。"② "任何一个权力部门都要受到其他部门的有效监督和限制，而不能任意僭越自己的权力范围。"③

值得注意的是，联邦党人在进行宪法设计时，特别看重财政预算权，并将这种权力赋予了代议机构，而代议机关只要拥有掌握国库的权力，即掌管"钱袋子"的权力这种最切实有效的武器，就可以将自身真正武装起来，并可以采取有效的措施，纠正政府的偏差。预算问题绝不仅仅是个无关紧要的数字汇总问题，而是关系到民主制度是否名副其实的大问题。④ 与此同时，"任何政治结合的目的都在于保存自然的和不可让与的人权。这些权利就是自由权、财产权、安全权和反抗压迫权"。⑤ "一个国家的自由并非取决于有关政府架构的设计……而是取决于对这些权力规定的限制，并在正义基础上来建立这些限制。"⑥ 因此，"建立国家的本质目的是实现公民的权利和自由，而不是追求国家的光荣与伟大。"⑦ "保护个人权利是合法政府的目标所在。"⑧ 而要保护公民权利和自由，首先且必须要从限制政府的财政权力开始。正如布坎南所言：

① ［法］孟德斯鸠．论法的精神（上册）［M］．张雁琛，译．北京：商务印书馆，1994：154.

② ［美］亚历山大·汉密尔顿，詹姆斯·麦迪逊，约翰·杰伊．联邦党人文集［M］．杨颖玥，张尧然，译．北京：中国青年出版社，2014：272.

③ 同上，第274页。

④ 徐阳光．预算国家：财政法治的理想——源自美国的经验与启示［J］．环球法律评论，2009（2）．

⑤ 戴学正．中外宪法选编［M］．北京：华夏出版社，1994：60.

⑥ ［美］赫伯特·J. 斯托林．反联邦党人赞成什么——宪法反对者的政治思想［M］．汪庆华，译．北京：北京大学出版社，2006：126.

⑦ 同上，第3页。

⑧ 同上，第25页。

“对统治者的控制，一直是通过对征税权的约束来实现的。”① 基于此，当代西方资本主义国家在立宪的过程中都把财政制度作为权力分立的关键内容写进宪法，并将此权力赋予代议机构。而之所以要这样做的关键原因是要限制政府的权力，从而有效地保护公民权利。实际上，在西方国家的法律中，人们很容易就可以找到“权利”的影子。基于对“人性本恶”的认识，西方人从来就不认为在没有制约的情况下，政府（国家）能够恰当地行使手中的权力，相对于强大无比的政府（国家）权力，公民权利天然地就比较弱势，由此就必须要对权力进行制约，“一切有权力的人都容易滥用权力，这是万古不易的一条经验。有权力的人们使用权力，一直到有界限的地方才休止。”②

权力具有自我膨胀的天然特性，而要对权力进行制约，用公民权利制约政府的权力是其中一种可取的选择，另外一种方法就是将权力分属于不同的政府部门，以权力制约权力，只有这样才能保证权力不被滥用。实际上，在西方民主国家，强调不同权力部门之间的分立与制衡或者是以权利制约权力，这不只是西方近代以来启蒙学者们的一种预见，实际上也在西方国家的政治实践中被普遍应用。③ 但无论是以权力制约权力还是以权利制约权力，其根本目的都是要保障社会公众的权利，而现代公共财政预算制度的不断建设与完善，就是权利保护机制不断发展和完善的过程。没有预算的政府是“看不见的政府”，而“看不见的政府”必然是“不负责任的政府”。“不负责任的政府”不可能是民主的政府。④ 预算制度就是要把“看不见的政府”变为“看得见的政府”。只有这样，人民才有可能对它进行监督。在这个意义上，预算是一种对政府和政

① ［美］詹姆斯·布坎南，［澳］杰佛瑞·布伦南．宪政经济学[M].冯克利，等译．北京：中国社会科学出版社，2004：10.

② ［法］孟德斯鸠．论法的精神（上册）［M］.张雁深，译．北京：商务印书馆，1994：154.

③ 邓研华．从权力走向权利：预算改革的政治学分析[J].海南大学学报（人文社会科学版），2016（3）.

④ 王绍光．美国“进步时代”的启示[J].读书，2001（8）.

府官员“非暴力的制度控制方法”。[①]

在民主社会中，国家整体的经济资源分配也会更加民主，而并不是操纵在少数统治阶级的手中，这样弱势阶层的需求才得以反映在上层的预算制度、政策之中。预算制度本身就是为了让政府能向立法机关负责，而且是经过相当一段历史时期的政治抗争所产生的。因为预算必须经过立法机关通过，因此，预算也就具备了彰显民主合法性的功能和监督制约的功能，议会（立法机关）的预算权虽然是议会（立法机关）相对于政府（行政机关）最古老的监督权，但至今仍是最有效和最重要的监督权之一。不过，我们也需要注意，由于财政预算包括岁出与岁入，岁出主要提供公共产品和服务，这可以增加人民的经济福利，而岁入则是筹措提供公共产品、公共服务所需要的财源，也就是成本。在政府本身所掌握的生产要素外，绝大部分的岁入都是以“税收”的方式取自民间而成为人民的负担。就人民整体而言，虽然其所享受到的整体利益与所需要负担的总成本是相等的，但是，就个别公民或团体而言，或许需要承担净“成本”，或享有净“收益”。因此，人民对政府所提供的公共产品或公共服务的利益和必须负担的成本无法准确评价，有时候会高估利益，低估成本；有时候会高估成本，低估利益。[②] 这有可能使财政预算成为个别人或团体从事“竞租行为”的工具，财政预算在规模和结构方面都会受到扭曲。如果出现了这种情形，财政预算反而可能成为个人、团体追逐私利的工具，不仅不能达到政府政策所要追求的目标，甚至会丧失财政预算最基本的监督、控制等功能。

第二节　财政预算的基本原则和治理目标

财政预算的原则是政府选择预算管理模式和构建预算组织体系的指导思

① Frederick A. Cleveland and Arthur E. Buck, The Budget and Responsible Government（New York: Macmillan, 1920）, pp. 390 – 397.

② 高玉琢．政府预算中的宪政问题研究[D]．苏州大学 2008 年博士学位论文．

想，体现了财政预算立法、编制、执行和监督所应遵循的基本目标和宗旨。从历史的视角出发，财政预算治理是随着现代预算制度的产生而逐步形成的，并伴随其演化而不断发展。一般而言，在预算制度产生初期，比较注重预算的控制性与合乎法规性，预算是作为监督和控制政府行为的工具对待。随后，经济社会的不断发展导致政府收支内容的日趋复杂，开始强调预算的周密性，更加注重预算技术和管理模式的改进；自从功能预算理论①发展以来，人们开始注重发挥预算的功能性作用。财政预算过程是建立在一系列程序和规则基础之上的，在过去的200年中，财政预算制度经历了许多变化，但是，预算程序和规则的基本属性仍然没有变化，只是在财政预算的不同发展阶段，预算体系面临的最紧迫问题是不同的，财政预算的目标及其原则也相应有所不同。

一、 财政预算的基本原则

我国《预算法》第1条规定：“为了规范政府收支行为，强化预算约束，加强对预算的管理和监督，建立健全全面规范、公开透明的预算制度，保障经济社会的健康发展，根据宪法，制定本法。”一般而言，《预算法》第1条被视为我国财政预算的原则，也就是说，规范全面、公开透明是我国财政预算的基本原则，不过，如何理解规范全面和公开透明，还是应该从历史的维度出发，关注财政预算原则的历史演变。

（一）古典财政预算的基本原则

财政预算在某种程度上是资产阶级革命的产物。在革命过程中，资产阶级为了限制封建皇室的财政权，通过公共预算体制将一系列收支活动以预算控制

① 功能预算理论的概念，创建于20世纪中叶，以凯恩斯经济理论为基础，强调将政府的课税、支出、举债等行为，作为一种具有调节经济功能的工具来加以运用。该理论认为，预算政策应以财政措施的实施后果（宏观经济总体运行和经济增长目标的实现）作为安排财政预算收支的依据。见马蔡琛．财政预算（第二版）[M]．大连：东北财经大学出版社，2018：53.

的形式植入政府的财政活动，一方面在政府内部建立集中统一的行政控制，另一方面立法机构从外部监督着政府的财政活动，促使政府对议会负责并进而对纳税人负责。因此，财政预算总体上强调“明确”与“约束”原则。

到19世纪公共预算确立时期，也就是进入所谓的“预算时代”①，在已有预算格局的基础上兴起了新的改革浪潮，主要致力于两个方面：一是建立对财政预算的外部政治控制——议会监督，将政治问责问题也落实到预算过程；二是在政府内部建立集中统一的财政控制，将行政控制引入财政预算过程。同时，19世纪的工业革命和经济发展所带来的金融和技术上的进步，也大大地降低了实行这样一种严格的预算控制所面临的交易成本。② 在此时期，预算的基本原则主要包括两个方面：一是实现政府对预算收支的计划管理与执行，二是寻求立法机构对政府财政措施的控制与监督。概括而言，意大利财政学者尼琪提出了预算管理六项原则，而德国财政学者诺马克提出了预算管理八项原则，③ 这些都是对古典财政预算的基本原则比较有代表性的观点。虽然他们有不同的侧重点，但是某些预算原则却是一致的，比如公开原则、确定性原则和统一性原则等。而有些原则属于描述性的，或者仅仅指向预算制度的某一个环节，很难作为全部预算过程的原则对待。

对于公开原则，尼琪认为，全部预算收支必须经过议会审查批准，成为公开性的文件，预算的内容应该力求详尽通俗，以便立法机构和公众了解政府收支活动的全部情况；而诺马克认为，财政预算内容应该公开，确保所有国民都

① 公共预算专家凯顿将中世纪后期一直到19世纪以前的财政史称为“前预算时代”，而将现代预算制度成型的19世纪视为“预算时代”的开始。见 Caiden，Naomi. 1989. A new perspective on budgetary reform. Australian Journal of Public Administration，Vol. 48，No. 1. pp. 51 – 58。

② 马骏，赵早早．公共预算：比较研究[M].北京：中央编译出版社，2011：7 – 9.

③ 尼琪提出的预算管理六项原则包括：公开性原则、确定性原则、统一性原则、总括性原则、分类性原则、年度性原则。诺马克提出的预算管理八项原则包括：公开原则、明确原则、事前决定原则、严密原则、限定原则、单一原则、完全原则和不相属原则。见马蔡琛，沈雁寒．公共预算绩效提升的博弈分析——基于利益相关方互动影响的考察[J].云南财经大学学报，2012（6）。

能充分了解政府的收支状况、财务计划及施政纲领的运行成本。预算公开包括程序公开与结果公开两个层面。程序公开是指财政预算的编制流程和审议批准程序应该公开透明，置于立法监督机构的全程控制之下；结果公开是指财政预算的执行结果（决算）的公开，以便公众对财政预算实际执行结果有全面的了解，并据以提出批评和建议。

对于确定性原则，尼琪认为，编制预算时，应该认真收集各种相关信息资料，依据社会经济发展的趋势，做出准确的预测，以防止预算的虚假而执行过程中变更，谋求预算的稳定确实性；而诺马克认为，财政预算的收入来源渠道及支出用途、项目构成与分类方法，都应加以明确列示、清晰一致。在预算管理实践中，为了保证财政预算明确原则的实现，既需要编制总揽政府收支全局的总预算，也需要就每个部门的收入和支出情况，分门别类地加以详细列示，以体现公共部门预算资金的具体配置情况。

对于统一性原则，尼琪认为，同一预算收支体系内部，各项收支的编列与测算标准应该力求逻辑上口径上的一致性，同时，所有政府收支均应纳入同一预算之内；而诺马克认为，政府全部财政收支应纳入同一预算表内综合列示，不得另行编制独立的预算。它包括两层含义：一是政府财政收支应统一编列，维持财政预算的完整体系；二是预算系统内部限定于同一项目的内容，不得分解列示于两个项目之内。一切政府公共开支和预算收入均应完整地计入预算，不得存在任何游离于预算之外的政府性收支活动，以体现公共财政体系的健全与完整。

除此之外，尼琪认为，预算还必须遵从总括性、分类性和年度性原则。总括性原则要求所有财政收支都应纳入预算，避免预算外开支，所有的政府收支都应该通过预算过程的批准才能进行，所有的政府收支均应编列于预算收支表格之中，不得以任何预算外财政资金的形式存在；分类性原则要求预算收支应根据其性质分门别类，一目了然，以便社会公众和审议机构了解政府财政资金活动的来龙去脉；年度性原则要求预算必须按照规定的预算年度编制和执行，预算不能逾越预算年度。

而诺马克认为，除了公开原则、确定性原则和统一性原则之外，预算还必须是事前决定，符合严密原则、限定原则和不相属原则。① 事前决定意味着财政预算应在财政年度开始之前，就经由立法监督机构审议通过。财政预算是公共财政体系运行的基本制度载体与运行平台，也是立法机构制衡政府行政部门行为的重要工具。如果预算在年度开始前未能决定，而绝大多数政府部门的公共活动是连续进行的，财政收支活动也需要随之进行，这就有可能产生侵犯立法机关职权和产生财政舞弊现象。因此，通常市场经济国家大多规定财政预算必须在预算年度开始前完成立法审议程序。即使因为特殊情况，不能完成上述法定预算程序，法律也规定了相应的救济途径。与此同时，财政预算应对各收支项目产生严格的约束力，力求与未来财政决算尽可能保持一致。至于严密原则，这里的严密具有特殊的含义。就预算收入而言，预算预计的收入应与实际可能筹集的收入基本相符，如果低估收入，会导致预算的不平衡；而高估收入则会不必要地加重公众的宏观税负。就预算支出而言，也是这样。总之，预算应与实际执行结果尽可能保持一致。限定原则，简单说就是预算的各个项目相互之间应有明确的界线，通常禁止经费相互流用。该原则有三个层面的含义：第一，预算科目的设立与归宿应力求明确，以免 A 科目的费用改由 B 科目核销。也就是说，要尽可能避免隐性的不恰当的科目之间的流用。第二，预算以外的支出项目必须禁止，包括预算中原来没有该项支出而安排支出，或超过预算授权限额安排支出，或者是将预算内列支的项目非法转移到预算外。这也是“先有预算，后有支出”原则的具体体现。第三，禁止提前动支下年度的预算经费，或将本年度的经费未经法定程序结转下年使用。不相属原则，是指任何财政收入与支出，不得有个别相属关系，不应以特定预算收入维持特定项目的

① 本部分内容主要参考了徐仁辉．公共财务管理——公共预算与财务行政[M]．台北：台北智胜文化事业有限公司，2000；陈纪瑜．财政预算管理[M]．长沙：湖南大学出版社，2003。

预算支出。

总之，古典预算的基本原则，已经在很大程度上体现了预算制度的本质属性，特别是古典预算所要求的公开、明确、规范统一，已经内嵌在预算制度之中。当然，由于历史的局限性及现代经济的发展，古典预算的年度原则、分类原则与现代预算制度已经出现了本质的差异。

（二）现代财政预算的基本原则

在现代社会中，预算过程不是唯一的资源配置机制，市场也是一种配置资源的机制。预算过程与其他资源配置机制的主要区别在于，预算申请以及资源配置是根据一些专门为此目的而建立的程序和规则进行的。① 预算过程规定了如何、什么时候、谁来申请资源和配置资源。② 因此，预算至少包括两个基本要素：申请资源和配置资源。正是申请资源和配置资源的基本要素显示，预算是汲取和使用财政资源的过程。因此，在市场经济国家的兴起历程中，财政预算体现了各利益相关主体管理权转移斗争的妥协与谈判交易过程。随着政府职能与规模的不断扩大，国家干预经济逐渐成为一种主导思想，单纯强调立法监控的思想已不适应经济环境的变化，客观上也要求政府行政机构在预算问题上拥有更多的主动性。于是在 20 世纪 50 年代前后，预算制度在价值导向上发生了变化，出现了以加强政府财政权为主导思想的现代预算原则。

对现代预算原则具有代表性的描述，是时任美国联邦财政预算局局长史密斯在 1945 年提出的预算管理八项原则③，即预算的编制、批准与执行应以政府各部门的财政与业务报告为依据，遵循计划原则、责任原则、以政府预算报告为依据原则、灵活性原则、程序多样化原则、自由裁量原则、执行中的弹性原

① 马骏，於莉．公共预算研究：中国政治学和公共行政学亟待加强的研究领域［J］．政治学研究，2005（2）．

② 马骏，牛美丽．重构中国公共预算体制：权力与关系［J］．中国发展观察，2007（2）．

③ 马蔡琛．财政预算（第二版）［M］．大连：东北财经大学出版社，2018：136．

则和预算机构协调原则。

在现代社会，财政预算是政府对年度或跨年度财政收支规模和结构进行的预计、测算和安排，是按国家的政策意图和制度标准将一定时期的财政收支分门别类地列入各种计划表格，通过这个表格反映一定时期政府财政收支的具体来源和使用方向。[①] 其典型形式是经过法定程序批准的年度收支计划。政府组织内部不同层级之间的财政预算可以理解为中央政府与地方政府之间，或者省一级政府和市、县、乡一级政府之间，包括具有行政区划隶属关系的政府层级之间对各自的有关财政预算的权利和责任所做的计划，它主要涉及财权和事权的配置结构及确切范围。不同的政府层级之间存在利益冲突是不可避免的，每一个层级的政府都有其自身的目标函数。国家的各项政策能否有效得到贯彻和执行、不同层次政府间政策的协调以及同中央政府政策的配合与一致，都取决于不同层级间政府的预算资金计划能否有效被管理并得到切实的履行。最后，财政预算还是决策部门与支出执行部门之间的预算计划。决策部门是公共政策目标的确立者，而决策的实施和目标的达成则是由决策部门委托支出执行部门来实现的，具体表现为财政资金使用权的委托—代理关系。决策部门将相应的财政预算资金拨付给支出部门，支出部门则通过资金的使用完成与预算拨款相对应的财政预算项目和维持政府部门的正常运转。决策部门与支出执行部门之间的预算计划直接决定着财政预算资金的使用效率和财政预算执行的绩效。因此，这个计划必须由政府行政首脑准备与提交，它必须是全面完整的、分类清晰的、严密准确的、有时效和约束力的，它必须经过立法机构批准与授权后方可实施，并公之于众。

除此之外，预算必须加强行政责任，立法程序使正式预算成立，成立后的预算执行则属于行政部门的职责。预算收支在时间上要保证灵活性，预算程序必须依政府活动的种类而多样化。例如，可以采取追加预算或特别预算方式处

① 财政部干部教育中心组．现代预算制度研究[M].北京：经济科学出版社，2017：12.

理一些急需处理的计划。同时，预算要有适度的行政自主权，对于已经批准的支出项目不应过分限定，应使行政机构具有一定的自由选择空间。预算要有一定的弹性，预算中应包括随经济形势的变化而适当调整的内容，预算机构必须在预算的编制及执行上相互联系与协调，以保证预算能够顺利付诸实现。

总之，现代财政预算是衡量政府责任转变的标准，它反映了政府在经济体系的经济活动。回顾过去一个世纪，尽管市场经济蓬勃发展，减少政府干预市场的呼声不断，但是，许多国家的政府功能仍在不断加强，特别是经济基础、政治的上层结构与政府财政危机彼此之间的混合已经导致许多政府扩张行动的合理化，加强政府财政权的预算原则始终占据主导思想。现代预算原则与古典预算原则最大的不同点在于更加强调政府行政机构在预算上的自主权。即使我们不就现代预算原则的具体内容加以更多的展开，单纯从其原则表述中反复出现的“灵活性”“多样化”“自由裁量”“弹性”等的字面含义，也可以大体上看出现代预算原则所主张的赋予政府行政机构更多的预算管理权能与灵活性的基本取向。

（三）我国财政预算的基本原则

从经济和技术层面看，财政预算是政府收支对比的计划表，是现代经济社会配置资源的机制。通过政治程序确定的预算，首先决定整个社会资源在各部门之间配置的比例和结构，从而决定财政配置资源的规模和方向。对此，我国《预算法》从法律文本上也做出了回应，《预算法》第 1 条规定“加强对预算的管理和监督，建立健全全面规范、公开透明的预算制度”，意味着我国财政预算注重的是预算过程的法定性和公开透明性，因此，我国财政预算治理的原则可以概括为规范全面、公开透明原则。

1. 规范原则

预算的规范原则，要求预算的主体、内容、程序、时间等静态事项必须由法律事先加以规定，预算的编制、审批、执行、变更、调整、审计、决算等整个预算动态过程也都必须依法进行。对于预算本身的性质究竟是不是法律，学界众说纷纭，德国、日本、我国台湾地区等不同国家和地区的制度实践也差异甚大。从预算的基本法理和我国的实际情况出发，笔者认为，预算虽然不是法律，但却是具有法律效力的文件，其同样具有拘束力和执行力。[①] 与通常意义上的狭义“法律”相比，预算更加侧重于一年一期地规划和监督财政支出。特别是通过将预算权力约束在预算法的框架下，让全部财政收支活动（尤其是支出活动）依循预算而为，能够保证政府行为的法治化。

需要注意的是，财政预算不是普通的收支计划，只有经过立法机构批准的财政预算，本质上才具有法律约束力。财政预算的形成过程，实际上是国家立法机构审定预算内容和赋予财政预算执行权的过程，即政府必须将所编预算提交国家立法机构批准后，才能据此进行财政活动。各国宪法一般都规定，财政预算经立法机构批准公布后才具有法律效力，政府必须不折不扣地贯彻执行，不允许有任何不受预算约束的财政行为。[②] 在预算执行中，由于客观情况的变化需要调整修改预算，也必须经过一定的法律程序；紧急情况的处理要补报审批手续。[③] 因此，财政预算是纳税人（公众）通过立法机构对政府行政权力的约束和限制，是立法机构对政府做出的授权和委托，行政机构对立法机构及其代表的社会公众负有法律责任，即政府活动内容和过程要受到法律及立法机构的严格监督和制约。[④]

从本质上看，财政预算通过立法与法律机制予以控制，其背后的深刻原因

---

① 刘剑文，侯卓．论预算的拘束力与执行力——对超收预算收入与突击支出的审思[J]．中国青年政治学院学报，2012（4）．

② 我国《宪法》第62条第11款规定，“全国人民代表大会行使下列职权：审查和批准国家的预算和预算执行情况的报告”；第67条第5款规定，全国人民代表大会常务委员会行使下列职权：“在全国人民代表大会闭会期间，审查和批准国民经济和社会发展计划、国家预算在执行过程中所必须作的部分调整方案。”

③ 李燕．政府预算法制化管理——深化改革的迫近之举[J]．中国财政，2006（2）．

④ 彭健．多样化的政府预算理论研究视角探析[J]．财政研究，2005（10）．

在前述财政预算理论基础时就有阐释：具有独立财产权利的纳税人担负着政府的财政供应，就必然要求控制政府的财政，以政治、法律程序保证政府收支不偏离纳税人利益，保障个人的财产权利不受政府权力扩张的侵犯。财政是政府在花社会公众即纳税人的钱为众人办事，成本和效用都是外在的。如果没有预算约束，或预算没有法律约束效力，政府官员就不会对公共资金的使用后果承担责任，公共资金就不会基于公众的利益而被合理、有效和正当地使用，就不可避免地会出现效益低下，甚至贪污、腐化、挥霍、滥用。[①] 因此，政府要通过对公共资源的分配，为社会提供一定的公共产品和服务，而这一活动过程需要一定的控制系统来严格管控，这种控制系统就是预算程序或预算制度。如果政府权力摆脱了预算法和该年度预算的约束，就是违背了“无预算不支出、先有预算后有支出”的预算规范原则。

由此可见，预算法的规范原则，简而言之便是要让预算法成为一部真正意义上的“法”，具有法律规范应有的拘束性和可操作性。当然，这需要宪法制度（涉及预算权配置和财政体制设置）、诉讼法制度（涉及预算诉讼制度）等诸多相关法律制度的配套。

2. 全面原则

预算的全面原则也可以称为预算的完整原则，是指各级政府及其所属的所有行政事业单位以及经营机构的全部收入、支出、资产、负债等都应当纳入预算报告，进而接受人大和社会的监督。对预算全面、完整的要求，实质上是一种将财政活动完整纳入法治框架的基本思路。

在我国，预算全面原则首先意味着在范围的广泛性上，要将政府的所有收入和支出都全口径地纳入复式预算体系。党的十八大报告明确提出要“加强对政府全口径预算决算的审查和监督”，这正是对预算的全面性提出的要求。

---

① 焦建国．预算机制论：从经济、政府、法律、财政、决策角度的分析[J]．国家行政学院学报，2002（4）．

即一般公共预算、政府性基金预算、国有资本经营预算和社会保险预算都要纳入预算的审查与监督，且不留死角、不留缺口。其次，在项目的细致性上，要使预算更加详细和精确，这样才能确保预算在接受人大审查时能够被看清、看明白，并保证预算执行的稳定性、严格性。政府共有三本账，即一本收入账、两本支出账。收入账应分为类、款、项、目四级；支出有两本账，一本按功能分类应细化到类、款、项三级，一本按经济性质分类应细化到类、款两级。只有足够清晰、易懂，预算监督和预算公开才不至于成为一纸空文。另外，预算不应只体现政府收支，还需纳入政府全部的资产负债情况。只有同时具备了以上三个条件，预算才能真正称得上完整、准确，而这是开展实质性的预算审查、监督的重要前提。《预算法》对预算全面原则做了特别强调，第 4 条明确规定“政府的全部收入和支出都应当纳入预算”，第 5 条专门规定“预算包括一般公共预算、政府性基金预算、国有资本经营预算、社会保险基金预算”，并在第 9、10、11 条分别规定了政府性基金预算、国有资本经营预算和社会保险基金预算，这从立法上标志着我国全口径预算管理制度的确立。尤其值得注意的是，《预算法》中将原二审稿中的“公共预算”措辞改为“一般公共预算”，这种表述更加准确，因为严格说来，其他三类财政预算也属于“公共预算”的范畴。①

目前，在我国预算实践中，对于总额巨大的政府性基金预算、国有资本经营预算和社会保险预算，基本都是授权给国务院依据《预算法》做出规定，在法律层面形同真空地带，使这三类预算存在游离于人大监督之外的制度性风险。当然，限于《预算法》在财政领域类似“基本法”的地位，《预算法》不可能对这些问题规定得过于细致，因此仍有待其他法律规范的跟进。特别是关于一般公共预算、政府性基金预算、国有资本经营预算、社会保险基金预算这“四本账”的具体操作性规定，应当分别制定相应的行政法规或部门规章予以

---

① 朱大旗．新《预算法》的进步[J]．国际税收，2014（10）．

完善，否则，全面原则很难在实践中真正体现。

3. 公开与透明原则

预算的透明原则，通常也被称为预算公开原则，指的是预算的依据以及预算的编制、审批、执行、决算等过程都应当依法通过相应方式向社会公开。美国学者斯蒂格利茨曾论证道，包括预算信息在内的公共信息都是在管理公共事务的过程中产生的，管理者收集和整理这些信息花费的是公众提供的资金，所以它们应由公众拥有。① 预算公开是保障纳税人清楚知晓预算支出的重要方式。

在预算的公开透明方面，全部的财政预算、决算、预算报告、决算报告、审计报告、综合财务报告等都应事无巨细、清楚明了地向社会公开，这是预算公开的理想图景。对于预算公开的强调，《预算法》第 14 条有预算公开的基本规定：一方面，要求全过程的公开，从预算开始到执行、调整、决算以及最后的审计等所有内容全部公开；另一方面，对预算公开的规定注重全面和重点的结合。"全面"是指预算、预算调整、决算等情况、报表都要公开，部门预算、决算、报表也要进行公开，在预算执行中进行政府采购的情况同样要进行公开；"重点"则是对社会公众尤为关注的重要领域和重点事项应予以特别的制度安排，例如地方政府的一些债务状况、"三公"经费等。特别强调的是，《中华人民共和国信息公开条例》第 20 条第七款专门规定，行政机关要主动公开"财政预算、决算信息"，可谓与《预算法》相得益彰。此外，针对预算公开不当的情形，《预算法》和《信息公开条例》都规定了相应的法律责任追究机制。

二、 财政预算的治理目标

过去 200 年现代政府的预算历史表明，财政预算在三个层面上影响着政府公共部门的运作：在宏观层面上，财政预算的规则或者程序对于决策者来说将

① ［美］约瑟夫·斯蒂格利茨．公共财政［M］．纪沫，严焱，等译．北京：中国金融出版社，2009：467.

形成一种总财力约束；在中观层面上，财政预算的规则或程序将影响以战略重点为基础的资源配置和利用；在微观层面上，财政预算的规则或者程序将影响生产和供给公共服务的效率。[①] 因此，推进财政预算治理，实质上就是寻求更具约束力的公平正义的总额控制、更加优化且更高效益的资源配置和更高效率的绩效管理。

在财政预算制度运行过程中，我们始终需要面对一系列的追问，比如：关于收入问题，谁有权做出收入决策（税收、债务、收费等）？谁来审查？谁做出最后的决策？形成收入政策需要经过什么程序？收入决策面临哪些限制？在预算编制过程中，谁有权提出预算？何时可以并应该提出预算？应该按照什么程序形成预算？应该按照什么格式编制预算？预算应该包括哪些内容？在资源配置过程中，谁有权审查预算？运用什么标准、采用什么程序审查？在预算执行过程中，如何管理收入？何时拨款、如何拨款、如何支付？资金的使用必须遵循什么程序？遵守什么规则？谁有权判断支出行为的合理性与合法性？等等。[②] 它们涉及一般公共服务，外交、公共安全、国防，农业、环境保护，教育、科技、文化、卫生、体育，社会保障及就业等各种类型资源配置的结构、效益和效率问题。换言之，财政预算的规则或者程序将影响财政收支的总额、财政资源的分配效率（公共支出的内部结构）和公共部门的运作效率，[③] 因此，财政预算治理的基本目标就在于财政资源的公平配置与财政资源配置的效益和效率。

---

① Schick，A. 1998. A contemporary approach of public expenditure management. World Bank：Washington，D. C. 同时见［美］艾伦·希克．当代公共支出管理方法［M］．王卫星，译．北京：经济管理出版社，2000：112.

② 马骏，牛美丽．重构中国公共预算体制：权力与关系［J］．中国发展观察，2007（2）．

③ ［美］艾伦·希克．当代公共支出管理方法［M］．王卫星，译．北京：经济管理出版社，2000：11－12，［美］孙克姆·霍姆斯．公共支出管理手册［M］．王卫星，译．北京：经济管理出版社，2002：12.

（一）公平

从功能角度而言，财政预算涉及一般公共服务，外交、公共安全、国防，农业、环境保护，教育、科技、文化、卫生、体育，社会保障及就业等诸多领域，而国家的税收又是有限度的，对于国家而言，我们既要保持一定程度的“藏富于民”，不能“涸泽而渔”，也要保证国家“仓廪实”而担负起各方面的责任。

在财政预算管理实践中，政府不仅要努力降低行政成本、增进社会效益、提高行政效率，而且要促进社会公平。在当前中国，社会利益不断分化，利益日益多元化和不同利益主体间的利益关系日趋复杂已经成为社会发展的重要趋势。多元化利益之间的冲突已成为社会发展和财政预算治理中必须予以重视的现实问题，不当的利益冲突和对利益冲突的不当处理都有可能成为财政预算治理现代化的主要障碍。对于财政预算来说，控制预算总额是非常重要的。我国《预算法》第 4 条规定：“预算由预算收入和预算支出组成。政府的全部收入和支出都应当纳入预算。”同时第 13 条规定：“经人民代表大会批准的预算，非经法定程序，不得调整。各级政府、各部门、各单位的支出必须以经批准的预算为依据，未列入预算的不得支出。”

但是，从人性的角度出发，无论是政治家还是支出机构（预算单位）都有支出冲动，他们都希望从公共资金中尽可能多地获得预算拨款。政治家主要用这些支出向他或她的政治支持者提供各种好处，从而确保再次当选。为了满足他们自己的目的，支出部门同样也会要求增加预算。[①] 我们在很多时候都在着重强调国家利益、集体利益，不过，部门利益却是现实存在不容忽视的问题，正所谓“屁股决定脑袋”。因此，部门（预算单位）在编制预算时，一般总是尽可能要求增加预算额度。而且，正如希克所说，由于支出项目的好处往

① William A. Niskanen. 1971. Bureaucracy and representative government. Chicago：Aldine Atherton.

往是集中体现，而税收负担往往是分散性的，因此，通过要求追加开支，特定的受益者可以获得相比主张预算约束更多的收益。这些没有理性的动机驱使自私的申请者总是向政府提出比政府可支出的资源更多的资源要求。①

从经济学的角度，对于预算申请者来说，公共资金是一种公共资源，每个申请者都希望从中获得更多的份额。因为，每个人都预期，如果他不从这个公共资源中要求更多的预算拨款，其他预算申请者就可能获得比自己多的拨款份额。在这种预期的指引下，每个预算申请者都会尽量要求更多的预算拨款。换言之，对于公共资金来说，同样存在一个“公用地悲剧”② 的现象。而且，当公共支出的经费主要来源于政府借债并且政府可以将成本在代际之间进行转嫁时，公共预算中的“公用地悲剧”就会变本加厉。③

作为一个基本目标的总额控制是指，对于政治家决定在某一时期准备开展的活动，可以通过一个预先确定财政收支总额来进行约束，进而将公共支出、赤字、债务的比率控制在一个可以承受的水平，最终使得财政是可持续的。④因此，我国《预算法》第32条规定了“各级预算应当根据年度经济社会发展目标、国家宏观调控总体要求和跨年度预算平衡的需要，参考上一年预算执行情况、有关支出绩效评价结果和本年度收支预测，按照规定程序征求各方面意见后，进行编制。各级政府依据法定权限做出决定或者制定行政措施，凡涉及增加或者减少财政收入或者支出的，应当在预算批准前提出并在预算草案中做

---

① 艾伦·希克．当代公共支出管理方法[M]．王卫星，译．北京：经济管理出版社，2000：47.

② 1968年加勒特·哈丁发表在《科学》杂志上的《公用地悲剧》一文，总结出一个著名论断“公共资源的自由使用会毁灭所有的公共资源”。哈丁设想，古老的英国村庄有一片牧民可以自由放牧的公用地，每个牧民放牧草地的大小取决于其放牧的牲畜数量，一旦牧民的放牧数超过草地的承受能力，过度放牧就会导致草地逐渐耗尽，而牲畜因不能得到足够的食物就只能挤少量的奶，倘若更多的牲畜进入拥挤的草地，结果便是草地毁坏，牧民无法从放牧中得到更高收益，这时便发生了“公用地悲剧”，即私人决策者过分地使用公有资源。政府通常借助管制行为或者收费，以减轻过度使用公有资源的问题。环境的恶化、拥挤的道路是现代版的“公用地悲剧”。

③ [美] 艾伦·希克．当代公共支出管理方法[M]．王卫星，译．北京：经济管理出版社，2000：48.

④ 邝艳华，张俊新．预算法的认知及实施难度研究——基于基层公务员问卷调查的实证分析[J]．财政监督，2015（22）.

出相应安排”。同时第34条明确规定：“举借债务应当控制适当的规模，保持合理的结构。对中央一般公共预算中举借的债务实行余额管理，余额的规模不得超过全国人民代表大会批准的限额。”总额控制问题意味着在某个预算时期（比如一个预算年度）根据什么确定了可供分配的财力？换言之，在某一个预算时期，根据什么做出了收入决策，即从社会中汲取多少的资源来进行预算分配。[①]

公平正义是财政预算治理的本质属性。没有社会公平，财政预算治理现代化就是无稽之谈。不过，历史的发展似乎是一个螺旋式上升的过程，随着社会的进一步发展，“市场运作失灵”和“政府管理失灵”现象相继出现，全能政府的理念因“政府失灵”现象和对人权造成的潜在威胁而受到挑战，旧的自由主义思想又以“新自由主义”的面孔复苏。不能以公共利益之名而剥夺的平等的公民自由的重要性，不能以大多数人的利益而侵犯少数人的基本自由的正当性，[②] 已经得到了大家的共识。在各种现实情境中，我们尤其要警惕和防止“公共利益的羊皮化”现象，即掌握公共权力的某些人为了实现其自身的私利或部门利益打着公共利益的旗号肆意侵害社会公众的利益，或以公共利益的名义进行权力寻租，导致社会公平正义的流失。

（二）效益

当我们探讨财政预算治理的话题时，财政预算治理是否达到现代化，最直观的标准就是财政预算治理的效益性，即政府配置资源能否以及如何为社会公众带来可感知的福祉和利益，这也是满足人民美好生活需要的基本前提。从本质上说，财政预算治理现代化的过程，意味着政府财政既要创造各种市场主体依法公开公平公正参与竞争、平等分享社会资源和法律平等保护的市场环境，激发各类市场主体活力，又要自觉引导国民经济向形态更高级、分工更复杂、

① 马骏，赵早早．公共预算：比较研究[M]．北京：中央编译出版社，2011：24.

② ［美］约翰·罗尔斯．正义论[M]．何怀宏，等译．北京：中国社会科学出版社，1988：3－4.

结构更合理的方向转型升级，不断提高经济发展质量和效益，切实维护和实现社会公众的根本利益、共同利益和长远利益，不断提高社会公众的幸福感、获得感，推动社会全面进步和人的全面发展。

从社会资源的配置角度来说，财政支出结构直接关系到政府动员社会资源的程度，这对市场经济运行的影响可能比财政支出规模的影响更大。也就是说，财政总额确定之后，就面临着如何将资金分配给某些用途而非其他用途来配置资源的问题，也就是各种类型财政支出占总支出的比重。不仅如此，一个国家财政支出结构的现状及其变化，表明了该国政府正在履行的重点职能以及变化趋势。从某种程度上说，财政支出是政府活动的资金来源，也是政府活动的直接成本。因此，政府职能的大小及其侧重点，决定了财政支出结构。

优化财政支出结构，意味着在一定时期内，在财政支出总规模占国民生产总值比重合理的前提下，财政支出内部各构成要素符合社会共同需要，且各构成要素占财政支出总量的比例相对协调、合理，这实际上就是一个关于资源配置效益的问题。正如希克所说，“配置效益指的是政府根据公共项目实现其战略目标的效果的基础上，对资源进行分配的能力。它要求政府具有将资源从旧有的优先项目转移到新的优先项目，以及从效果差的项目转移到效果好的项目的能力”。他进一步指出，“配置效益要求政府建立目标并区分其优先次序，而且它要求政府评估公共支出对于这些目标的实际或者预期的贡献”。①

在经济学中，关于政府的职能特别是政府在经济发展中的作用，一直存在着市场主导型观点和政府主导型两种观点。市场主导型观点源于新古典学派，强调自由运作的市场力量在经济发展中的作用，认为市场机制本身能够运作得很好，只是在一个十分有限的范围和程度上才会出现失灵。因此，只有着眼于促进市场机制运作效率的政府活动才是适当的。与此相适应，政府干预应局限

① Schick，A. 1998. A contemporary approach of public expenditure management. Word Bank：Washington，D. C. p89.

于一个狭窄的范围内，即除了提供诸如国防、法律这类基本的公共服务之外，政府的经济事务应仅限于诸如环境保护、基础教育等这些具有明显外部性的领域。政府主导型观点源于凯恩斯学派，强调政府要干预经济，特别是要通过财政政策实现充分就业和经济增长目标，如果没有政府的强有力干预，就很难实现资源的配置优化、产业的顺利成长和经济的稳定增长。特别是在经济发展的初期，如果没有政府的强有力干预，就不可能实现快速的资本积累、有效的资源配置、及时的技术追赶，而这三大要素正是现代经济增长的必要条件。与此相适应，政府职能不仅体现在为民间部门的迅速扩张提供良好的经济环境、提供充足有效的经济基础设施，而且还要直接参与战略性产业的投资活动。

当然，不论是新古典学派还是凯恩斯学派的经济学家，都在不断地修正自己的观点。如今，几乎没有哪个经济学家主张纯粹的自由经济或纯粹的政府干预。人们都清楚地认识到，市场机制有缺陷，政府干预也会失效；政府应对国民经济进行干预，但是干预的力度和方式有所不同。如果按照市场主导型观点，不仅财政支出规模不可能很大，而且财政支出结构无疑偏重于行政管理、法律秩序、防卫等维持国家机器正常运转方面的支出。如果按照政府主导型观点，财政支出规模可能比较大，或者即使受经济发展水平的制约，财政支出规模不是很大，但支出结构会偏重于集中资源和经济事务方面的支出。

从本质上看，配置效益问题就是涉及希克问题，即“在什么基础上决定了把某一数量的资金配置给活动 A 而不是活动 B?”① 这一问题关注的核心是：现实中的财政资源配置模式是否能够有效地在公共部门中配置稀缺资源。

首先，对于现代税收国家来说，公共支出的来源都是纳税人所缴纳的税金，纳税人缴纳税金的目的，是为了获得政府提供的一定数量和质量的公共服务。因此，配置效益是实现政府公共责任的关键所在。财政预算的提出和协

① Schick，Allen. 1988. An inquiry into the possibility of a budgetary theory. In Irene Rubin. Eds. New directions in budget history. New York：State University of New York Press.

调，是立足于社会公共利益，在对国内外的经济、政治和社会形势做出分析、评估和预测的基础上，发现社会公共利益的主要矛盾和问题，在此基础上，通过一定的政治程序提出政府的施政任务和目标。政府财政部门根据公共利益和需求提出预算指导方针和技术要求，政府各支出部门根据公共利益和需求提出预算请求，并排列出公共利益先后次序。财政部门在行政机构领导下进行多方的充分协调，按重要性或紧迫性排序，形成预算草案提交给立法机构讨论。[①]

其次，预算资金相对于预算要求来说，总是处于短缺状态，预算决策之所以必要，原因也在于此。如果资金充足到这样的程度，即它可以满足所有的预算要求，那么，预算就是不必要的。[②] 对于财政资金极端短缺的贫穷的发展中国家来说，提高配置效益更是意义重大。正如希克指出的，改进贫穷的发展中国家的预算分配所取得的效益要大于富裕国家，"改进富裕国家的预算分配可能会使人均收入上升几个百分点，而在穷国，它可能意味着从一贫如洗到满足基本需求之间的区别"。[③]

（三）效率

发展的不平衡不充分是当代社会面临的主要问题。政府积极作为，充分有效地提供各种公共产品，从而满足社会多元需求，是政府施政的基本目标。同时，社会资源的有限性意味着政府必须有效率地治理，因此，效率成为衡量财政预算治理现代化一项不可忽视的重要标准。

在预算执行过程中，实际上是充满了一笔笔的财政交易。例如，在政府采购时，政府获得某一商品或服务并根据财政预算支付一定数量的资金，相应的

---

① 焦建国．预算机制论：从经济、政府、法律、财政、决策角度的分析[J]．国家行政学院学报，2002（4）．

② Schick，Allen，1988. An inquiry into the possibility of a budgetary theory. In Irene Rubin. Eds. New directions in budget history. New York：State University of New York Press.

③ ［美］艾伦·希克．当代公共支出管理方法[M]．王卫星，译．北京：经济管理出版社，2000：37.

财政交易就发生了。因此，如何组织和管理这些财政交易是至关重要的，组织和管理财政交易的不同方式将会导致不同的结果，[①] 这就出现了效率问题，即要求政府能够有效率地组织和管理财政交易。对此，我国《预算法》第57条规定："各级政府财政部门必须依照法律、行政法规和国务院财政部门的规定，及时、足额地拨付预算支出资金，加强对预算支出的管理和监督。……各级政府、各部门、各单位应当对预算支出情况开展绩效评价。"

关于效率问题，功利主义以个人主观感受到的快乐与痛苦来进行功利判断，并用"最大多数人的最大幸福（利益）"作为基本原则来处理利益冲突和矛盾。不过，功利主义在倡导"最大多数人的最大利益"的同时，忽视了利益的分配问题。阿马蒂亚·森指出："功利主义的总量式框架对效用的实际分配没有兴趣或敏感性，因为其注意力完全放在每个人的效用加起来的总量上。"[②] 功利主义只关心利益相关人总体利益的增减，而不关心谁得到了利益，谁损失了利益。不过，"公共利益或共同福利不能被等同于个人欲望和个人要求的总和，同样也不能将其视为是政府当局所做的政治决定。公共利益与个人对人类文明建设事业的贡献紧密关联"。[③] 因此，从效率的角度出发，政府追求公共利益必须立足于"量最广""质最高"。"量最广"指受益人的数量最多，尽可能使最大多数人均沾福利；在质的方面，要求就受益人生活需要的强度而定，与人类生存越是有紧密关系的要素，越是符合"质最高"的标准。[④] 没有"量最广""质最高"地增进人民福祉、实现充分有效的发展，治理现代化实属空谈。

---

① 马骏，赵早早．公共预算：比较研究[M].北京：中央编译出版社，2011：25.

② [美] 阿马蒂亚·森．以自由看待发展[M].任赜，于真，译．北京：中国人民大学出版社，2002：48.

③ [美] 博登海默．法理学：法律哲学与法律方法[M].邓正来，译．北京：中国政法大学出版社，2004：99.

④ 陈恩仪．论行政法上公益原则[M] //城仲模.行政法之一般法律原则．台湾三民书局股份有限公司.1997：161.

一般而言，在组织和管理财政交易时，需要考虑四个方面的问题：控制、灵活性、协调与激励。① 在预算执行中，基本的控制机制是必要的，也是预算制度产生和发展的缘由，否则政府就会出现贪污、挪用与浪费。不过，在强调控制时，也必须确保各个部门拥有一定的灵活性，否则就会失去效率。同时，也必须考虑将节约与创新的激励纳入各种财政交易的管理中。在某些情况下，过分的控制可能会产生负激励。最后，在预算执行过程中，还必须考虑协调问题。这种协调既包括负责控制的预算机构与支出部门及收入征收部门之间的沟通协调，也包括现金流入和现金流出之间的协调，还包括政府与立法机构之间的沟通协调。②

管理效率问题的核心在于，在预算执行中是根据什么对财政交易进行组织和管理。这一问题关注的是，现实中的预算管理模式或治理结构能否有效率地组织和管理财政交易，包括能否为资金的使用者提供充足的激励，能否有效地进行协调，能否有效地控制和约束各种财政机会主义行为。提升管理效率，不仅是当前推进政府治理现代化的必然要求，也对资源优化配置、提升民众获得感具有十分重要的意义。

当前，我国减税降费的压力相对较大，支出的刚性需求又不断增加，财政运行"紧平衡"的特征明显。同时，一些地区和部门"重投入、轻管理""重使用、轻绩效"的意识还没有根本转变。管理效率既要从项目为主向政策和部门整体扩展，从转移支付为主向政府财政运行扩展，形成政府预算、部门预算、政策项目全方位的绩效管理格局，也要深度融入预算的决策、编制、执行、决算、监督全过程之中，同时覆盖各级政府所有财政资金，并延伸到政府的投融资和资产管理活动，全面提高政府机构运作的效率，即政府机构所花费

① John Bartle, & Ma Jun . 2004. Managing financial transactions efficiently. In Aman Khan & W. Bartley Hildreth. Eds. Financial management theory in the public sector. Westport, CT: Greenwood Publishing Group Inc.

② 冯素坤．中央部门预算调整及其问责路径研究[D]．吉林大学 2011 年博士学位论文．

的资源与这些资源形成的产出之间的比率。①

值得注意的是，资源可以体现为货币，也可以体现为工作投入数量。产出不仅包括产出的数量，也包括产出的质量（例如服务的态度、服务的及时性、服务接受者的满意程度等）。运营成本影响着政府的运作效率，要提高运行效率必须降低运营成本，但是，运行效率并不仅仅包括运营成本。在发达国家，尽管运营成本只占中央预算的10%，但是，它不包括许多重要的运作支出，例如，给监狱囚犯提供食物所需支付的费用等。除了运营成本之外，运作效率还涉及公共部门在预算执行中的服务供给模式、公共部门职员的服务态度、资金是否按照规定使用到正确的方向上去，即是否有挪用资金等问题，是否存在浪费、腐败等情况。正如希克所说的，“无论预算是如何构成的，运作效率都是非常重要的，因为它影响了可以用于社会发展的资源、国民对政府的态度、政府和市场提供的商品和服务的相对价格、政府的可信度、在公共和私营部门之间资源的分配以及与公共财政和项目有关的信息的可靠性”。②

当前，我国财政支出和预算管理中存在支出结构固化、有些资金使用效率不高、一些企业和公民的获得感不强等突出问题。对此，我们要在充分听取人民群众意见、接受人民群众评议的基础上完善管理机制和评价方法，通过实施预算绩效管理推动和促进有关问题的初步解决，全面提高我国财政预算管理的水平和治理能力，努力做好财政资金全覆盖，既要关注项目支出，也要关注财政转移支出，政府采购支出、政府投资基金、政府债务资金使用等方面的绩效情况。

第三节　财政预算的治理体制

从中央财政与地方财政的关系来看，中央财政主要承担国家安全、外交和

① ［美］艾伦·希克．当代公共支出管理方法［M］．王卫星，译．北京：经济管理出版社，2000.

② 同上。

中央国家机关运转所需经费，调整国民经济结构、协调地区发展、实施宏观调控所必须的支出以及由中央直接管理的事业发展支出。① 目前，无论是中央财政，还是地方财政，都着眼于加快城乡和地区间的可持续协调发展，保证在义务教育、公共卫生、社会保障、自然资源与环境保护等基本公共服务领域的财政支持，中央与地方之间也基本明确界定各级政府的财政管理权限和支出责任。问题在于，在中央财政支持决策之中，从决策主体、决策程序、决策依据到决策内容与方式，特定的某项财政资金应否支持、支持多少、由谁支持、应该如何支持，则面临诸多正当性之拷问。对这些问题的回答就涉及财政预算治理体制及其权限问题。

财政预算治理的体制涉及如何看待预算编制、审查、批准、执行、监督的形式、过程与结果的问题。一般而言，传统预算模式是一种严格“控制取向”的预算体制，是将公共责任和行政控制引入政府预算与财政管理；理性预算模式是为改进资源配置效率，用理性的预算分析来取代政治判断和预算基数在资金分配中的影响的一种预算模式。② 在当今任何一种民主政体体制之下，预算权都表现为一种综合性的权力，其中主要由议会和政府共享，我国也不例外。根据《预算法》的相关规定，预算包括预算编制、预算审查和批准、预算执行和监督等过程，其权力主要由权力机关和政府及其财政部门共享。预算权在横向配置上，主要涉及政府与权力机关、政府之间、政府部门之间等各参与方的相互关系。在近几十年中，世界各国一次又一次的预算改革，都希望通过重构预算编制模式来为“科依问题”寻找一个理性的解决方案，希望财政预算决策主要取决于理性的预算分析而不是政治判断。良好的预算治理体制有助于明确财政责任，从而帮助管理者和决策者增进预算效率和公共利益。

在现代公共预算中，由于议会是人民的代议机构，因此，无论是总统制国

① 张守文. 中国财税法学［M］. 北京：法律出版社，2010：39.

② 马骏，赵早早. 中国预算改革的目标选择[J]. 华中师范大学学报，2005（5）.

家还是议会内阁制国家，都强调议会在预算中拥有最终的审查和批准权力。①然而，一个关键的问题是，谁可以向议会提出财政预算？这不仅是一个预算制度问题，也是一个关键性的宪法政治问题。有些国家的议会拥有非常强大的预算权力，例如美国，议会可以自己提出预算，但是，即使在这些国家，提出预算要求的主体仍然是政府。不过，随即又出现新的问题：在政府内部，是应该由各个部门分别向议会提出预算要求，还是应该由政府首脑提出一个整体的财政预算？因此，在财政预算体制内部，就出现了两个关键性的制度问题：一是预算权应该是集中的还是分散的；二是预算过程应该是“自上而下”还是“自下而上”。

一、 预算权力：集中抑或分散

目前，通行的做法是采取集中型的财政预算体制。在代议制国家，政府各个部门的预算在提交议会进行审查之前，都要由政府首脑在核心预算机构的协助下进行审查，然后汇总成一个整体的财政预算，由政府首脑或者以政府首脑的名义提交给议会审查、批准。在议会通过预算后，政府首脑负责执行预算。我国《预算法》第 31 条规定：“国务院应当及时下达关于编制下一年预算草案的通知。编制预算草案的具体事项由国务院财政部门部署。”同时，第 33 条规定：“省、自治区、直辖市政府应当按照国务院规定的时间，将本级总预算草案报国务院审核汇总。”

实际上，在晚清和民国时期，我国就已效法西方国家的民主制度建立了符合民主宪政要求的公共财政制度，甚至在《临时约法》中还有关于建立社会保障制度的条款。② 新中国成立后，政府预算的编制执行由行政系统负责，但也要经过人大的审议与审批，至少从形式上讲，政府预算的决策权在立法机

---

① 林慕华．现代议会的预算权力：比较研究[J]．武汉大学学报（哲学社会科学版），2010（6）

② 桂宇石．中国宪法经济制度[M]．武汉：武汉大学出版社，2005：86.

关。特别是在改革开放以后，我国民主政治制度逐步健全，财政管理法制化程度不断提高，政府预算审批成为人大的主要工作和历次代表会议的中心议题之一。2018 年新修正的《宪法》规定，审查和批准国家的预算和预算执行情况的报告是全国人大的重要职权，并且明确规定，全国人大闭会期间，国家预算在执行过程中所必须做的部分调整方案由全国人大常委会审查批准。从本质上看，这说明我国国家预算的最终决策权在人大，预算权力的分配基本上是按照公共财政制度的要求来建立的，或者说我国的预算体制符合公共财政的基本精神。

不过在现实的预算决策过程中，《宪法》和《预算法》赋予全国人大及其常委会对于预算的审查权和批准权明显“旁落”，而财政部门具体负责和执行预算资金分配的角色却凸现为“唯一”。财政部一家说了算，既表明财政部门的突出地位及其自由裁量权的巨大，也折射出我国财政预算体制不顺的问题，预算权中政府与人大之间、地方政府之间、政府的财政部门与其他部门之间各自的角色定位不准确、分工不合理等现象依然存在，集中型的预算权异化成为了单一的行政权和执行权，而人大的审查批准及监督权基本上“形同虚设”；同时，也昭示了我国财政体制需要改革的迫切现实。

集中型的财政预算体制赋予政府首脑审查并提出整体的财政预算的权力与责任，以及执行议会审查通过的财政预算的权力与责任。正如罗伯特·李和约翰逊指出：“集中型的财政预算形成机制是一种保障政府责任的预算体制，这种预算体制在赋予政府首脑预算权力的同时，也要求政府首脑在预算过程中承担起对公众的受托责任。”① 19 世纪，当现代公共预算在欧洲大陆形成时，欧洲大多数国家都明确赋予政府首脑编制一个可以全面反映政府活动及其成本的财政预算，并向议会提交。在当时的改革者看来，这就使得政府首脑可以履行

① ［美］罗伯特.D. 李，罗纳德·约翰逊．公共预算系统［M］．曹峰，慕玲，张玉坤，译．北京：清华大学出版社，2002：7－8.

他对公民和议会的责任。① 这样，既有助于在政府内部建立起一种纵向的问责机制——这是政府对议会负责的基础，又有助于提高预算体制的理性化程度。②

相比分散型或碎片化的预算体制，集中型的预算体制具有明显优势。③

首先，在议会直接审批部门预算的预算体制下，财政预算过程是碎片化的，而集中型的财政预算形成机制结束了这种碎片化，增强了财政预算过程的理性化程度。古典预算时期，在议会主导型的预算体系中，各个政府部门独立直接将预算要求提交给议会，通常情况下，政府部门是向议会提交一个预算总额，然后和议会的各个委员会以及拨款委员会进行讨价还价。议会对于每个机构的预算要求逐一审批，有时甚至是对每个具体项目进行逐个审批，而不是对一个统一的预算进行投票。此外，政府各个部门不是同时将它们的预算计划提交给议会的，它们是在不同的时候将预算计划提交给议会。值得注意的是，当时预算格式也不统一，预算科目体系也没有一个统一的分类。④ 显然，这是一种非常碎片化的预算过程，这样一种预算审批的过程必然涉及非常高的交易费用。而且，在此议会主导型的预算模式下，收入和支出经常无法衔接起来。因此，这样一种分散型或碎片化的预算体制过程效率低下，也很难反映政府实际的收入和现实的支出需要。相比而言，在集中型的财政预算形成机制下，各个支出机构的预算需要在经过政府首脑的审查批准之后，就会汇编成一个统一的财政预算，议会只需对这个政府总预算进行表决，因此大大地提高了效率，也

---

① Carolyn Webber, and Aaron Wildavsky. 1986. A history of taxation and expenditure in the western world. New York: Simon and Schuster, chap 6.

② Ma Jun. 2009. The dilemma of developing financial accountability without election. Australian Journal of Public Administration, Vol. 68, 2009: 62 – 72. Ma Jun, & Yilin Hou. 2009 Budgeting for accountability. Public Administration Review Supplement (Dec.), 53 – 59.

③ 马骏，赵早早．公共预算：比较研究[M]．北京：中央编译出版社，2011：128 – 131.

④ Clynch, Edward J. & Thomas P. Lauth. Eds. Governors, legislatures, and budgets. Westport, CT: Greenwood Press, 1991.

有利于将收入和支出总额衔接起来。①

其次，集中型的财政预算形成机制彰显了以效率为核心的行政价值逐渐取代了以权力制衡为核心的政治价值。正如希克所说，行政战胜政治使得公共预算获得了一个一致的价值结构。财政预算作为一个改进政府效率而不是一个将权力从议会重新分配到政府首脑的东西而被提倡。事实上，行政价值是如此地占有主导地位，以至于美国各级政府的议员都自愿地放弃了权力，将预算过程中的权力赋予了政府首脑。②

不过，预算权是一项综合性的权力，本应是一项由权力机关、政府、公民等多方共享的权力。世界各主要民主国家往往只赋予政府及其部门行使一定范围的预算管理权，在我国，《宪法》和《预算法》以及相关法律规定，预算的审查权和批准权及监督权归属于人大及其常委会，但是，由于预算编制与预算执行权归属于行政机关，人大预算审批机构不健全以及专门监督机构的缺乏、权限不明确、人大代表的兼职身份及其精力或专业知识的限制、预算审批时间仓促等程序不合理问题，导致人大及其常委会对预算的审查、批准和监督基本上只是一种形式，由此形成了人大预算权力的“虚化”。在这种实际的权力格局之下，财政预算的决定权集中在政府及其财政部门，政府及其财政部门在预算决策过程中实际上起着主导性的作用，而人大的审批权和监督权难以实质性地展开，使得预算往往具有明显的行政性与部门性。因而，预算权力在我国立法机关与行政机关之间的分配可以概括为立法机构基本上无权而行政系统内高度集权。③

财政预算不能只是一种行政意志的体现，它更应在综合多元利益主体意志和尊重民意的基础上做出。从理论上看，在一种议会绝对主导的预算体系中，

---

① 马骏，赵早早．公共预算：比较研究[M]. 北京：中央编译出版社，2011：129.

② Schick，Allen. 1987. Budgeting as an administrative process，In Allen Schick. Eds. Perspectives on budgeting. Washington，D. C.：The American Society for Public Administration. p7.

③ 朱大旗．论修订预算法的若干具体问题［J］．安徽大学法律评论，2005（1）.

预算审批权应该完全垄断在立法部门手中。为保证财政预算的正当性，一国的宪法和法律往往会做出与预算决策相关的民主化制度安排，通过权力制衡以限制政府或者行政部门运用无限制的权力为其机构利益、集团利益或地域利益服务的可能性。① 但是，预算审批权的垄断使得政府首脑无法约束议会在预算审批上的机会主义行为。② 议会在预算上的机会主义行为主要体现在它不能很好地自我约束，从而导致支出的不断膨胀，以美国为例，在实行国会主导型的预算体制时期，预算支出是在明显的不断增长。在 19 世纪最后 1/3 的时间里，年均政府支出为 2 亿～4 亿美元。然而从 1899 年到 1912 年，年均政府支出已经高达 5 亿～7 亿美元。③ 预算支出无序增长的根源很大程度上源于议会议员期待连任的主观动机，此动机决定了他们就必须能在任期内为他们的选区和政治支持者提供某种好处。因此，议员们就会互相为对方的支出项目提供政治支持，从而导致政府支出的增加。④ 换言之，这种议会主导的预算体制也是明显存在问题。正因为如此，美国 1921 年预算改革的一个重要目标就是通过扩大行政首脑在预算审批上的权力来控制开支。⑤ 赋予政府首脑提出财政预算草案的权力，国会议员就不能再像以前那样通过政府部门提出自己希望开展的活动和支出，然后再由自己批准。很显然，这种由政府首脑集中提出财政预算的体制，有利于控制财政支出的非理性化增长，也是财政预算过程理性化的重要体现。

再次，财政预算的重要制度功能在于政府政策目标与预算决策的有效衔接。在此问题上，集中型的财政预算形成机制，可以确保政府首脑获得在政府

---

① 项怀诚．市场经济国家财政机构设置及职能［M］．北京：经济科学出版社，2000：340.

② 马骏，林慕华．现代议会的预算修正权力[J].中国改革，2007（6）.

③ ［美］艾伦·鲁宾．公共预算中的政治[M].叶娟丽，等译．北京：中国人民大学出版社，2001：117.

④ 马骏，林慕华．现代议会的预算修正权力[J].中国改革，2007（6）.

⑤ ［美］艾伦·鲁宾．公共预算中的政治[M].叶娟丽，等译．北京：中国人民大学出版社，2001：117.

内部形成和协调预算要求的控制权，并可以将政策目标与预算决策有机结合起来。① 与之对应的是，在分散型的预算体制之中，议会各个委员会逐一审查、批准各个政府部门预算，议会完全控制了预算过程，政府首脑被排除在预算过程之外。政府首脑不能在各个部门提出的预算之间进行协调，不能在各部门提出的预算之间进行比较，也不能修改这些部门提出的预算，因而无法将自己的政策意图贯彻于各个部门的预算中，不能将各个部门的支出汇总与可获得的收入进行比较以确保预算平衡。② 相应地，即使在政府内部设置了预算机构（或者财政部门），它也没有真正的预算审查的权力。预算信息是从支出机构直接流向议会，议会可以通过对预算信息的内容、格式和流程进行规定来控制预算过程，进而控制预算决策。因此，在这种体制之下，政府首脑的政策目标根本无法融入预算，政府也就无法形成一种整体的政策并获得预算支持，整体性的财政预算实际上是不存在的，只存在着一系列代表部门利益的、零碎的预算要求，所谓“财政预算”不过是部门利益的博弈。这就是说，在这种模式下，整体上根本不可能制订战略计划、确定政策目标并以此为基础来引导资源配置，从而也就不可能实现资源的优化配置。而集中型的财政预算形成机制为政府首脑将自己的战略意图和政策贯彻到预算进而将政策与预算整合起来创造了条件。当然，这也只是一种可能，因为最后能否运用战略计划引导资金分配还取决于很多其他因素。③

最后，预算体制的核心是责任问题，它是一种确保政府在收支中履行公共责任行政的一种机制。集中型的财政预算形成机制有助于在政府内部建立集中统一的行政控制。只有在政府内部建立集中的财政控制，才能确保财政预算履

---

① ［美］艾伦·鲁宾．公共预算中的政治［M］．叶娟丽，等译．北京：中国人民大学出版社，2001：116．［美］杰克·瑞宾，托马斯·林奇．国家预算和财政管理［M］．丁学东，等译．北京：中国财政经济出版社，1989：88－89．

② Clynch，Edward J. & Thomas P. Lauth. Eds. Governors，legislatures，and budgets. Westport，CT：Greenwood Press，1991.

③ 马骏，赵早早．公共预算：比较研究［M］．北京：中央编译出版社，2011：131.

行公共责任。为此，就必须赋予政府首脑在政府内部进行集中的行政控制的权力，特别是当政府首脑是选民直接选举产生的、代表着全体选民时，他应该在财政预算草案形成过程中拥有最高的权力，否则，他将无法有效地履行自己对选民的受托责任。20 世纪 80 年代中期，希克研究了 5 个工业化国家的财政预算之后发现，资金的短缺使得它们越来越倾向于集中型的自上而下的预算。① 到 20 世纪 90 年代，为了更好地控制资源的再分配，许多工业化国家的政府也开始集中预算决策权。②

在不同的预算决策体制之下，预算程序也是不同的。对于集中型体制，每级政府内部将预算权集中到一个核心预算机构内，并由它在政府内部实施集中统一的控制。比如英国和法国，核心预算机构就是财政部门或者设在财政部内部，而美国则设置了专门的预算机构来承担预算审查的任务，即美国的 OMB。值得注意的是，在不少总统制国家，核心预算机构或者是设于政府首脑的办公室之下，或者组织设立一个独立的机构，或者是一个独立的部门。③ 这种统一、完整的核心预算机构具有非常广泛的权力，除了预算审查之外，它们还具有项目评估、项目管理、经济管理等职能，是政府首脑（总统）强有力的助手。但是在议会制国家，财政部拥有广泛的财政和经济职能，不过以预算审查为主，比如英国、法国和德国，这些国家的财政部作为核心预算机构一般不拥有政策发展、项目评估与管理等职能。④

总体而言，无论是总统制还是议会制，预算审查权基本都是集中在一个预算机构内，只不过在议会体制中，核心预算机构就是财政部，而在总统制中，有些国家在财政部之外设立了专门的核心预算机构，比如美国的 OMB。另外，

---

① Schick, Allen. 1986. Crisis in the budget process: Exercising political choice. Washington D. C: American Enterprise Institute.

② Schick. Allen, 1990. Budgeting for results: Recent development in five industrialized countries. Public Administration Review Vol 50 (January/Feburary): 26 – 34.

③ Premchand, A. 1993. Public expenditure management. Washington, D. C: IMF Publisher.

④ 马骏，赵早早．公共预算：比较研究[M].北京：中央编译出版社，2011：96.

总统制赋予核心预算机构更加广泛的权力，而议会制主要是将预算审查权赋予了核心预算机构。① 这种体制有助于将稀缺的资源统筹起来，根据轻重缓急进行分配，在政府内部实行集中统一的财政控制，从而有利于进行总额控制，也比较有助于提高资源配置效率。当然，要实现这些目标，仅仅集中资金分配权仍然是不够的。

另外，在很多发展中国家，财政部可以进行预算审查，但是仅仅局限于收入和现有的预算，而外国援助、相关的外来资源或者发展支出都在计划部门的控制之下。“在许多发展中国家，预算过程是零碎的，两个或者更多平等的机构对预算的不同部分负责。”② 换言之，在财政预算体制内部，预算审查权和预算资金的分配权是由多个权力相等的预算机构所分享的。最典型的是一种“双轨预算”，即一个负责社会与经济发展的计划委员会或计划机构负责资本预算或投资预算，而财政部负责经常性或运营预算。③ 当然，作为发达国家的加拿大，在某种程度上也是“双轨预算”，加拿大有两个核心预算机构，财政部主要负责经济和财政政策，以及税收政策、债务管理、政府间财政关系，确定支出总水平，但是，它不详细地审查各个部门的预算；国库委员会及其总负责人负责管理政府的支出，编制支出预算。④ 很显然，这种模式使得资金分配权分散，有时容易弱化财经纪律，也不利于提高资源配置效率。在某些情况下还必须建立相应的协调机制。⑤ 一般而言，核心预算机构越多，协调成本也越高。为了在多个都拥有预算分配权的机构之间进行协调，政府往往不得不建立一个委员会，所有拥有预算分配权的机构都需要参与这个委员会，并在这个委

① Axelrod, Donald. 1988. Budgeting for modern government, New York: St. Martins Press. p70.

② Axelrod, Donald. 1988. Budgeting for modern government, New York: St. Martins Press. p70.

③ 马骏，赵早早．公共预算：比较研究[M].北京：中央编译出版社，2011：97.

④ Wanna, John. 2003. Introduction: The Changing role of central budgeting agencies. In Wanna, John, Lotte Jensen, & Jouke de Vries. Eds. Controlling public expenditure: The changing roles of central budget agencies better guardians? Edward Elgar Publishing Ltd.

⑤ Axelrod, Donald. 1988. Budgeting for modern government, New York: St. Martins Press. p70.

员会中就预算问题达成一致和共识，最后再由名义上的核心预算机构将这些“预算”汇总到一起。此时，名义上的核心预算机构对预算中许多重要的部分都没有实质意义的影响。①

我国的预算体制，建立于20世纪90年代中期，受我国经济体制转型和市场经济制度刚刚起步等时代背景的制约，形成了以“国家为中心”和以“政府权力为主导”的特色。因此，一直以来，预算体制从编制到执行、再到监督等阶段都明显缺少民主的理念与机制。预算决策民主化的缺乏，既表现在现行法律未作相关的制度安排，也表现在预算决策的实际运作过程中；人大作为权力机关，不仅常常难以直接参与到预算的编制、决策和执行过程中，只能多以间接监督、事后监督为主，而且其监督功能难以起到实效，预算审查程序形式化、执行监督表面化、代表履职能力弱化，是当前各级人大的通病。② 而社会公众、民间组织等其他社会主体参与决策并发挥监督的情形更是微乎其微。因此，为了完善财政预算决策的现实格局并消除其种种弊端，就必须优化人大与政府角色的分工，设置相应的体制机构作保障，将“虚位”的人大角色转化为能够实际承担起法定职权的权力机关。否则，宪法和法律无论赋予其多大的权力，最终都会是“空话”。世界各国的代议机关体系中，都无一例外地设有各种委员会，以启动代议机关的机器运转。比如，美国国会中与预算审查相关的机构就有参众两院拨款委员会、参众两院筹款委员会、参众两院预算委员会、国会预算办公室，国会之下的审计总署（国家最高审计机构）还对各部门的预算执行情况进行审计。鉴于我国现行的财政预算体制状况，也可以借鉴构建以委员会为中心的预算审批制度，③ 从而对预算的编制、决定和执行情况进行全过程和全方位的审查、监督与制衡。

---

① Axelrod, Donald. 1988. Budgeting for modern government, New York: St. Martins Press. p70.

② 顾宏平．从闵行实践看地方人大预算审查监督能力建设［J］．财政研究，2011（3）．

③ 闫海．公共预算过程、机构与权力：一个法政治学研究范式［M］．北京：法律出版社，2012：65.

二、预算过程：“自上而下”抑或“自下而上”

作为预算过程的起点，往往决定着一个国家预算体制的基本特性。在封建王权时期，所谓的预算仅仅只是王权的命令和旨意，可谓是自上而下的极端例子。现代预算脱离王权束缚的标志之一，就在于预算过程起点的变迁。

在传统预算体制之下，预算过程是自下而上的。20 世纪 30 年代到 50 年代出现的绩效预算将预算的重点从控制转到了管理，但是，在预算程序上，绩效预算仍然是自下而上的。20 世纪 60 年代出现的计划项目预算则将预算程序转变成自上而下的。不过 70 年代出现的零基预算则是一种自下而上的预算编制程序。80 年代以来的新绩效预算，整体上看，非常强调运用战略计划引导资金分配，强调总额约束控制，因此，自上而下的特征非常明显。但是，这种预算模式也包含自下而上的特征。在政府首脑确定了政策重点和支出重点后，在选择具体的活动、形成活动预算以及绩效评估方面，每个基层单位乃至项目管理者都有很高的参与度。因此，这是一种在顶层控制的基本框架内将自上而下与自下而上的因素综合起来的预算决策模式。

在一个自下而上的预算过程中，预算编制是从每个机构的预算请求开始的，然后由政府首脑及其预算部门或者议会审查。然而，无论是由何种机构审查，在这种预算中，行政机构的预算请求奠定了预算决策的基本框架。而在一个自上而下的预算过程中，各个支出机构通常没有任何影响。政府首脑可能不会要求各个支出机构提出预算要求。很可能的是，政府首脑及其预算部门会发布关于如何形成预算要求的规定，要求这些支出机构遵守。

自下而上的预算过程的优点是最后形成的预算可以比较好地反映支出部门的要求。但是，它的缺点也是比较明显的。

首先，这种预算过程不利于在资金的分配中贯彻政府首脑的政策意图。因为在这种预算体系中，预算主要是在各个部门预算要求的基础上形成的，政府首脑通常要等各个部门把预算报上来后才决定最后的财政预算。

其次，在这种预算体系下进行支出控制是比较困难的。因为在这种模式下，财政预算是在各个部门形成的预算要求的基础上产生的，而部门通常都会有扩张支出的冲动。

与自下而上的预算体系相反，自上而下的预算过程相对集权。这种相对集权的预算模式有利于政府首脑进行支出控制，并将其政策偏好落实到预算中。不过，它不利于反映支出部门的实际需要。

由于这两种预算程序各有优缺点，因此，现实中的预算体系通常都将两者结合。当然，结合后一般同时兼有自上而下和自下而上两种特性，但是，这两种特性的影响仍然有程度上的差异。在某些预算程序中，自下而上的成分会多一些；而在另一些预算程序中，自上而下的成分会多一些。另外，这两种因素的影响，在时间上也会出现差异。即使在同一个国家，也许会在某些情况下，加强自上而下的因素，而在另一些情况下，加强自下而上的因素。正如鲁宾指出的，在面临收入问题或者明显的预算危机因而需要削减支出时，预算就倾向于是自上而下的。① 自上而下的预算是与支出控制和政策取向的预算相联系的。也就是说，如果政府首脑对于实现某些目标有明显的偏好，他或她就很可能采用一种自上而下的过程来选择一些项目和拒绝其他的项目，从而保证目标的实现。②

在我国，部门预算改革之后，预算编制流程基本形成了“两上两下”格局。③ 具体而言，“一上”是指部门在收到财政部门编制预算的通知后，对部门下一年的支出进行估计，然后报送财政部门。“一下”是指财政部门收到各个部门的预算后，对各个部门的估算进行审查，根据当年的收入情况和上一年的预算情况，给各个部门下达一个控制数，要求各个部门在控制数内重新编报

---

① 陈志英. 预算编制模式研究[J]. 北京社会科学，2012 (5).

② Rubin, Irene. 1997. The politics of public budgeting (3th). Chatham: Chatham House Publishers, Inc. p84.

③ 财政部预算司. 中央部门预算编制指南（2014）[M]. 北京：中国财政经济出版社，2014: 3 - 12.

部门预算。不过，由于除财政部门之外，在我国还存在其他拥有资金分配权的部门，例如国家发展改革委、科技部、国务院国资委等。① 也就是说，除了财政部门这个核心预算机构之外，还有其他准预算机构。所以，财政部门下达财政控制数之前，都要向各个部门了解他们从其他准预算机构那里获得的资金总额。在下达控制数时，各个部门从其他准预算机构获得的资金也被包括在财政下达的总控制数中。

"二上"是指各个部门在财政部门下达的控制数内重新编制本部门的预算。财政部门审查各个部门的预算后，汇总编制财政预算。然后，报政府常务会议讨论，财政部门根据政府常务会议的意见修改预算，然后报同级党委审查。此后，财政部门将财政预算草案报人大常委会初审。最后，人大常委会初审后形成的财政预算在人大会议召开时提交大会审议通过。"二下"即是人大通过的预算由财政部门批复给各个部门，开始预算执行。

在"两上两下"的预算编制过程中，广泛存在"准预算部门"与财政部门之间就预算收入的分配展开激烈的争夺，预算收入的分配涉及多个部门，由此产生了预算编制权、预算分配权的"碎片化"现象。② 无论是基于历史职能延续还是现行法律规定而产生的"准预算部门"，都搅乱了预算编制权力的职责，同时多头分配预算资金造成了有限预算收入配置的低效，法律责任难以落实。在部门预算编制的真实世界里，各个政府部门之间的权力和责任尚未得到合理明晰的有效划分，预算资金的配置效率、合理程度也值得怀疑。

---

① 国家发展改革委涉及基本建设支出的计划和资金分配；科技部涉及科技三项费用的分配；国务院国资委涉及国有资本经营预算分配；国务院机关事务管理局涉及行政单位的工资和经费预算。

② 杜坤．预算法现代化的法治逻辑[J]．华东政法大学学报，2015（2）．

| 第四章 |

财政预算的善治

人类社会治理模式有过两次革命：第一次是从人治到法治，第二次是从依法而治到法的善治。“善治”可以被看作是治理的衡量标准和目标取向。[①] 从语义学上说，“善治”，就是良好的治理。达致“善治”目标的国家治理，是一种达成和服务于某种良好目标模式的现代国家建构过程和方式。追求“善治”被视为世界各国政府的共同目标，善治是国家治理现代化的目标模式。[②] 在当代中国，“正义”是最高的善，实现财政预算“正义善治”，其基本内容是重构传统政治体制下的公共预算权力，其主要目标是打造公平、高效的财政预算体系。预算善治作为预算治理现代化的重要内容，它强调财政预算制度要以人民为中心进而彰显社会公平，增强预算主体的角色感和责任感，促进社会公众对财政预算的认知感，从而使社会公共需求得到最优化满足。

第一节　财政预算制度的价值定位

庞德曾经指出，价值问题虽然是一个困难的问题，但它是不能回避的。即使是最粗糙的、最草率的或是最反复无常的关系调整或行为安排，在其背后总

① 魏治勋．“善治”视野中的国家治理能力及其现代化[J]．法学论坛，2014（2）．
② 吴汉东．国家治理现代化的三个维度：共治、善治与法治[J]．法制与社会发展，2014（5）．

有对各种互相冲突和重叠的利益进行评价的某种准则。① “我们的规范和标准总是反映了我们的兴趣和价值”。② 由此可以说，人类社会的任何规范和标准总是反映了人们的价值目标，财政预算制度当然也不例外。

一、 社会制度的一般价值

在汉语中，“价值”一词具有两方面含义：一是指事物的用途或积极作用；二是指凝结在商品中的一般的、无差别的人类劳动。③ 价值一词在不同的学科领域而有不同的含义。在经济学领域，价值一般是指“具有精神或美学的特性，并具有可使用性，可以用金钱及能够交换的物来衡量”。④ 在伦理学领域，价值一般是指对于事物的善恶评价。从心理学上讲，人的心理需要是多元的，因此，对于价值的追求也是多元的，不同社会主体对同一事物的看法经常存在着明显的差别。一种事物总是从不同的角度体现其价值。价值既不是根源于现实事物之中，也不是根源于对现实事物所做的判断，而是根源于评价对象的关系，根源于评价主体所持的态度之中。由此，价值既不是物理的现实，也不是心理的现实，它的基本属性不是存在着，而是“意味着”，即具有意义。⑤

人们对于社会制度的价值目标是多姿多彩的，理论上对这些价值目标类型的认识也不尽一致。⑥ 一般认为，社会制度的价值目标主要包括秩序、平等、自由、安全、效率和公平等。

---

① ［美］罗科斯·庞德. 通过法律的社会控制：法律的任务［M］. 沈宗灵，董世忠，译. 北京：商务印书馆，1984：55.

② 燕宏远，韩民青. 当代英美哲学概论（下册）［M］. 北京：社会科学出版社，2002：1011.

③ 《辞海》（缩印本）［M］. 上海：上海辞书出版社，1979：220.

④ ［英］戴维·M. 沃克. 牛津法律大辞典［M］. 李盛平，等译. 北京：光明日报出版社，1988：920.

⑤ 冯景源. 现代西方价值观透视［M］. 北京：中国人民大学出版社，1993：61－62.

⑥ 如有的人认为，社会制度的价值目标包括权力、财富、幸福、启蒙、技能、情爱、正直、尊重等，有的人认为包括秩序、公平、个人自由等，还有的人认为包括生计、富裕、平等、安全等。

（一）秩序

从本质上看，人类之所以需要创设制度，根本目的在于构建、维护某种秩序。秩序是指一种社会的有序状态，有的称为在自然进程和社会进程中都存在的“某种程度的一致性、连续性和确定性”。① 与其相对应的是无序。无序则表明存在着断裂（或非连续性）和无规则性的现象。“对历史的研究似乎可以证明，有序生活方式要比杂乱生活方式占优势。在正常情形下，传统习惯、业经确立的惯例、文化模式、社会规范和法律规范，都有助于将集体生活的发展趋势控制在合理稳定的范围内。”② 事实上，在人类社会，一个家庭、一个组织，甚至一个偶然组成的群体，都是按一定秩序活动的。

在人类社会中，对秩序的追求，已被普遍认为是个人努力或社会努力的一个有价值的目标。“历史表明，在人类建立了政治或社会组织单位的地方，他们都曾力图防止出现不可控制的混乱现象，也曾试图确立某种适合于生存的秩序形式。这种要求建立社会生活有序模式的倾向，绝不是人类所做的一种任意专断的或‘违背自然’的努力。……人类的这类倾向仍深深地植根于整个自然结构之中，而人类生活则恰恰是该结构的一个组成部分。”这是因为，人类如果没有规则性，“我们就会生活在一个疯狂混乱的世界之中。在这个世界中，我们会被反复无常且完全失控的命运折腾得翻来覆去，似同木偶一般。人类试图过一种理性的、有意义的和有目的的生活的所有努力，都会在一个混乱不堪的世界里受挫”。③

（二）自由

在人的各种需要中，自由是生存的基本需要，也是人之为人的基本条件。

---

① ［美］博登海默．法理学：法律哲学与法律方法［M］．邓正来，译．北京：中国政法大学出版社，2004：227－228.

② 同上，第236页。

③ 同上，第228－230页。

因此，自由价值向来被人们视为最重要的价值要素。要求自由的欲望乃是人类根深蒂固的一种欲望，是人类所具有的一种普遍特性。[①] 英国历史学家汤因比指出：“没有一种最低限度的自由，人就无法生存，这正如没有最低限度的安全、正义和食物，人便不能生存一样。人性中似乎存在着一种难以控制的意向……这种意向要求获得一定的自由，并且在意志被刺激得超出忍耐限度时知道如何设定自己的意志。”[②] 不过，自由的实现是不得以侵犯、剥夺他人的自由为前提的，否则，自由便不复存在。

在思想史上，想要自己治理自己，或参与控制自己生活过程的欲望（积极自由），可能和希求一个能够自由行动的范围的欲望（消极自由）同样深刻。“积极的”自由观念认为，自由是去过一种已经规定的生活形式的自由，“什么东西，或什么人，有权控制或干涉，从而决定某人应该去做这件事、成为这种人，而不应该去做另一件事、成为另一种人?”在这种意义下，自由是“去做……的自由”；“消极的自由”是一种不让别人妨碍自己的选择为要旨的自由，“在什么样的限度以内，某一个主体（一个人或一群人），可以或应当被容许，做他所能做的事，或成为他所能成为的角色，而不受到别人的干涉”。在这种意义下，自由就是“免于……的自由”。主张积极自由的人关心“谁统治我”“谁有权决定我是什么人或不是什么人，应该怎么样，做什么事”。坚持消极自由的人所关心的是“政府干涉我多少”“我可以自由地成为什么或自由地做哪些事”。在消极自由者看来，当个人处于非强制或不受限制的状态时，个人就是自由的；过多的国家干预常被看作是削弱了个人的积极性并侵犯了基本自由。

---

① 胡启忠．法律正义与法律价值之关系辨正[J]．河北法学，2010（3）．

② Michael Rostovtzeff，A History of the Ancient World，2d ed.（Oxford，1930），邓正来，译．北京：中国政法大学出版社，200：300－301.

（三）平等

平等是一个错综复杂、随时可能使我们陷入迷津的概念。根据美国当代著名的政治学家乔·萨托利的看法，平等至少可以从五个方面来理解：[①]

一是法律政治平等。它关注的是使每个人都有相同的法律和政治权利，即反抗政治权力的法定权利。

二是社会平等。它关注的是使每个人都有相同的社会尊严，即反抗社会歧视的权利。

三是作为平等的机会平等，即对平等的功绩给予平等的承认（例如职务向才能开放）。它关注的是使每个人都有相同的进取机会，即靠自己的功绩获得利益的权利。

四是表现为平等起点（或平等出发点）的机会平等，即为了平等地利用机会，从一开始就应该具备平等的物质条件。它关注的是使每个人从一开始就有足够的权利（物质条件），以便得到相同的能力而与其他人并驾齐驱。

五是经济相同性，就是要么使大家拥有相同的财富，要么一切财富归国家所有。它关注的是不给任何人以任何特殊的经济权利。

正如博登海默指出的那样："平等是一个具有多种不同含义的多维度的概念。它的范围涉及法律待遇的平等、机会的平等和人类基本需要的平等。它所指的对象可以是政治参与的权利、收入分配的制度，也可以是弱势群体的社会地位和法律地位。它也可能关注诺成合同的义务与对应义务间的平等的保护问题、关注损害行为进行赔偿时做出恰当补偿或恢复原状的问题，并关注在适用刑法时维持罪行与刑罚间某种程度的均衡问题。"[②]

---

① [美] 萨托利．民主新论[M]．冯克利，阎克文，译．北京：东方出版社，1993：348。转引自吕世伦，文正邦．法哲学论[M]．北京：中国人民大学出版社，1999：475.

② [美] 博登海默．法理学：法律哲学与法律方法[M]．邓正来，译．北京：中国政法大学出版社，2004：307.

（四）安全

安全是指对于现实利益和可期待利益的保障，也指对于不可测情势所致损害的排除。安全是一种稳定的生活状态，它使人们享有诸如生命和财产等利益，或者使自由和平等等价值的状况稳定化并尽可能地维持下去，不至于今天得到的权利在明天被剥夺，今天设定的权利在明天被否定。① 安全涉及的范围很宽广，对人的生命和肢体的保护，对家庭关系的保护（防止遭到来自外部的摧毁性破坏），对财产权的保护，对契约利益的保护，对通过政治斗争手段而获得的自由和平等的保护、防止国内混乱、预防外国入侵等。在文明世界中，还有另一些安全问题也为人们所关注，即某些公害、风险和变化所引起的安全问题。② 一般来讲，这些公害、风险和变化是伴随着人的生活而存在的，特别是当代科技事故和失业。社会保障制度的目的，就在于缓和因为上述事件而出现的经济困难。③

安全是人们重要的需求之一，有些学者甚至将安全视为最高价值，英国思想家托马斯·霍布斯的法律哲学就是典型范例，其格言是："人民的安全乃是至高无上的法律。"④

（五）效率

效率是人们所追求的一项重要的价值内容。效率在本源上是经济学的概念，它是指一种产出与投入之比与比另一种产出与投入之比相比，比值更高的状态。效率或者表现为以同样投入得到更大的产出，或者表现为以较小的投入得到同样的产出。效率在一般科学中的含义是以较少的代价（时间、精力、

① 有的将安全解释为，"享受其他价值在时间上的真实或被认知的延伸的可能性"。见［美］博登海默．法理学：法律哲学与法律方法［M］．邓正来，译．北京：中国政法大学出版社，2004：317.

② 胡启忠．法律正义与法律价值之关系辨正［J］．河北法学，2010（3）．

③ 社会保障制度的主要分支是老龄保险、健康服务、劳工险和失业保险。

④ ［美］博登海默．法理学：法律哲学与法律方法［M］．邓正来，译．北京：中国政法大学出版社，2004：317.

金钱、利益）达到同样的目的，或得到更多的利益。[①]

相对于经济学上的效率，社会科学中的效率是一个广义的概念，除了经济上的物质利益效率之外，还包括非经济上的精神利益效率。从此意义上讲，所有制度的一般价值，比如秩序、自由、平等、安全等都在其考量范围的，都是衡量效率的标准，一种制度涉及可能更容易获得秩序或者安全，只不过它伤害了一种或几种其他的更重要的价值，典型的例子比如“钓鱼执法”[②]。

（六）公平

公平，按其字面含义讲包括两层含义：一个层面是公道、公允等；另一层面是平等。其“平等”含义的存在，说明公平与平等两个概念具有一定的一致性和联系：公平经常以某种平等为基础，某种平等往往被认为是公平的。如人们在政治、法律、思想和社会方面的平等，机会的均等，收入差距不过大，往往被当作公平的表现。尽管如此，公平与平等毕竟是两个不同的概念。

公平是对利益分配合理性的认定，认定公平在于人们所应得到的东西应与其具有或支付的某种东西相适应，主要是地位与作用、权利与义务相称。公平的概念包括以下内容：（1）公平是人们对社会事物进行价值评论时的一种观念，是一种价值评价形式。（2）公平可以表现为一种思想意识，也可表现为一种学说，且有主观性。（3）某个人或群体的公平观总是该个人和群体经济利益的反映。（4）公平或不公平是人们根据自身的利益对社会事实进行评价的结果，一般来说，符合自身利益的社会事实往往被评价为是公平的，反之则被认为是不公平的。[③]

---

① 胡启忠．法律正义与法律价值之关系辨正[J]．河北法学，2010（3）．

② 钓鱼执法，在法理上是指当事人原本没有违法意图，在执法人员的引诱之下，才从事了违法活动，比如警察扮演瘾君子向毒贩购买毒品。在行政执法上，与刑事侦查中的“诱惑侦查”，或者叫“诱惑取证”类似。这种行为如果运用不当将致人犯罪，诱发严重社会问题。钓鱼执法是政德摧毁道德的必然表现。

③ 吕世伦，文正邦．法哲学论[M]．北京：中国人民大学出版社，1999：505－506.

心理学不仅说明了人们需求的多元性，而且说明了需求的层次性。同理，人们对于多元价值的追求，也具有层次性，即人们总是根据不同情况，对各种价值做出轻重缓急的处理，从而形成对价值追求的层次性。这种对多元价值进行整合，对各种价值进行科学、系统的定位，促使它们形成价值定位合理、互相之间井然有序的有机整体的结果，就意味着社会正义的彰显。

二、财政预算的制度价值

从本源意义上讲，财政预算是权力斗争与妥协的产物，因此，秩序、安全、平等、公平、效率等一般制度价值在财政预算制度上都有体现。换言之，财政预算制度价值是一个综合性的难以量化的评判标准。

在当代社会，财政预算的权力斗争痕迹已不再明显，作为资源配置的过程，财政预算表现出来的就是一系列不同的数字与表格，但是，不同的数字与表格背后都有着相应的价值支撑。比如，预算收入的取得，要建立在为满足社会公共需要而筹措资金的基础上，预算支出的安排，要始终以满足社会公共需要为宗旨，但社会公共需要是多样的、动态变化的，也是抽象的；虽然我们可以界定预算投入的范围和方向，但并不能量化判断具体项目的支出数额到底多少才是合理的，或者难以判定每种公共产品和服务的提供数量或程度问题；同时，公共产品和服务的公益性，也决定了其更加关注宏观效益、社会效益，而不能只是经济效益，因为预算投入的具体产出实际上无法有效地进行货币化度量，甚至投入与产出之间并不存在一一对应的关系。① 如此看来，对于财政预算这样一个难有整体并可量化评估标准的问题，首先需要明确在财政预算治理现代化过程中所应坚持的基本价值取向，以期在实践中能够在指导思想上加以正确把握。这种基本价值取向就是我们应当以什么样的理念和什么样的方式方

---

① 高志立，孙仁宏．市场化进程中的政府预算公共化实践进展、主要问题与对策建议［J］．经济研究参考，2011（28）．

法来推进财政预算治理现代化，这属于价值判断的范畴，是推进财政预算治理的理念基础。

当前，中国特色社会主义进入新时代，我国社会主要矛盾已经转化为人民日益增长的美好生活需要和不平衡不充分的发展之间的矛盾。人民美好生活需要日益广泛，不仅对物质文化生活提出了更高要求，而且在民主、法治、公平、正义、安全、环境等方面的要求日益增长。财政预算制度是解决社会主要矛盾的重要突破口，因为财政预算的运行是以社会公众资源来为公众提供公共产品和服务，既然取自于"公"服务于"公"，其政策和收支安排就应该是直面社会发展的不平衡不充分，真实体现社会公众的意图，满足人民在公平、正义等方面日益增长的要求。因此，财政预算首要彰显的是公平公正的制度价值。

所谓公平，"公者无私之谓也，平者无偏之谓也"，是指处理事情合情合理，不偏袒某一方或某一个人，即参与社会合作的每个人承担着他应承担的责任，得到他应得的利益。如果一个人承担着少于应承担的责任，或取得了多于应得的利益，这就会让人感到不公平。公平，也指按照一定的社会标准（法律、道德、政策等）、正当的秩序合理地待人处事，这是制度、系统、活动的重要道德品质。公平包含公民参与经济、政治和社会其他生活的机会公平、过程公平和结果分配公平。面对全体公众，在条件相同的情况下要为其提供大体相同的服务。所谓公正，意为公平正直，没有偏私。没有偏私是指依据一定的标准而言没有偏私，因而，公正是一种价值判断，内含有一定的价值标准，在常规情况下，这一标准便是当时的法律。公正在英文中为 justice，英语中的 jus 本身就有法的意思，公正以 jus 为词根演变而来，也说明了这一点，任何一个社会都有自己的公正标准。对于财政预算而言，是指以平等、非歧视和规范的制度和方式，为全体社会公众提供公共产品和服务。

长期以来，我国在预算政策取向上，对不同所有制经济成分、对城市和农村实行的是区别对待政策，非国有经济成分的税收负担重于国有企业，政府提供的公共产品与服务也大部分由国有部门和城市居民享有，非国有部门和农村居民在许多领域被不同程度地排除在外。①

党的十九大确立“以人民为中心”的发展理念，为财政预算彰显公平公正的制度价值提供了厚实的基础。随着全面深化改革和社会主义市场经济的纵深发展，财政预算必须在公共产品和服务提供上充分彰显公平公正的制度价值。首先，预算收支政策应当体现出一种平等的对待，税收政策对不同所有制企业要一视同仁，对经济条件相同的纳税人适用同样的税收政策，实现税收的横向公平；使经济条件不同的纳税人能够享受不同的税收政策，实现税收的纵向公平。② 在预算支出方面，预算资金的流向要基于公平正义，面向全体社会成员，按照“均等化”的原则，无差别地提供给全体社会公众，实现其在公共产品和服务方面的平等受益。其次，要关注地区之间和城乡之间的公共服务公平问题，将工作重点定位于实现区域公共服务均等化，同时加快城乡基本公共服务均等化③，使不同社会阶层均衡受益，确保全体社会公众公平分享经济社会发展成果。当前应将基础教育、公共卫生、社会保障、公共安全、环境保护、基础设施、科学技术等基本公共服务优先纳入均等化服务的范围，特别是要集中财力解决好“上学难”“看病难”“住房难”等民生问题。另外，要在坚持平等自由原则的基础上，承认公共产品和服务在群体间可以存在差异，但是，这种差异必须对弱势群体最为有利，公共产品和服务的提供必须有利于社会弱势群体状况的改善，特别是在教育、卫生和特殊困难补助等方面，财政预算安排应当更多地向社会弱势群体倾斜，以加强社会弱势群体的自保能力和竞

① 高志立，孙仁宏．市场化进程中的政府预算公共化实践进展、主要问题与对策建议［J］．经济研究参考，2011（28）．

② 刘剑文．公共财政与财税法律制度的构建［J］．政法论丛，2012（1）．

③ 基本公共服务均等化是指具有相同公共需求、相同特征的公众，可以享受到大致相同的公共服务，并非所有人都享受均衡划一的平均服务水平，因为个体特征的不同，其公共需求的类别和数量也不相同。平均化是对公共资源进行单纯的份额等同的分配，既不公平也无效率。

争能力，改善他们在机会利用上的不平等地位，体现财政预算的人文关怀。[①]

总之，彰显财政预算公平公正的制度价值，对于实现经济伦理公平和社会普遍正义，提高公众对财政预算的满意度，促进社会和谐稳定具有特别重要的意义。

三、 公平与效率： 重申 “最低限度的公平”

作为公共预算研究的重要话题，“科依问题” 在本质上是一个规范性的问题。科依之所以提出这样一个问题，是因为经济学不能提供一个在竞争的项目之间进行决策的有说服力的工具。[②] 然而，希克认为，“科依问题” 不是一个公共预算本身所能回答的问题。因为，这是一个规范性问题，而不是一个经验性问题。作为一个规范性问题，它的答案主要取决于政治体系的核心价值。能够回答这个问题的公共预算理论必然是一个能够配置权力和体现政治价值的理论。[③] 而且，正如科依自己意识到的那样，这实际上是一个政治哲学问题。虽然公共预算并不否定规范问题的必要性和重要性，但现在的问题是，无论谁回答了科依的这个预算问题都会受到质疑。处于不同的制度环境和制度安排下的人们，一般都会从不同的文化和意识形态角度，为科依提出的预算问题给出不同的答案，持有不同的价值取向的预算决策者也会对“科依问题” 做出不同的回答。一个坚信社会公平的预算决策者可能会赞同将某一数量的财政资金配置给一些能够促进社会公平的支出项目；然而，一个信奉自由竞争的预算决策者则会对此表示质疑甚至反对。这就说明，最重要的问题是探究决定预算的制度基础和文化背景。正如斯特劳斯曼指出的，科依是希望从理性选择的角度寻

---

① 高志立，孙仁宏．市场化进程中的政府预算公共化实践进展、主要问题与对策建议［J］．经济研究参考，2011（28）．

② Straussman，Jeffrey. 1988. Right – based budgeting. In Irene Rubin. Eds. New directions in budget history. Albany：State University of New York Press.

③ Schick，Allen. 1988. An inquiry into the possibility of a budgetary theory. In Irene Rubin. Eds. New directions in budget history. New York：State University of New York Press.

找一个资源配置的标准，以使得预算决策更加理性，然而，这种做法是误导性的。[①] 不过，从制度发展史的视角观察，财政预算总是在公平与效率之间寻求一种适度的平衡。

在人类历史上，公平与效率的关系问题一直是哲学、经济学、政治学、法学甚至伦理学中一个永恒的论题。这一方面说明了公正与效率关系问题的重要性，另一方面也印证了这一问题的复杂性。这种复杂性可能基于两个方面而产生：一是公平和效率作为人类社会生活中两项基本价值，存在着既相互交织、相互作用、相互促进的一面，也存在着相互制约、相互影响的一面；二是公平与效率的关系不仅仅是一个理论问题，在很大程度上，它们之间的关系需要根据不同的时间、地点和条件而进行调整。

从概念上讲，公平和效率有着相对确定的含义，但在实践中又有着极为复杂的表现形式。两者相比较而言，效率具有更明显的确定性。但是当这一源于经济学研究领域、基本能够以数字化计量的概念被运用于描述社会基本权利义务结构时，复杂问题便接踵而至了。[②] 但是，不论从法学角度看效率具有多么复杂的面孔，其核心仍然在于表达这样一种思想：以最少的社会资源消耗产出最大的社会效用，即成本与收益之比最小化。从广义的效率概念考察，功利主义就是效率主义，功利就是效率的最初表达。功利主义的早期思想萌芽可以追溯到休谟和亚当·斯密，而休谟的“公共的效用是正义的唯一起源”[③] 这一著名论断，可以看作是用效率解释正义的最初表达，而边沁“使功利主义成为一种理论化的思想体系”[④]，是用效率解释正义的典型代表。边沁的功利主义强调感性幸福，认为个人苦乐是衡量人类行为的唯一标准，人类的其他一切

① Straussman, Jeffrey. 1988. Right – based budgeting. In Irene Rubin. Eds. New directions in budget history. Albany: State University of New York Press.

② 沈岿．平衡论：一种行政法的认知模式[M]．北京：北京大学出版社，1999：132.

③ ［英］休谟．道德原则研究[M]．曾晓平，译．北京：商务印书馆，2001：35.

④ 吕世荣等．义利观[M]．郑州：河南大学出版社，2000：123.

（如正义、德性、义务、责任等）都与苦乐有关。[①] 在边沁的功利主义中，功利就是利益，而利益的实质内容就是快乐的增进与痛苦的减少。它把利益视为具有最终价值意义的、衡量德性和法律价值的标准，判断一个行为或者制度正义与否的标准，主要看其是否能为社会带来利益（好的结果）——社会福利的总量增长（又称实现社会福利的最大化）。在当代，用效率解释正义的典型代表应当首推波斯纳。他在《法律的经济分析》和《正义的经济学》两本著作中，始终贯穿着经济效益观，使之成为判断某一法律制度正义与否的最高标准。他甚至于1975年在《得克萨斯法学评论》上发表题为《法律经济方法》的文章中，提出了“效率与正义是同义词”的观点，宣称“正义的第二种意义，简单地说来，就是效率”。[②]

对于财政预算的制度设计而言，为了保证公平，预算程序制度和原则必须体现这样一些理念：程序应当是中立的、没有偏袒的；程序应当鼓励程序活动主体积极参与并展开富有意义的对话；程序应当是符合形式合理性的，排除一切可能造成不平等和偏见的因素。[③] 为了体现程序公正理念，预算程序和预算过程必须贯穿一系列原则，例如公开原则、参与原则、形式理性原则。为了使这些原则能够得到落实，财政预算必须设定一系列程序制度，其中主要有公开制度、参与制度、听证制度等。另外，从现代行政程序法中的上述制度发生作用的机理看，程序公正主要是通过赋予相对一方充分的程序性权利、吸纳和鼓励相对一方参与，要求行政机关没有偏私地、平等地对待所有参与者，这些机制都是为了限制行政权的恣意和专横。

与预算公平的要求有所不同，财政预算的效率要求行政机关以尽可能小的成本投入（包括时间、人力、物力、金钱等）实现实体行政目标，简言之，

① 周辅成．西方伦理学著选辑（下卷）［M］．北京：商务印书馆，1987：293.

② 陈宝林，穆夏华．现代法学［M］．重庆：重庆出版社，1990：66－67.

③ 王锡锌．行政程序法理念与制度研究［M］．北京：中国民主法制出版社，2007：428.

其在财政预算过程中的要求就是程序的简便和快捷。①

总之，关于公平与效率对预算制度架构不同要求的分析，虽然远不够全面，但是已经足以使我们看出财政预算中可能面临的公正与效率之间的冲突问题。一方面，预算制度的公正价值得以实现的条件，要求预算程序设置能够保障民主参与、平等对待、限制行政权滥用的程序制度，这在一定程度上必定导致预算程序和过程的严密化和复杂化。在某种意义上，我们可以说公正的实现可能意味着程序活动过程中成本的增大。另一方面，财政预算的效率价值要求预算程序活动的简便和迅捷，要求给予行政机关以相当的程序裁量权。因此，预算程序对效率价值的追求可能也会对公正的实现构成一定程度的威胁。正是这种价值冲突选择上的两难，使现代政府的财政预算制度不可避免地面临着"目标模式"的艰难选择和权衡。不过，无论如何艰难选择和权衡，财政预算的善治作为治理现代化的重要维度，其实现的路径总是建立在实体上的权利保障和程序上的公开透明上，前者是善治的基础，后者是善治的保障，或者说，是实现"看得见的正义"的内在要求。

第二节　权利保障：赋权型预算制度的构建之路

普遍而平等地为公民提供社会福利和服务，一直被认为是社会主义的重要优越性。因此，即使在新中国成立后经济极其落后的条件下，政府也在努力构建一个基于计划经济之上的简单而平均的公共服务体系。当然，由于物质极其匮乏，当时的公共服务只能是极其有限的集体福利制度，而且公民在经济生活、政治生活和社会生活中更多的是处于被管制的状态。改革开放的过程也是政府逐渐放松和减少对公民的管制而且日益增加和改善公共服务的过程。随着中国共产党从革命党转变为执政党，其政权的合法性也日益依赖于政府为社会

① 王锡锌．行政程序法理念与制度研究[M]．北京：中国民主法制出版社，2007：429.

提供的公共服务。中国现行的公共服务体系在缓解社会矛盾、促进社会公平、满足社会需求等方面发挥了重要的作用，实际上已经成为中国社会政治稳定的重要基础。[①] 对此，近几年来，我国的财政预算也明显做出回应，着力构建以人民为中心、满足人民日益增长需求的赋权型预算制度体系，推进实现财政预算的善治。

一、 赋权型预算的缘起

衡量国家制度与国家治理体系的优劣，民生无疑是最能够达成共识、最能够产生共鸣并且放之四海而皆准的核心指标。因为民生好坏决定民心向背，民心向背决定国运昌衰，这是人类社会发展进程的普遍规律。党的十九届四中全会全面阐述了中国特色社会主义制度和国家治理体系具有的强大生命力和巨大优越性，以充分的自信发出了政治宣言书，这份自信也集中体现在减贫、国民教育等民生发展的巨大成就之上。而“赋权型预算”就是一种“以民生权利为基础的预算”，它的核心和基础是“权利”，即任何符合法律规定条件的公民或法人都可以享受政府（主要是通过政府的特定支出机构）提供的某种福利。[②] 换一个角度，赋权型预算导致的支出是一种关注民生的“法定支出”。在我国，《预算法》第 16 条规定了“国家实行财政转移支付制度。财政转移支付应当规范、公平、公开，以推进地区间基本公共服务均等化为主要目标”。同时，《预算法》第 39 条还规定：“中央预算和有关地方预算中应当安排必要的资金，用于扶助革命老区、民族地区、边疆地区、贫困地区发展经济社会建设事业。”

在 20 世纪，这种“法定支出”的出现并迅速扩张与社会福利体系的建

① 俞可平．中国的善治之路——中美学者的视角［M］∥俞可平．中国治理评论（第 1 辑）．北京：中央编译出版社，2012：19.

② Straussman，Jeffrey. 1988. Right – based budgeting. In Irene Rubin. Eds. New directions in budget history. Albany：State University of New York Press.

立，尤其是福利国家的建设密切相关的。[①] 一般来讲，医疗保险、医疗救助、养老金、社会保险都是比较典型的赋权型财政预算项目。另外，在一些国家，例如美国，赋权型预算项目还包括退伍军人补贴、失业补偿、联邦政府提供的在校大学生补贴贷款、食品券、学前教育、抵押贷款税收减免、商业资本收益税收减免等。[②]

在19世纪末和20世纪初，为了缓解市场经济发展和工业化带来的各种社会问题，最早实现工业化的国家开始建立了社会政策体系。不过，在这一时期，社会政策体系提供的只是一种有限的社会福利，国家承担起的社会责任也是非常有限的。[③] 在19世纪末期，西方国家的补贴和转移支付支出在GDP中的比重只有1%。即使在这方面处于领先地位的英国，这一比重也只占2.2%。[④] 而且，社会保险几乎是不存在的。20世纪30年代的经济大萧条重创了自由资本主义，在此背景下，西方各国纷纷建立起社会保险制度。这使得补贴和转移支付支出在GDP中的比重迅速上升到4.5%，在公共支出中的比重也从19世纪末的10%上升到1937年的将近20%。此后，补贴和转移支出一直保持着增长。到60年代，补贴和转移支出占GDP的比重已上升到9.7%，在公共支出中的比重约占三分之一。欧洲大陆国家，补贴和转移支出占GDP的比重普遍都在10%以上，其中奥地利最高。美国和日本原来是比较低的，但是，在经济大萧条时期也大幅度地提高了补贴和转移支出的比重。不过，在此时期，西班牙却削减了这些支出，英国也稍微削减了这些支出的比重。[⑤]

从60年代到80年代，随着西方各国进一步扩大社会福利的范围，提高各

---

① 马骏，赵早早．公共预算：比较研究[M].北京：中央编译出版社，2011：274.

② Blendon, Robert J, et al. 1997. Trends: What do Americans know about entitlements? Health Affairs Vol. 16. No 5: 111 -115.

③ 马骏，赵早早．公共预算：比较研究[M].北京：中央编译出版社，2011：274.

④ 闫海．论法定支出的中国特色及其治理[J].地方财政研究，2014（1）.

⑤ ［美］维托·坦齐，［德］卢德格尔·舒克内希特．20世纪的公共支出[M].胡家勇，译．北京：商务印书馆，2005：40 -41.

种福利标准，迈向福利国家，补贴和转移支付支出在 GDP 中的比重在这一时期提高了一倍以上，平均起来上升到 20% 以上，相当于政府总支出的 50%。特别是在西欧和北欧国家，这两类支出占 GDP 的比重接近或超过 25%，其中荷兰最高，达到 38.5%；在美国、日本等也保持在 10% 左右。① 非常明显的是，在各种类型的权利性支出中，最难控制的就是那些与现存的社会政策体系紧密联系在一起的社会支出，尤其是教育、医疗、养老金、失业救济金等转移支付支出。从 1960 年到 1980 年，欧盟国家的社会支出占 GDP 的比重增长了一倍多，从 10% 上升到 20% 以上。② 20 世纪 80 年代以来，为了缓解赋权型预算所带来的财政压力，西方各国对各种法定支出的态度开始转变，变得越来越不愿意扩张福利计划；一些国家出台了正式的规定，禁止出台各种可能会增加赤字增加的赋权型财政预算计划。③ 在此背景下，补贴和转移支付支出的增长趋势开始放缓。但是，这些支出仍然在继续增长，它们在 GDP 中的比重从 1980 年的 21% 上升到 1995 年的 23%，略超过政府总支出的一半。在此期间，真正得到控制的是生产者补贴，新西兰甚至完全取消了这种补贴。但是，转移性支出仍然在增加。尽管一些国家，例如爱尔兰、新西兰、荷兰和比利时，在减少国家在这方面的责任，但是，其他国家，例如西班牙，则在进一步扩大社会福利支出。④

在发展中国家，赋权型预算的规模一般都相对比较小。但是，随着这些国家经济的发展与社会的进步，尤其是随着人均收入的增加，公民对于社会福利的需求也会越来越大，在转型过渡期的国家也存在相当大的扩大赋权型预算的

---

① 闫海．论法定支出的中国特色及其治理[J]．地方财政研究，2014（1）．

② ［美］维托·坦齐，［德］卢德格尔·舒克内希特．20 世纪的公共支出[M]．胡家勇，译．北京：商务印书馆，2005：41－42.

③ Schick，Allen. 1998. A contemporary approach of public expenditure management. Washing. D. C：World Bank. pp73－74.

④ ［美］维托·坦齐，［德］卢德格尔·舒克内希特．20 世纪的公共支出[M]．胡家勇，译．北京：商务印书馆，2005：41－42.

压力。[①] 市场化的改革通常伴随着国家财政补贴的减少、物价上涨、私有化或者国有企业关闭，这些都会给家庭带来压力与经济困难。[②] 不过对于我国而言，中国特色的国家治理体系，为民生发展提供了长久有力的保障。一方面，新中国成立后，一盘散沙变成了全国一盘棋，在中国共产党领导下，政府可以集中力量办大事。计划体制下的各项民生保障制度安排均强调全国统一性，教育、就业、收入分配、社会保障、卫生健康政策实现了中央统筹考虑、政令上下贯通；改革开放后采取的是自下而上的渐进策略，其目标设定、政策方向和重大制度安排仍然是中央决断并在全国范围内推行。全国一盘棋的统一行动与集中力量办大事的国家治理体系，避免了民生保障制度在实践中因地方自决而被扭曲，这是能够从容应对各种重大自然灾害、切实解决深度贫困地区的贫困问题、快速建成覆盖全民的社会保障网络，以及实现充分就业、普及国民教育等目标的关键所在。另一方面，中国的国家治理体系还突出地表现在连贯接续的发展规划以及一代人接着一代人的有效执行体系上。新中国成立不久，建设现代化国家就成为国家战略目标，“一五”计划到“五五”计划取得了很大成就；改革开放后，国家进一步确立了“三步走”战略和“两个一百年”奋斗目标，从“六五”计划到“十三五”规划持续近40年，民生发展蕴含在国家发展进程中，经历了从全面解决温饱问题到全面实现小康的过程。进入新时代后，党的十九大和十九届四中全会又对从现在起到21世纪中叶国家现代化进程做出了非常清晰的战略规划，并将具体落实到“十四五”“十五五”等多个五年发展规划之中。

二、 赋权型预算的社会基础

当前，民生领域仍然存在着发展不平衡不充分的现象，同时，新的挑战也

① 马骏，赵早早．公共预算：比较研究[M]．北京：中央编译出版社，2011：275.

② Schick, Allen. 1998. A contemporary approach of public expenditure management. Washing. D. C: World Bank. pp. 73 – 74.

在考验着国家治理能力，这些问题的解决都要求不断完善赋权型财政预算制度。党的十九届四中全会通过的《中共中央关于坚持和完善中国特色社会主义制度中推进国家治理体系和治理能力现代化若干重大问题的决定》为中国特色的民生保障和赋权型预算制度的成熟和定型指明了方向。近年来，赋权型预算的扩张使得政府支出规模不断膨胀，绝大多数西方国家已充分认识到这种支出的弊端，并开始寻找方法来控制其增长。然而，在我国，赋权型预算是在自主探索和广泛汲取他国有益养分的条件下，体现了制度、治理、民生、国运四者之间的理论逻辑、历史逻辑与实践逻辑。这是因为，赋权型预算立足于以人民为中心，不断保障和改善民生、增进人民福祉，走共同富裕道路，促进并最终实现人的自由而全面的发展，这是中国特色社会主义制度本质决定的目标追求，必须长期坚持并落实到具体的民生保障制度中。另一方面，赋权型预算直面民生领域发展不平衡不充分问题和新时代面临的新挑战，将坚持和完善民生保障制度作为进一步巩固中国特色社会主义制度的重要目标任务加以推进，尽快补齐民生短板，加快优化制度安排，不断满足人民日益增长的美好生活需要。

与此同时，赋权型预算本身有着某些独特的长处，非常适合于福利国家的建设需要。根据怀特的总结，赋权型预算主要有三大优点。①

首先，赋权型预算比较适合于那些可以分割和量化的利益。正如对于某些项目来说，政府预算似乎是更加自然的模式一样，赋权型预算也存在着非常充足的政策理由，尤其对于那些易于分割和量化的利益，因为确定这些利益受益人的权利比较困难，在这种情况下，实行一种以权利为基础的预算模式就是不可能的。例如，治安保护等就比较难用赋权型预算的方式来提供。因为如果决定用赋权型预算的方式来处理治安保护，就必须确定谁是受益者以及应该享受

---

① White，Joseph. 1998. Entitlement budgeting vs. bureau budgeting. Public Administration Review Vol 58. No 6：510 -521. 转引自马骏，赵早早．公共预算：比较研究［M］. 北京：中央编译出版社，2011：276 -277.

多少利益，而为此就必须能够将治安保护作为一种可以分割的福利，并且要精确地进行测量，从而确定每个符合条件的公民都可以获得的他所拥有的那一部分权利所包含的利益。然而，治安保护是不可以分割的，也是很难准确测量的。因此，对于像类似治安保护这样的利益来说，由于很难确定它的具体受益人的受益份额，运用传统的政府预算来安排是最恰当的。而对于像养老金这样的利益来说，它既是可以分割的，也是可以测量的，因而可以用赋权型预算的方式来供给。①

其次，赋权型预算还是一种能够降低不确定性的制度安排。社会保险是最典型的赋权型预算。设置社会保险的主要目的是将风险和不确定性从个人转移到政府。在这种情况下，赋权型预算无疑是一种最好的资助模式。因为赋权型预算的最大特点就是支出的连续性，也就是说，赋权型预算中的支出是不受年度预算原则制约的，从而就没有必要受制于不断的（一年或数年一次的）预算审查与监督。此外，在赋权型预算下，支出的数量（或相应的政府机构在这方面的支出）并不受政府机构绩效的影响。赋权型预算的这两个特点就使得它能够为受益者提供最大的稳定性和确定性。换一个角度看，像社会保险这样的支出，如果用政府预算的模式来资助的话，这些支出及其所包含的利益（或福利）的数量就必须受制于定期的预算审查（通常是年度预算审查）和政府机构的绩效，从而对受益人来说，不仅没有解决原有的不确定性，而且会形成新的不确定性。因此，对于社会福利的支持者来说，赋权型预算是一种比较合理的提供社会保险的预算模式。

最后，对于那些政府准备鼓励或奖励的特定行为来说，赋权型预算也是一种比较好的预算模式。例如，为了鼓励人们在军队服务而设置的老兵福利项目；为了鼓励目前就业的劳动者努力工作，为现在退休的人员支付费用而设置

① White, Joseph. 1998. Entitlement budgeting vs. bureau budgeting. Public Administration Review Vol 58. No 6. 510 –521.

的养老金制度。从受益者的角度来说，如果这些福利是由政府预算的模式来资助，那就无法在长期中保证福利承诺的可靠性。结果是，那些政府鼓励的行为就可能不受重视，相关的供给者也没有足够的动机采用政府所鼓励的那些行为。这主要是因为政府预算是不连续的，它要受制于定期的预算审查和对政府机构效率的评估。而赋权型预算则可以保证这种长期承诺的可靠性。①

正是由于赋权型预算的这些优点，使得它非常适合于各种社会公共政策。实际上，公共支出在20世纪的膨胀并不只是因为受到“鲍莫尔病”② 或“瓦格纳法则”③ 等技术因素的影响，更是由政府扩张社会服务的各种明确的政策造成的，这些政策将原来比较有限的社会安全网络扩展成普及性的社会福利体系。20世纪60年代以来，政府支出增长中的绝大部分都是因为政府实施了庞大的社会福利计划，而且一般采取现金转移支付形式。对于这些社会福利计划来说，赋权型预算无疑是最佳的预算模式。④ 在实践中，各国政治家都通过建立、扩大这种能够直接惠及公民个人的赋权型预算项目，向公民做出慷慨的福利承诺，以获取广泛的政治信任和支持。当然，也正是在这个时期，人们对政府信任度大大提高，并普遍认为政府能够解决许许多多的社会问题。⑤

---

① White, Joseph. 1998. Entitlement budgeting vs. bureau budgeting. Public Administration Review Vol 58. No 6. 510 – 521.

② 鲍莫尔病（Baumol's disease）是美国经济学家威廉·鲍莫尔在1967年的一篇研究经济增长的论文中提出来的。他建立了一个两部门宏观经济增长模型，其中一个部门是“进步部门”（progressive sector），另一个部门是“停滞部门”（nonprogressive sector），进步部门的生产率相对快速增长将导致停滞部门出现相对成本的不断上升。他认为，如市政府服务、教育、表演艺术、饭店和休闲等很多服务部门都具有这一特征，整体上看，相对于制造业，服务业劳动生产率更难以提高，正如在表演艺术市场上，300年前的莫扎特四重奏要4个人演，300年后依然要4个人，因而，随着制造业的生产率改进，服务业在整个经济中的比重反而上升了。

③ 19世纪80年代德国著名经济学家瓦格纳在对许多国家公共支出资料进行实证分析基础上得出著名的“瓦格纳法则”。当国民收入增长时，财政支出会以更大比例增长。随着人均收入水平的提高，政府支出占GDP的比重将会提高，这就是财政支出的相对增长，被后人归纳为瓦格纳法则，又称为政府活动扩张法则。

④ 马骏，赵早早．公共预算：比较研究[M].北京：中央编译出版社，2011：278.

⑤ [美] 维托·坦齐，[德] 卢德格尔·舒克内希特．20世纪的公共支出[M].胡家勇，译．北京：商务印书馆，2005：30、61、73.

当然，作为权利保障表现形式的赋权型财政预算，必须至少遵循三个原则：一是尽力而为、量力而行。既要避免忽视民生诉求的行为，也要避免只考虑短期政绩工程的取向，以积极、理性、可持续的努力不断促进民生发展。二是统筹城乡、促进公平。必须加快推进民生保障制度城乡一体化并在普惠全民的条件下进一步注入公平，以不断缩小城乡之间、区域之间、群体之间的民生差距。三是统筹规划、协同推进。要改变以往各种与民生直接相关的制度安排相互脱节、分割推进的现象，将各项制度置入民生保障制度体系并统筹考虑其功能定位及相互关系，以追求民生发展综合效应最大化、最优化为出发点与归宿，促使相关制度有效协同持续地发展。

三、 赋权型预算的实现路径

长期以来，我国社会主要矛盾是人民日益增长的物质文化需要同落后的社会生产之间的矛盾。改革开放极大地解放和发展了我国社会生产力，社会生产总体上不再落后，但发展中不平衡不协调不可持续问题十分突出。随着中国特色社会主义进入新时代，我国社会主要矛盾已转化为人民日益增长的美好生活需要和不平衡不充分的发展之间的矛盾，只有不断解决这个矛盾，大力提升发展质量和效益，才能更好满足人民在经济、政治、文化、社会、生态等方面日益增长的需要。我国社会主要矛盾的变化是历史性变化，迫切需要以新发展理念引领发展，实现更平衡、更充分的科学发展，促进人的全面发展、社会全面进步。对此，赋权型预算要求调整优化财政预算支出方向和结构，削减直接用于经济建设方面的投入，财政预算资源应更多用于改善民生和发展社会事业，加大对农业农村农民发展的支持，努力降低政府运行成本，健全和规范财政预算体系。

（一）改善和优化财政支出结构

按照社会主义市场经济的要求，改善和优化财政支出结构，紧紧围绕使市场在资源配置中起决定性作用，科学界定财政投资的范围，坚持有所为、有所不为的政策取向，取消对一般竞争性行业企业的生产性投资支出，分离可由市场承担的财政支出，不再补贴不承担政府特殊责任的国有企业，调整对国民经济长远发展具有战略意义的基础产业和主导产业的财政支持方式方法，采用资本金注入、贷款贴息、风险担保等方式，以吸引社会其他方面投资，发挥财政投资的乘数效应，政府公共投资向国民经济发展的薄弱环节倾斜，促进经济发展惠及更多人。

金融危机爆发后，发达国家普遍加快研发引领全球经济发展的新能源、节能环保等高新技术，并以科技创新为先导，大力推动发展新能源和节能环保等新兴产业。因此，我们必须大力支持自主创新和结构调整。从抢占未来产业发展的制高点出发，进一步增加技术改造、自主创新和重大关键技术研究开发方面的政府投入，大力支持攻关研发能有效促进产业升级、技术改造的自主创新技术，突破制约我国重点产业发展的关键技术障碍；有序支持新能源、新材料、节能环保等新兴产业的发展，着力培育新的经济增长点，增强竞争优势。

虽然近年来环境保护、节能减排工作取得积极进展，但是，能源资源消耗偏高、污染物排放比较多的问题仍然较为突出。必须加大对节能减排和生态环境建设的投入力度，进一步增加重点领域节能、城镇污水和垃圾处理及配套管网建设、农村污染源治理以及水土资源保护、荒漠化沙漠化治理、生态补偿机制和应对气候变化能力建设等方面的投入，大力推动能源资源节约和环境保护。

（二）改善民生和发展社会事业

改革开放后，人民群众努力奋斗的内生动力被激发，实现了国民经济持续高速增长，社会财富快速积累，为持续大幅度改善民生奠定了日益丰厚的物质基础。中国始终坚守追求共同富裕的社会主义本质，并与时俱进地不断调整民生保障制度安排，让国家发展成果更多更公平地惠及全体人民。

（1）确保教育普惠全民，增加对人力资本的投入。对人力资本的投资是最有价值的投资，[1]它可以公平地提高全民受教育机会和教育水平，为提高劳动者的市场竞争能力和增加收入回报，创造一个比较公平的起点，这在任何一个国家都是财政支出的一项重要内容。人力资本投资也是实现我国经济发展方式转变的战略支点。加大对教育事业的投入力度，确保现有预算口径的教育支出稳定增长，并以政府投入为主，多渠道筹措教育资金，尽早实现国家财政性教育经费占 GDP 总额 4% 的目标。同时，要调整教育投入结构，突出支持义务教育，完善义务教育经费保障机制，改变目前义务教育以县级为主的现状，明确中央政府和省级政府在义务教育投资中的主体地位，对西部地区和贫困省份，中央财政应加大义务教育专项转移支付力度，以保证全国各地区义务教育水平的均等化，特别是应加快推进城乡教育公平。在九年义务教育得到较好保障的同时，逐步加大对高中和幼教、学前教育以及职业技术教育的支持，逐步普及城乡十二年义务教育，推动从义务教育普惠向高等教育普及化发展。随着我国产业结构的转型和升级，对产业工人、灵活就业人员的技能要求也相应提升了，所以财政部门要进一步加大对职业教育、就业培训、劳动力转移和农民工技能培训等方面的投入力度。

（2）社会保障以覆盖全民为目标，增加对社会保障的投入。社会保障不仅具有改善收入分配，增加居民消费能力，促进扩大内需的工具价值，更是经济社会运行的稳定器和安全网。战后西方各国正是通过社会保障制度建设，促进了社会的稳定和经济的发展，成为资本主义腐而不朽的重要原因。必须把社会保障支出作为财政预算的一个重要内容，不断加大对社会保障的支持力度，

---

① 人力资本之父、西方人力资本理论的创立者、美国著名经济学家舒尔茨认为，人力资本是指存在于人的身上，表现为知识、技能、体力（健康状况）价值的总和。一个国家的人力资本可以通过劳动者的数量、质量以及劳动时间来度量。舒尔茨的人力资本理论有两个核心观点：一是在经济增长中，人力资本的作用大于物质资本的作用；二是农村人力资本投资的核心是提高人口质量，其最大投资则是学校教育。

逐步提高财政对社会保险的补助标准，研究推进社会保险费改税，加快提高社会保险统筹层次，扩大社会保险覆盖面。完善城乡社会救助制度，逐步提高城乡低保、农村五保、医疗救助等待遇水平，扩大社会救助范围，提高农村扶贫标准，保障困难群体的基本生活。落实政府责任，加大对保障性住房建设的预算投入力度，逐步解决城市低收入困难居民住房和农村危房改造问题。统筹协调城乡各类社会群体的各项社会保障政策，消除基本社会保障方面的地区和城乡差距。加快调整国有资本经营预算支出方向，除必要的国企改革发展支出外，原则上应主要用于社会保障支出，使国有资本收益更多地惠及广大人民群众。

（3）合理配置医疗资源，增加对国民健康的投入。改变以基层地方政府为主安排公共卫生资源的制度设计，逐步恢复公共卫生作为全国性公共产品的性质，加大中央和省级财政在公共卫生支出中承担的份额。加大预防保健支出的比重，增强卫生防疫系统处理重大疫情和突发事件的应变能力。优先发展社区、农村公共卫生服务，建立起农村卫生经费保障机制，为基层卫生机构提供基本的设施条件。加大中央财政的转移支付力度，增加对贫困地区、少数民族地区、西部不发达地区等财政困难区域的转移支付，使全国居民都能享有基本医疗和保健服务。同时，以财政预算为基础，制定相应的优惠政策，鼓励社会各方面积极参与公共卫生事业的建设，保证全民健康目标的实现。

（4）以充分就业和高质量就业为目标，增加对公共就业服务的投入。我国是人口大国和劳动力大国，就业压力很大。应坚持就业优先的导向，把解决好就业问题放在宏观调控的优先位置。积极的财政政策要更多地向促进就业倾斜，政府公共投资要注意发挥对就业的带动作用。要完善就业和再就业的财政支撑体系，进一步增加劳动者技能培训、公共就业服务平台建设等方面的支出。

（三）加大“三农”发展的扶持力度

农业既是基础产业，又是弱质产业，世界上大多数国家都把农业作为政府的支持保护对象，财政支持是其中的重要手段之一。我国财政对农业的投入长期不足，财政支农支出占全部财政支出的比重一直在低水平徘徊，且呈下降趋势。

当前，我国农业和农村正经历着深刻变化。应按照统筹城乡发展要求，进一步完善强农惠农政策，大幅度增加对农业和农村的投入。认真落实中央要求，财政支农投入的增量要明显高于上年，国家固定资产投资用于农村的增量要明显高于上年，政府土地出让收入用于农村建设的增量要明显高于上年。近年来，虽然农田水利建设的政府投入逐年增加，但仍然偏少，小型农田水利建设投入尤为不足，导致多数水利设施和设备老化失修。为此，应进一步发挥政府在水利建设中的主导作用，增加病险水库治理、老化排灌系统更新改造、农田末级渠系建设等农田水利建设方面的政府投入。改善小城镇基础设施建设，扶持农民建房，有利于承载农村人口转移，改善农民居住环境和条件，刺激农村消费，应将其纳入财政预算支持范围。

（四）努力降低政府运行成本

安排和保证必要的行政管理支出是公共服务的重要内容，但是，行政经费增长过快，既给财政预算安排带来很大压力，同时也影响了对其他公共服务的资金供给。因此，必须降低政府行政成本，减少财政供养人员，压缩行政管理经费，确保财政资源合理配置。

首先，要加快政府职能转变，精简政府机构，进一步压缩政府规模，提高政府运行效率。同时，改变实行计划经济以来形成的财政供养事业单位的局面，加快事业单位改制进程，按照其公益性程度重新确定财政供给政策，将非承担公益性事务的事业单位推向市场。实行严格的定岗定编，从严控制新增财政供养人员。要严格按定员定额支出标准，安排行政经费预算。严格控制各项管理费用预算追加和挤占挪用专项资金，堵住经费追加漏洞。各个预算部门应进一步加强预算和财务管理，勤俭节约干事业，特别是应大力压减会议费、公务接待费、车辆购置使用费、出国（境）经费等一般性支出。引进市场化、货币化、社会化理念，推进公务用车等职务消费制度改革。另外，要尽快健全科学规范、合理可行的人员经费和公用经费支出标准体系。针对物价变动、差旅费标准提高等实际情况，实事求是地确定基本支出标准，提高基本支出预算的保障力度，并建立基本支出标准动态增长机制，优先保障好人员基本经费支出需要，从制度上扭转目前各部门、各单位不同程度存在的行政经费挤占项目支出和事业费的情况。

（五）健全和规范财政预算体系

首先，要加快完善民生项目库建设，提前做好项目的规划、储备以及支出测算等工作，建立“没有准备好的项目不列入当年预算的机制”，真正做到“先有项目，后有预算，资金随着项目走”。统一政策口径，对于预算收入和财力口径、基本支出和项目支出的界限、专项项目的设置条件、拨款方式划分、部门预算应包含的基本要素、部门机动费设置、政府向人大报送的预算和决算内容等，都应明确地加以规范。科学制定民生支出的范围和口径，建立民生支出报告和跟踪监督机制。

其次，要细化预算编制，提高民生资金年初预算到位率。严格控制年初预留资金和代编预算的规模。除政府总预算外，应明确规定有预算分配权的主管部门、其他部门不得自行预留待分配资金。大幅度减少代编预算规模，对可以年初下达的项目，尽量在年初下达，至少应将数额相对固定的部分列入部门预算；对确需代编安排的事项，应明确编报预算名称和内容，严格在规定范围内使用代编指标，并应在上半年细化和下达到预算单位及具体项目。与此同时，要进一步细化部门预算。加强部门预算编制与业务工作计划安排的协调和衔接，按预算编制时间和要求同步编制投资计划或项目实施计划，严格控制部门年初预算不细化，在本级作打捆处理的做法，提高年初预算安排到项目的比例；必要的预算要打足，不留硬缺口，以减少预算执行中的调整和追加。加强部门间的协调沟通，提前研究下达基本建设项目和科技、教育项目等预算安排方案，基本建设投资年初应有75%以上编入部门预算，其他有预算分配权的部门年初预算到位率应达到97%以上。

另外，还必须在完善基本支出标准体系、深化政府收支分类体系改革的基础上，不断细化预算报表，一般预算收支应全部编列到“款”，加快推进重点收支编列到“项”，逐步实现所有收支预算都细化到“项”，清晰反映对农业、教育、科技、社会保障、医疗卫生、就业等民生方面的重点支出以及政府重大基本建设项目、行政经费等社会普遍关注的内容。可针对上述内容研究编报附属预算或特别预算①，提请同级人大进行专门审议；或者，作为一个过渡，也可以考虑先向同级人大提交细化到“项”的上述重点支出预算安排情况表，作为政府公共预算草案正式文本的附录。逐步提高国有资本收益上交比例，国有资本收益的运用不应在国有企业内自我循环，切实让人民群众分享国有资本收益，增加用于社会保障等民生方面的支出数额。积极试编社会保险基金预算，逐步提前编报时间，尽快做到同步编报社会保险基金预算与政府公共预算。扩大社会保险基金预算编报范围，逐步过渡到编制社会保障预算。

最后，还要以政府公共预算为基础，建立各项预算之间既相对独立又有机衔接的协调机制。比如，政府公共预算部分收入可补助社会保险基金和债务利息支出，国有资本经营预算部分收入用于弥补社会保障支出；国有资本经营预算应逐步增加承担国有企业改革的支出，政府公共预算应大幅度减少用于国有企业改革方面的支出等，② 尽快补齐民生短板，加快优化制度安排，不断满足

① 附属预算或特别预算是指，政府对某些具有特别意义的项目另行编制的预算。在实际操作中，附属预算既可以针对某些国家机构另立一个账目，也可以作为经常性预算的附属性说明。例如，目前法国的附属预算就包括邮电、国家印刷、造币、农业社会补助、航运和政府公报等8个方面，还以预算法案附件的形式，在提交部门预算的同时，另行编制养老金、联邦负债和一般性财政管理等三个跨部门的单项预算。

② 高志立，孙仁宏. 市场化进程中的政府预算公共化实践进展、主要问题与对策建议[J]. 经济研究参考，2011（28）.

人民日益增长的美好生活需要。

第三节 公开透明：预算善治的制度保障

一般而言，预算的公开透明主要是指预算的透明和信息的公开，不过对于预算信息的范围，理论界也没有确切界定，多数学者是将政府预算中所反映出来的财务信息作为预算公开的范畴进行研究；也有直接引用国际货币基金组织在 2007 年[①]所采用的 Kopits 和 Craig（1998）[②] 对财政透明度的定义，即向公众公开政府的结构与功能、财政政策意向、公共部门账户和财政规划。因此，预算公开就是指预算透明度或是财政透明度。不过，国际货币基金组织定义的财政透明度比预算公开更加宽泛，财政透明度的完整要求并不仅仅局限于狭义的财政活动上。[③] 在国外，学者对于预算公开透明的研究，主要集中在三个方面：一是预算公开透明的定义；二是预算公开透明的决定因素；三是预算公开透明所产生的影响。

公开透明的财政预算过程为公众及各利益集团提供了一个相对开放的平台和渠道，社会公众依此可以通过法定的程序提出自己的预算诉求，了解财政预算配置的信息，监督财政预算资源的使用及政府承诺的兑现。因此，财政预算公开与透明是实现政府自我约束和立法机构外部控制机制的重要制度安排，是深化财政改革，建立民主、科学、有效的预算管理与监督机制的最佳结合点和切入点，是财政预算治理现代化的关键因素。[④] “善治”的基本要素涵盖“开放性、参与性”等多项民主政治的要求，财政预算作为政府行使经济职能的

---

① Manual on Fiscal Transparency, Washington, D. C. , International Monetary Fund, 2007.

② Kopits George, Jon Craig, Tansparency in Government Operations. Washington, D. C. , IMF Occasional Paper, 1998.

③ 刘笑霞，李建发．中国财政透明度问题研究[J]．厦门大学学报（哲学社会科学版），2008（6）．

④ 财政部干部教育中心组．现代预算制度研究[M]．北京：经济科学出版社，2017：321－325.

重要组成部分，无论是从何种层面来看，“公开透明”都是不可或缺的内容。实现财政预算善治，亟须通过公开透明推动建立和完善现代预算制度，进一步规范政府行为，防范化解财政风险，实现有效监督，推进国家治理体系和治理能力现代化。

一、 预算公开透明的影响要素

众所周知，公共财政是民众主导的财政。实现公共财政的重要前提是公众的广泛参与和监督，而公众广泛参与和监督的基本前提是财政预算的公开与透明。可见，财政预算公开是建设公共财政必要的步骤。预算公开包括从预算编制到预算执行、预算调整再到预算决算整个财政运行过程的公开。近年来，社会舆论对推进预算公开的呼声愈来愈高，早在 2007 年 4 月，国务院就发布了《政府信息公开条例》，2010 年 1 月财政部发布了《关于进一步做好地方财政预算信息公开的通知》（征求意见稿），2010 年 3 月 23 日，时任总理温家宝在国务院第三次廉政工作会议上的讲话中强调，要推进财政预算公开，做到政府公共支出、基本建设支出、行政经费支出的预算和执行情况等都要公开。从现实的情况看，财政预算公开已经不再是停留在一般号召上，中央政府和地方各级政府都开始了践行预算公开的尝试和努力。但是，预算公开的含义并非仅仅是“公开”那么简单，围绕“财政预算公开”有一系列问题需要探讨。基于发达国家预算透明度提升的历程可以发现，预算公开是多种因素共同作用的结果，包括政治因素、经济因素、文化因素、法治因素、治理能力因素等方面。①

（一）政治因素

在不同的历史时期，在不同的国家和地区，其政府的组织结构和管理体制

① 李燕，童璐．“财政监督与预算透明”国际研讨会会议综述[J]．中央财经大学学报，2012（3）．

都不尽相同。在财政预算方面，就会存在预算的编制者、执行者和预算的审批者、监督者如何划分其权力和责任等问题。世界上任何国家都无一例外地把财政预算置于一定的政体之下，以决定预算权力的划分和相互制约。可以说，财政预算中最重要的问题并不是预算草案应当如何编制，而是如何控制和监督纳税人的钱不被滥用。

政体对于预算透明度的影响相当重要。专制政体之下没有讨论预算透明的必要，只有民主政体之下才有监督和控制公权力滥用的可能。一般而言，民主发展的成熟度越高，预算透明度就越高。

（二）经济因素

经济基础决定上层建筑，作为一种政治现象的财政预算，其重要影响因素就是经济，主要体现在经济体制和经济发展水平。

根据资源配置的方式不同，经济体制可分为市场经济和非市场经济。总体而言，与非市场经济体制相比，市场经济是更有利于提升预算透明度的经济体制，这主要是因为：市场经济使得社会各个群体经济体利益更加分化，市场经济符合民主价值理念，市场经济有助于各种信息的开放流通。

与此同时，随着经济的逐渐发展，社会保障体系逐步健全，贫富之间的矛盾逐步缓解，国民的教育水平大大提高，公众自由和民主的意识加强，信息交流和政治参与程度都会提高，与国际社会的接轨也会越来越紧密，民主体制赖以为基础的中产阶级会逐渐形成等，这些都为政治民主的实现提供了前提。[①] 因此，经济发展水平与预算透明度之间有较强的正相关性，经济发展是政治民主的重要基础，如果不具备这个基础，政治民主恐怕不易实现。在某种程度上，公开透明是上层建筑的一部分。综合国际经验，人均国民收入水平的提升和国民教育程度的提高，成为预算透明度提升的重要经济基础。

---

① 王淑杰．政府预算透明度与经济环境［J］．中央财经大学学报，2011（11）．

（三）文化因素

与政治和经济对财政预算的直接影响不同，文化对于预算的影响可能是间接和潜移默化的，但毋庸置疑，文化对于预算透明的影响不可忽视。

早在1956年，美国政治学家G. A. 阿尔蒙德就提出了“政治文化”的概念，认为文化通过影响各个社会成员的政治行为而对整个政治系统发挥作用。根据阿尔蒙德的研究，政治文化分为三种基本类型——蒙昧型政治文化、臣民型政治文化和参与型政治文化。[①] 其中，在蒙昧型政治文化影响下，公民就像一个古老社会中边远偏僻的村民，他们与政府之间的联系十分微弱，对政府无所要求和愿望，也不会对政府形成政治压力，而政府也不需要公民的政治支持和迎合公民的政治要求。显然，蒙昧型政治文化不利于社会公众提升其监督预算的能力。而在臣民型政治文化的影响下，公民与政府之间的关系就像君主与臣子一样，公民尊重并执行政府所做的权威性决策，但缺乏参与政治向政府表达利益要求的意识。[②] 与蒙昧型政治文化相似，臣民型政治文化不能鼓励公民督促议会监督政府，从而也不利于加强议会对财政预算的监督。而在参与型政治文化下，公民与政府间的关系是双向的互相影响、互相参与的关系，公民尊重政府的权威，具有政治认知与政治参与的能力，主动通过各种途径对政府的各种政治事务或决策发表看法，并参与到这些政治事务或决策中去，而政府也需要公民的政治支持并愿意满足公民的政治诉求。

在这三种政治文化中，参与型政治文化有利于民主，也有利于加强议会对政府财政预算的监督。阿尔蒙德为预算透明与文化的影响提供了理论依据。因此，在实践中，文化对于财政预算透明度的影响主要通过两方面途径来实现：一是文化对于财政预算信息供给者即领导人的影响；二是文化对于预算信息需

---

① ［美］盖布瑞·阿尔蒙德．公民文化——五国的政治态度和民主［M］．马殿君，等译．杭州：浙江人民出版社1989：1－5.

② 王淑杰．影响议会监督政府预算能力的宏观因素分析［J］．人大研究，2009（5）．

求者即以公众为代表的利益相关者的影响。

（四）法治因素

在现代社会中，法律在一定程度上代表着社会的公共价值判断与利益诉求。与个人利益不同，公众利益难以精确地进行分割和统一，代表公众利益的立法机关不可能每件事情都向全体公民请示，而是在公众对善恶的基本判断达成统一意见后形成法律，立法机关只需按照法律实施监督即视为实现了公共意愿。通常而言，在法治化程度较高的国家，关于预算透明的法律法规也比较完善。即使在传统普通法国家，比如英国、加拿大和新西兰等，近年来也开始将财政预算公开方面重要的政策法规上升为基本法。

从20世纪80年代开始，新西兰就加强了预算程序方面的立法建设，在1989年的《公共财政法案》中，要求所有的财务报告都要采用权责发生制，并向公众公开报告内容；1989年修正的《地方政府改善法案》要求，地方议会要公布的文件包括关于财政形势的声明、总体运作状况的声明、用金融和非金融术语对每一项重要活动发布的声明、现金流量表等。与此同时，《地方政府改善法案》还要求地方议会在财政年度开始前、预算草案的准备阶段、议会做出重要政策动议之前，都要将相关文件张贴在公共场所，接受公众的咨询和意见。对于公众的提议，议会必须以公开会议的形式进行讨论。1994年的《财政责任法案》进一步强调，任何与财政责任的基本原则相违背的事项，都必须要向社会公布。

在英国，从1995年开始就宣布要执行全欧洲统一的会计制度，并在1996年专门建立了财政报告咨询委员会，以研究实施权责发生制的具体措施。另外，在世界银行的推动下，非洲的大部分法语国家都采用了制定预算组织法的方式，将预算透明的各个方面直接贯彻到预算组织法之中。

（五）治理能力

财政预算是否透明以及透明程度如何，在很大程度上依赖于财政预算的治理能力，特别是根据委托代理理论和公共选择理论，政府不具有主动公开预算的倾向，在财政预算制度演变的发展史中，各国的议会与其行政机关的预算权力总是处于不断的竞争当中，双方几乎没有平等地享有预算权力的机会。因此，治理能力的高低明显影响财政预算的透明度。

治理能力的首要表现在于财政预算的监督能力。总体而言，议会预算监督能力越强，财政预算透明度越高；反之，财政预算透明度越低。实践中，在各国议会采用的监督方式中，较常见的包括委员会听证、议会全体大会的听证、成立调查委员会、询问、（政府官员答复议员质询的）质询时限、质询、调查等。其中，质询、质询时限、调查、成立调查委员会等，通常被认为是约束性较强的监督方式。[①] 各国议会联盟（IPU）和世界银行（WB）曾对此进行调查，发现不同国家对这些监督方式的使用频率也是不同的，有些工具经常使用，而有些则不经常使用。然而，各国并非仅使用某一种监督方式，而是往往偏好于综合使用其中的几种监督方式。调查结果显示，大多数国家经常使用5—7种监督方式，使用7种监督工具的国家占40%，使用6种监督工具的国家占33%。[②]

其次，治理能力还表现在预算管理的规范程度上。如果政府财政预算管理已经非常规范，那么它就有主动公开预算信息的动力，从而提高预算透明度。如果预算管理水平较低，即便公开了公众也看不懂，或者即使能看懂，执行中也往往会随意调整，导致预算和决算相差甚远。因此，财政预算管理规范水平低下，公开财政预算也没有多大意义，甚至还可能导致负面效应。从各国实践

① 王淑杰．影响议会监督政府预算能力的宏观因素分析［J］．人大研究，2009（5）．

② 王淑杰．财政预算的立法监督模式研究［M］．北京：中国财政经济出版社，2008：36.

看，预算管理规范性程度比较高的，通常预算透明度较高，比如美国、挪威、瑞典等国家预算透明度都比较高，主动公开预算明显更具广度和深度。

二、 预算公开透明的现实动力

新中国成立以来，中国的财政预算沿着“不公开—适度公开—非涉密事项一律公开”的路径发展。新中国成立初期至改革开放前，我国实行的是计划经济体制，国家分配论①占据财政理论的主导地位，国家财政计划、国家预决算及各项财务机密事项，都属于保密内容。改革开放以来，随着向市场经济体制的转轨，以及社会公众权利意识的提升，中国的预算信息、财政政策逐步公开，公开的形式、公开的内容、时间节点、公开途径等逐步规范统一，预算公开成为提升政府执政公信力，解释政府公共受托责任履行情况的一个主要途径。

事实上，一个国家的财政预算信息公开，与该国的政治、经济、历史文化、法治、管理技术、组织特征等环境因素密切相关，预算透明度的提升有来源于外部政治、经济、社会方面的压力因素，也有信息技术革新等方面的推力因素，它们共同构成了预算公开透明的现实动力。总之，驱动预算透明公开的有内在动力和外在动力两个层面，内在动力是制度属性层面，外在动力是政治经济社会文化层面。

（一）内在动力

在某种程度上，透明公开是财政预算制度属性的组成部分。财政预算通过

---

① “国家分配论”是我国传统财政理论的主要流派之一，它以财政活动满足国家职能的需要作为理论研究的起点，运用马克思主义政治经济学和国家学说的基本原理，通过层层“剥笋”式的剖析，揭示出财政与国家之间存在着的本质联系，提出了“财政活动体现的是以国家（或政府）为主体的分配关系”这一论断。在国家分配论者中也有不同观点，有的认为集中在国家预算中的分配才是财政分配，有的认为按财政制度由国家各部门掌握所进行的分配都是财政分配。

其收支活动和收支指标，反映政府活动的范围和方向、政府各部门的情况，以及国民经济和社会发展各方面的活动。从理论上来讲，财政预算是对政府收入和支出进行决策的过程，而预算管理则是处理这些收入与支出过程中的技术问题。为改善信息管理，可以适当的方式向公众披露相关的、充分的信息，帮助公众做出更好的公共选择，进而提高预算资源的运作效率和社会福利。①

从 20 世纪 90 年代末开始，中国财政改革的重心已经从财政体制方面转向财政管理方面，集中构建与公共财政相适应的预算管理框架，推出了以加强财政支出管理为核心的如部门预算、国库集中收付制度、政府采购制度、政府收支分类改革等重大改革，预算管理模式的改革，客观上要求有一个功能强大的政府会计和报告系统，全面追踪预算执行的交易信息，反映政府的资产与负债状况，评价政府活动的产出与绩效等，这也对提升财政预算透明度、改革政府会计体系提出了现实要求。特别是 2014 年《预算法》的修订，在公开透明方面增加了很多范围明确的刚性规定，成为中国财政预算公开的制度性动力。比如，《预算法》第 14 条规定，除涉及国家秘密外，经人大或人大常委会批准的预算、预算调整、决算、预算执行情况的报告及报表，应当在批准后二十日内由本级政府财政部门向社会公开，并对本级政府财政转移支付安排、执行的情况以及举借债务的情况等重要事项做出说明；经本级政府财政部门批复的部门预算、决算及报表，应当在批复后二十日内由各部门向社会公开，并对部门预算、决算中机关运行经费的安排、使用情况等重要事项做出说明；各级政府、各部门、各单位应当将政府采购的情况及时向社会公开。同时，关于财政转移支付，也有公开的规定。《预算法》第 16 条规定，财政转移支付应当规范、公平、公开，以推进地区间基本公共服务均等化为主要目标。此外，审计工作与预算执行密切相关。审计工作报告的公开可以促进预算透明度的进一步

① 肖鹏，李燕．基于 Lüder 政府会计环境评估模型的中国财政透明度研究［J］．公共行政评论，2011（2）．

提高，对此，《预算法》第89条规定，对预算执行和其他财政收支的审计工作报告应当向社会公开。另外，预算透明度的提高往往需要新制度配套，《预算法》第97条规定，各级政府财政部门应当按年度编制以权责发生制为基础的政府综合财务报告，报告政府整体财务状况、运行情况和财政中长期可持续性，报本级人民代表大会常务委员会备案。政府综合财务报告可以更全面地披露政府的资产负债状况、资金运用信息，更有效地加强政府活动的监督，从而更有效地防范财政风险。所有这些关于预算公开透明的制度规定，从根本上推动着我国财政预算的透明公开。

（二）外在动力

中国有着2000年的封建专制历史和与之相伴的高度集权的政治管理体制，传统上缺乏一种开放、参与的政治氛围，这在一定程度上不利于预算透明度的提升。随着全面深化改革和市场经济的建立与完善，公共决策的民主化程度和开放程度正日益提高，公众对提高财政预算透明度，建立一个透明的政府会计和报告体系的需求日益提高。人民代表大会对政府预决算的审议日益严格，也进一步促进了政府公共决策的民主与开放，这在一定程度上有利于预算透明度的提升。

在中国，一切权力属于人民。人民行使国家权力的机关是全国人民代表大会和地方各级人民代表大会。人民依照法律规定，通过各种途径和形式，管理国家事务，管理经济和文化事业，管理社会事务。不过，从形式上看，财政预算也是人大与政府政治竞争的产物。政治竞争主要是信息使用者和信息供给者之间的力量对比。全国人大是代表各方利益的立法机构，监督和审议财政预决算报告和财政资金的使用，财政部门作为执行机构提供政府财务信息。随着全国人大在中国社会政治经济生活中的地位日益提高，对政府资金使用的监督力度也日益增强，从而能对行政部门的信息披露施加更大的影响。政治竞争也促使为满足信息使用者的要求而不断改进信息质量，实现一个更公开透明的财政管理系统。

从世界范围来看，定期编报政府综合财务报告，反映政府的各项资产、负债、收入、费用（或者支出）和现金流量等信息，已经成为国际上加强政府公共管理、提高财政透明度的重要手段和通行惯例。① 国际货币基金组织作为维护全球财政货币稳定的国际组织，其发布的《财政透明度手册》和《政府财政统计手册》，尽管对成员国没有强制约束力，但是，对各国的财政透明度和财政统计有着很强的指导作用。按照国际货币基金组织《财政透明度手册》和《政府财政统计手册》的要求，各国需要建立起一套以权责发生制为基础的、能够充分反映政府财务状况、运营绩效和现金流量的政府会计体系，也为进一步提升各国的财政预算透明度打下基础。在我国，随着国民素质的提高，公民民主法治意识的逐步增强，越来越多的人开始关注政府的财务状况和财政资金使用情况，对政府收支的合法性、政府财务状况的好坏、财政支出的效益和效率做出判断。目前，中国是世界上很多有影响力的国际组织的重要成员，中国经济也是世界经济的重要组成部分，在经济日益全球化的今天，遵守或者尽可能地遵循国际公认的游戏规则已经成为许多国家（尤其是负责任大国）应尽的一项重要义务。②

三、 推进财政预算的公开透明

公开与透明是政府预算公共化的基本要素，是对政府预算管理的有效制约，没有公开透明就无所谓公共。当前，社会各界对预算公开透明的期望和呼声越来越高。基于此，政府预算除少数涉及国家安全、国防、外交等国家机密以及个人隐私、商业秘密等私益项目外，其他政府预算事项应当全部公开，真正实现“公开为原则，不公开为例外”。但是，鉴于政府预算的公开透明不仅

① 肖鹏，李燕．基于 Lüder 政府会计环境评估模型的中国财政透明度研究[J]. 公共行政评论，2011（2）.
② 刘玉廷．我国政府会计改革的若干问题[J]. 会计研究，2004（9）.

是一个预算管理的问题，而且是一个触及行政管理模式变革和国家权力实现方式转变的大问题，特别是考虑到我国与西方发达国家在政治体制、预算管理制度的稳定性和完备性以及法治传统等方面的差异，我国的预算透明度建设必然要经历一个循序渐进的过程，应当在立足国情、兼顾现实的基础上，积极创造条件，分步加以推进。与此同时，随着财政管理、政府会计等领域改革不断推进，为预算公开提供了技术支撑，政府的预算透明度逐步提升，促进了现代意义上的公共预算和民主财政的形成。另外，党的十八大和十八届三中、四中、五中全会和党的十九大对预算公开做出了总体部署安排，《预算法》《政府信息公开条例》对财政预算公开提供了细致安排和法律保障，公开透明贯穿着预算改革和管理全过程。

（一）落实“以公开为原则、不公开为例外”

公开原则是社会主义市场经济法则和社会主义经济体制的内在要求，世界各国信息公开法律制度的一个共同原则就是：公开是原则，不公开是例外。财政预算信息是政府的一项重要信息，因此，预算公开是原则，不公开是例外。这一原则所表达的意思是：凡是政府财政信息都应当公开，只有法律明确规定的例外情况可以免除公开之责任。除涉密内容外，所有涉及财政资金的情况都要公开，包括财税政策、预决算管理制度、预算收支安排、预算执行情况、决算情况、绩效评价等。

党的十八大以来，财政部和各级财政部门贯彻落实党和国务院常务会议的相关精神，预算公开步入常态化、规范化阶段。各级政府在预算公开的时间节点、内容、公开途径等方面均逐步统一，切实做到依法公开、主动公开。财政部把政府信息主动公开工作作为推进依法行政的重要手段，不断扩大公开范围、细化公开内容。

第一，政府预决算公开。各级财政部门及时公开经本级人大批准的财政预算报告及报表，经本级人大常委会批准的预算调整、决算、预算执行情况报告及报表，并对本级政府举借债务情况做出说明。按月公开本地区财政收支月度执行情况和累计执行情况。公开的报表涵盖一般公共预算（公共财政预算）、政府性基金预算、国有资本经营预算、社会保险基金预算。除涉密内容外，政府预决算应全部细化公开到支出功能分类项级科目。在此基础上，逐步将本级公共预决算细化公开到支出经济分类。

第二，部门预决算公开。各部门公开经本级财政部门批复的本部门预决算，“三公”经费财政拨款总额和分项数额。公开的内容包括本部门和所属单位的收支情况、财政资金安排和使用情况、机关运行经费安排和使用情况资产增减变化情况，以及本部门职责、机构设置情况，并对专业性较强的名词进行解释。“三公”经费决算公开说明因公出国（境）团组数及人数公务用车购置数及保有量，国内公务接待的人数、经费总额，以及“三公”经费增减变化原因等信息。除涉密内容外，部门预决算全部细化公开到支出功能分类项级科目。在此基础上，逐步将部门预决算按基本支出和项目支出公开，并进一步细化公开到支出经济分类。

第三，专项转移支付公开。各级财政部门公开由本级预算安排的专项转移支付预决算。除涉密内容外，公开专项转移支付项目名称及预算安排情况、管理办法、分配结果，预算执行及决算情况。在此基础上，将本级预算安排的专项转移支付按地区公开。

第四，基层民生支出公开。在全面公开预决算的基础上，基层政府负责分配专项支出的各部门和单位，另行单独公开本部门分配的专项支出情况，重点是与人民群众利益密切相关的教育、医疗卫生、社会保障和就业、住房保障和“三农”等专项支出，内容包括上级政府下达的转移支付资金和本级政府安排的专项资金。县（市）级政府负责分配专项支出的各部门和单位，重点公开本部门分配的专项支出的项目、资金管理办法、资金来源、分配标准以及到乡（镇）、部门的分配结果。乡（镇）级政府负责分配专项支出的各部门和单位，重点公开本部门分配的专项支出项目和政策、资金来源、发放标准、发放形式等，并重点反映到人（户）、到项目的分配结果。对于分配到人（户）的专项支出，通过政府门户网站、乡镇服务大厅、社区（村组）公示栏等，将分配到人（户）的姓名、地址、金额等情况详细公开；对于分配到项目的专项支出，在施工场所外，利用公告栏、公示牌等公开工程概算资金来源以及施工单位等信息。

第五，地方政府债务公开。各级推进各级地方政府债务情况公开，包括政府债务余额变动、债务举借及还本付息、债务资金用途、土地收储及出让、资产抵质押、政府担保承诺、风险控制等情况。结合权责发生制政府综合财务报告制度改革工作，逐步全面公开地方政府资产负债状况、收入费用情况等。公开的政府债务情况包括本部门及所属单位的政府债务余额变动，债务期限结构及融资成本，债务资金投向及债务收支，债务项目现金流及形成的资产，还本付息、还款计划及偿债资金来源，资产抵质押、担保承诺及债务单位主要财务指标等。

第六，预算绩效信息公开。结合预算绩效管理工作的实际进展，逐步把绩效目标作为部门预算编制的重要内容，随同部门预算公开。把预算绩效情况作为预算执行结果的组成部分，随同部门决算公开。对纳入绩效评价范围的预算支出，尤其是一些社会关注度高、影响力大的民生项目和重点项目支出，将绩效评价结果及相应的绩效报告、绩效评价报告等绩效信息及时公开。

第七，财税政策和规章制度公开。新制定的财政法规、规章、规范性文件，基本做到了自公布之日起 20 个工作日内在网站上公开。除涉密内容外，积极公开已经出台的财政和税收发展战略、方针政策以及其他重要政策，已经发布的财政、财务、会计管理法规规章，以及各类型的实施细则、管理办法等规范性文件，财政工作中具有普遍指导意义或涉及公众、企业和社会利益的文件，以及部门预算编制、财政国库管理、政府采购、非税收入征收使用管理、会计管理和财政监督等方面的各项财政管理制度。

不过，《预算法》规定政府在编制各级政府和各部门（单位）在按功能分类编制预算基础上，还要按支出经济分类编制预算，力求做到反映支出的来龙去脉。[①] 功能分类主要反映出政府的各项职能活动，表明政府的钱干了什么，起到了什么样的社会作用，分为类、款、项三级；经济分类反映的是政府是如何使用公共资金的，是针对各项支出的具体用途，是更为详细具体的信息，包括类、款两级。

然而，现行支出经济分类科目的局限性逐渐显现出来，主要是政府预算和部门（单位）预算共用一套支出经济分类科目，没有完整体现政府预算管理特点和核算要求。报表部分内容笼统与粗略，“大类”预算、笼统预算、原则性预算公开偏多，欠缺更多具体项目和支出用途的细节，尤其是一些投入大的项目缺乏细致的支出公开，不便于公众监督。与此同时，预算报表缺乏汇总平衡专栏和完善的预算情况说明，大量的项目和数字令人眼花缭乱，不能清晰地反映与其他报表的关联，也不易于社会公众读懂预算。

从报表具体科目来看，《预算法》并没有对支出做出具体的口径标准。“三公”经费、其他支出、工资福利等一些预算资金的去向直接涉及部门人数，但是针对人数口径却不同。曾有媒体报道称北京某街道办事处人均年薪20多万元，该街道随即解释公示的工资福利支出为总数，但公示的在职人数仅为公务员和事业单位人数，不包括也应计算在内的社工和协管员人数。此外，公务接待费用的人均标准有多高，行政经费的人均水平多高等公众关心的问题，公开单位也没有公开更有针对性的口径。由于政府高度垄断预算信息，口径的模糊使政府可以较为随意地控制公布的预算数额。

因此，《预算法》虽然对于预算口径、预算公开内容、时间、解释说明等

① 《预算法》第27条规定：一般公共预算收入包括各项税收收入、行政事业性收费收入、国有资源（资产）有偿使用收入、转移性收入和其他收入。一般公共预算支出按照其功能分类，包括一般公共服务支出，外交、公共安全、国防支出，农业、环境保护支出，教育、科技、文化、卫生、体育支出，社会保障及就业支出和其他支出。一般公共预算支出按照其经济性质分类，包括工资福利支出、商品和服务支出、资本性支出和其他支出。

进行了全面细化，但是，并没有对预算公开的详细内容做出明确规定，使得政府在预算公开方面有了巨大的自由裁量权，预算公开内容仍需完善。

（二）提升财政预算公开的认识水平

长期以来，传统保密观念和现实主义使得政府部门对预算公开经常持有消极态度，制约着预算公开的推进，必须从思想上提升财政预算公开的认识水平，强化公开意识。

1. 预算公开是政府法定义务和责任

预算公开是以自然人或社会组织获得政府财政信息的权利为基础的，而不是以权力为基础。社会公众有获得政府财政信息的权利，而不是政府的一种恩赐与施舍。这就决定了预算公开不是由政府决定的，而是由法律赋予的公众获得财政预算信息的权利决定的，即依法公开。依法公开是指预算公开必须由预算公开的主体在法定权限范围内按照法定程序进行公开。强调依法公开，不仅是依法治国、依法行政的要求，而且也是规范财政行为、提高财政透明度、防止滥用权力以维护公众利益的需要。财政预算信息公开不是各级政府机关可自主取消的一种办事制度，而是应承担的法定责任与义务，必须依法公开。

建立透明预决算制度，就要不断强化各级各部门的责任意识，明确预算公开是各级政府应当依法履行的义务。各级各部门应当依法主动公开预算信息，积极推进本地区和本部门的预算公开工作。上级财政部门加强指导和督促，上下联动，共同推进预算公开。同时强化问责，对于未依法公开预算信息的部门和单位，要对负有直接责任的人员追究行政责任。对此，《政府信息公开条例》规定了从警告到追究刑事责任的完整责任体系。

如果政府不履行预算公开义务或者履行公开义务不当，申请人认为其知情权受到侵犯时，那么，社会公众有权通过诉讼等途径获得救济。申请人与政府相比是个弱者，面对强权的政府如果没有救济制度，申请人的合法权益就会得不到保障，预算公开就只能流于形式。

2. 预算公开是权力监督的有效形式

公共权力本来源于公众的赋予，但是，在权力的运行中，实际上在公众和权力行使者之间建立起了一种典型的委托—代理关系。在一层又一层的委托代理过程中，会使本来属于公众所有的公共权力转移到一部分人甚至是极少数人手中。[①] 在这种情况下，如果没有有效的制约和监督权力运行的机制，就很容易产生设租寻租、权钱交易、“黑箱”操作等腐败行为，用公共权力来为自己或者他人谋取私利。财政预算的权力聚焦于对有限公共资源的分配，在这种分配活动中，有众多的利益相关方，各方表现出来的行为特征是：资金的需求方有追求预算规模最大化的冲动，而资金的供给方则面对稀缺资源有取得诱发设租寻租收益的可能。所以，在财政预算这种涉及公共资金分配的活动中就需要第三方监督制衡方的介入。[②]

但是在实践中，由于分配活动所涉及的利益主体众多，环节及链条比较长，使得这种监督的成本高、效率低，公共资金分配和使用中的腐败案例大量出现就证明了这一点。因此，要加强对财政预算权力运行的制约和监督，就要把权力关进制度的笼子里。所以，以政府的预算权力控制与监督为突破口，应该是从源头上防止腐败，从管理机制上加强廉政建设的治本之策。

党的十八届三中全会通过的《中共中央关于全面深化改革若干重大问题的决定》指出：要强化权力运行制约和监督体系，“坚持用制度管权管事管人，让人民监督权力，让权力在阳光下运行，是把权力关进制度笼子的根本之策”。实践表明，腐败与权力失去监督、失去控制密切相关。那么，制约和监督权力运行的突破口是什么？加强对政府权力运行制约和监督，将权力关进制度的笼子里，需要以什么为载体来对权力运行进行有效的制约和监督？由于政府权力的运作，施政行为的开展离不开预算资金的财力保障，因此，管住了政

① 李燕．我国全口径预算报告体系构建研究——制约和监督权力运行视角[J].财政研究，2014（2）.

② 马海涛，肖鹏．全面深化财税体制改革视野下中国《预算法》的修订研究——中国《预算法》修订的背景、内容与效应分析[J].新疆财经，2014（6）.

府花钱的行为，控制了财政预算的资金流，也就实现了对政府施政行为的有效控制，从而可以实现对权力运行的有效制约与监督。

（三）加强预算公开的制度保障

自2008年我国推进预算公开以来，主要的法律依据是《政府信息公开条例》，不过，该条例明显存在立法层次偏低、规定过于笼统的问题，仅从原则角度要求，没有对具体的公开内容、公开时间、公开方式做出规定，可操作性不强。导致了预算公开出现披露不及时、法制体系不完整、公开内容不完整等问题。与此同时，40多年的改革发展，中国的财政收支规模、结构，财政的职能定位等均发生了重大变化。特别是党的十八届三中全会关于财政职能定位的最新论断，全面深化财税体制改革方案的顶层设计与路线图等，需要《预算法》在立法宗旨、原则、预算管理模式、监督等方面有重大的突破。

2015年1月1日起实施的新《预算法》体现了我国财政预算工作已由“政府控制型”向“人大主导型”的转变。《预算法》第1条修改为：“为了规范政府收支行为，强化预算约束，加强对预算的管理和监督，建立健全全面规范、公开透明的预算制度，保障经济社会的健康发展，根据宪法，制定本法。”新增第4条要求“政府的全部收入和支出都应当纳入预算”，第14条更是明确规定了财政预算公开的具体时限和内容，[①] 极大提高了预算公开的力度，为解决预算公开的信息披露不及时、不充分提供了坚实的法律保障，也为纳税人主动申请公开提供了法律依据。不过，当前预算公开的时间不及时、渠道不畅通、缺乏有效监督、公开法治意识淡薄等问题依然存在，亟须进一步完

① 《预算法》第14条规定，经本级人民代表大会或者本级人民代表大会常务委员会批准的预算、预算调整、决算、预算执行情况的报告及报表，应当在批准后二十日内由本级政府财政部门向社会公开，并对本级政府财政转移支付安排、执行的情况以及举借债务的情况等重要事项做出说明。……各级政府、各部门、各单位应当将政府采购的情况及时向社会公开。

善制度保障，加强推进财政预算公开与透明。

1. 建立健全预算公开的问责与奖励机制

公共预算本身是国家以法律形式对政府所掌握的公共资源进行分配的过程，向纳税人公开其用途和去向是政府的义务和责任。同时，法律对于预算公开法律责任的规定虽然齐备但是并不详细，《预算法》第 92 条规定："各级政府及有关部门有下列行为之一的，责令改正，对负有直接责任的主管人员和其他直接责任人员追究行政责任：……未依照本法规定对有关预算事项进行公开和说明的。"怎样算是负有直接责任，具体的行政责任是什么都没有更细致的规定，而且并没有涉及经济性惩罚，这使得相关人员对于违法成本没有直观的概念，法律约束力度自然不够。因此，应当对违规行政人员给予更严厉、具体的惩罚。当然，与单纯的追责机制相比，赏罚分明更能调动政府预算公开的积极性，所以也要对预算公开良好的政府适当给予奖励，可以采取给政府荣誉称号和定向给部门人员奖金相结合的方式。

2. 完善预算公开内容与渠道

首先，政府要公布国家规定的完整的预算信息，不管是一级政府的预算还是部门预算，要确保预算公开内容精细化，方便公民进行对比更好地理解信息。在采用功能性分类和经济性分类的同时，还要统一口径，尽量对所有界定模糊的科目做出较为具体的规定，并且删减不必要的科目。要开发合适的预算公开范本。现行的预算公开格式，虽然看上去比较统一、规范，但是，政府和部门的情况不同，共用一个范本显然是不科学的，不能完整体现政府和部门预算管理特点和核算要求，所以，必须在预算公开过程中，尊重部门以及地方之间的差异性，各地区各部门可以根据具体情况做调整，使预算公开更加的"因地制宜"，公开内容更明确、科学。

其次，要增强预算公开信息的可读性，确保公众一目了然就能看懂预算信息。比如在英国，地方政府部门的预算报告中既包含了分类清晰的图表，也包括了详尽的文字解释部分，使预算报告能轻松地被普通大众看懂。此外，部门预算公开的内容也较为丰富，涵盖面也较为广泛。政府专门建立了“数据英国”网站，该网站搜集整理了英国政府49个部门的各类预算开支信息、财务报告等，并请专家对这些收支项目做出解释评论。① 精细的预算情况说明，形象生动的图表和通俗易懂的专有名词解释，改变了预算信息枯燥乏味的面貌，避免出现“内行说不清，外行看不懂”的现象。

另外，要提高信息获取的便利性。预算信息传播渠道的畅通，是公众顺利获取信息的重要保障，也是确保信息价值有效性的重要基础。随着信息化及移动通信技术的发展，越来越多的人习惯于通过移动通信设备和客户端获取信息，因此，政府可以与时俱进地通过微博、微信等新媒体推动信息公开。各级政府、财政局要加强对其门户网站的维护与建设，确保网站能被顺利访问、各项功能和附件有效以及预算公开有较为醒目的专设链接。预算公开附件的形式可以多样化，但一定要以便捷大众为前提，如果是数据文件，尽量用Execl表格以及Word图表代替纯文字说明；如果是照片形式，一定要上传像素高、信息全面的照片，并同时提供PDF文件和配套阅读软件的下载。网站上还应该设公共论坛，便于群众互动讨论以及向政府提问。此外，政府还应开辟其他预算公开途径，充分利用报纸、电视、广播、社区布告栏等与公众日常生活息息相关的媒介，主动将预算信息送达到公众手中。

3. 发挥媒体力量，加强预算公开社会监督

媒体对预算公开监督的作用不容忽视。通过报纸、刊物、广播、电视等大众传媒作为平台，对各种违法违纪现象的违法犯罪、渎职腐败行为进行揭露、报道、评论或抨击，作为“第四权力”的媒体能够发挥信息中介作用，缓解政府与其利益相关者之间的信息不对称。根据中国科协公布的2015年公民获取科技信息的渠道及比例，公民利用互联网及移动互联网获取科技信息的比例达到53.4%，比2010年的26.6%提高了一倍多，已经超过了报纸（38.5%），

① 顾剑波．中国预算公开现状与改革[J]．合作经济与科技，2017（13）．

仅次于电视（93.4%），位居第二。作为传统的大众媒体，电视仍是公民获取科技信息的最主要渠道，利用电视获取科技信息的公民比例为93.4%，比2010年（87.5%）略有增长。[①] 可见媒体是公众获取信息的重要途径，引导媒体积极在预算公开领域发挥作用，政府的违规操作将会更容易被曝光。

① 资料来源：《中国科学技术协会第九次中国公民科学素质抽样调查报告》。

| 第五章 |

财政预算的共治

现代治理的核心特质在于治理主体的多元化。① 从“国家统治”走向“国家治理”，意味着国家治理正从国家的“一元之治”向国家与社会的“多元共治”转型。“多元共治”的核心问题在于重构公共治理系统，实现治理权能的分化和转移，即由政府、企业、社会组织和公民对公共事务的共同治理。在这里，治理机制和治理关系发生了根本变化，社会组织和公民不再简单是公共治理的客体，而成为治理主体，进而实现治理主体的“自我统治”，即治理方式的民主化重构。对任何一个现代政治体系而言，公民和社会构成政治发展的内源动力，因此，塑造具有自治能力的现代社会、培育具有民主品格的现代公民，是国家治理现代化的基础性要件。从这一意义上说，现代国家必然是民主国家，“多元共治”可谓是“民主之治”。② 预算共治之重心在于预算治理的民主化，现代预算治理不再是以往单边意志决定的封闭治理，而是政府、人大以及公民共同参与的合作治理；不是自上而下的权威管理，而是上下互动的合作管理，强调多元预算法律关系主体之间要形成相互协商、制约、监督的预算共治关系。这种共治关系的形成有赖于财政预算权力的协调配合、人大预算权力的充分落实以及公民预算权利的高度尊重。

---

① 俞可平．全球治理引论[J].马克思主义与现实，2002（1）.

② 吴汉东．国家治理现代化的三个维度：共治、善治与法治[J].法制与社会发展，2014（5）.

第一节 人民主权理论与预算民主

掌握国家的财政权是议会最古老的一项职权，也是议会制约和监督政府的最重要手段。[①] 因为财政是政府正常运转的命脉，是政府职能发挥的物质基础。议会要对政府行政权进行约束，通过对其财政权的参与决策，有四两拨千斤之效。财政法案的重要性甚至逾于制定法，应与法律一般同受议会之统制。[②] 这也是人民主权的表现形式。

从现实来看，由立法部门监管政府财政，使财政收支合法合理，已经成为所有议会制国家的惯例。在我国，全国人民代表大会不仅是代议机关、立法机关，更是我国最高权力机关，应当承担起财政预算监督的职责。就像蔡茂寅教授所言："国家固然透过预算的执行以达成所追求的政策目的，国民以及其代表所组成的议会亦透过预算的审议，对整体国政进行监督。"[③] 人民通过议会（在我国就是人民代表大会）在整个预算过程中行使预算权力，实现现代公共预算中的民主之义，进而使得政府更加负责。

一、人民主权理论

"主权"一词起源于拉丁文 Superanue，英文表达为 Sovereignty，是一个国家对其管辖区域所拥有的至高无上的、排他性的政治权力，也是对内依法施政的权力来源，对外保持独立自主的一种力量和意志。主权的法律形式对内往往规定于宪法或基本法之中，对外则是国家间的相互承认。因此，它是国家最基本的特征之一。基于主权的来源，人类历史上有"主权在神""主权在君""主权在民"等各种理论，用以说明国家公共权力的主体归属问题。

---

① 曹文正．比较宪政制度[M]．青岛：中国海洋大学出版社，2005：61.

② 蔡茂寅．财政作用之权力性与民主性——兼论建立财政法学之必要性[J]．台大法学论丛，1995（4）.

③ 蔡茂寅．预算法之原理[M]．台北：元照出版有限公司，2008：2.

“人民主权”也称“主权在民”，是针对封建主义的“主权在君”理论而提出的。从思想史的角度看，法国思想家让·博丹被认为是现代主权概念的创始者，而将“人民主权”发扬光大并最终成为西方资产阶级革命武器的，则要归功于法国思想家卢梭和英国思想家洛克。1576 年，让·博丹在其所著的《论共和六书》里认为，主权是一种超越了法律和国民的统治权，这种权力由神授或自然法而来。18 世纪，法国启蒙运动思想家卢梭是“人民主权”理论的主要创立者。针对“君权神授”“君主主权”等封建主义理论，卢梭阐述了以“社会契约论”为基础的国家学说。卢梭认为，“人生而自由、平等”；国家是“由全体个人的结合而成的”；国家只能建立在自由人的“社会契约”之上；享有主权的应该是人民，而不是什么君主和法律。① 根据卢梭的理论，政府的权力是人民权力的让渡，是人民以契约的形式赋予的。也就是说，人民是主权的所有者，而行使主权的个人或机关，只是“人民的雇员”。②

在卢梭看来，“人民主权”的内容包括主权在民、主权不受限制、不可分割、不能代表、不可侵犯、主权具有强制性和永久性等内容。卢梭提出的“人民主权”这一革命性论断表明：“合法性的源泉在一般的人民手中，而不是在君主或贵族阶层或任何其他团体手中。必须有一个政府，它可以是君主制的、贵族制的，或民主制的，但它的统治权来自人民，而且只有在人民乐意的情况下，它才能行使这种权力。”③

在近现代国家，人民主权观念可谓是最有力的思想武器，但是，对于人民行使主权的方式，英国启蒙思想家洛克与卢梭产生了理论分野，他们都基于自然法和社会契约论认为主权在民，不过，卢梭主张直接民主，认为主权不可代表，很显然，卢梭所主张的直接民主仅付诸少数国家或个别时期、有限领域；与之相对应，洛克则认为，将执行权和外交权交给政府，立法权则委托政府之

① ［法］卢梭．社会契约论［M］．何兆武，译．北京：商务印书馆，1982：36－45.
② 同上，第 76 页。
③ 同上，第 136 页。

外的议会，并且立法权居于优越的地位，即议会主权。因此，洛克主张间接民主，以“人民—议会—国家”为三阶段展开，形成“国民主权原则—议会民主主义—依法行政原理”为基础的立宪体系。实践中，民主宪法政治及其附着的议会民主主义理念，成为立宪主义不可抗逆的主流，被世界绝大多数国奉为圭臬。① 历史雄辩地证明，在集体选择中，主流的是由自己同意的代表参与公共事务管理的间接民主，即代议制民主；至于每个个体都直接参与、全民公决的直接民主作为整个国家体制是不可行的，仅能被审慎地作为有限补充。② 但是，代议制的间接民主无法回避的是委托代理问题，此时，如何抑制代理人败德行为便成为民主的核心议题。③ 一般认为，“立法机关制衡行政机关的其中一个主要方法，便是制定法律——对行政机关有约束力的法律，要求行政机关遵守和执行”。④

“人民主权”理念讨论的是国家公共权力的主体归属问题，是一种权力正义或合法性的追问。在人民主权理念产生以前，政治权力的执掌处于一种非正义状态：“当世界处于早期蛮荒时代，人们主要还是看护成群的牛羊的时候，一群歹徒就可以轻而易举地侵犯一个国家并强令它进贡。这样建立起他们的权力之后，匪帮头子就偷偷把强盗这个名称换成了君主；而这就是君主制和国王的起源。”⑤ 人民主权理论的出现，为这种强权政治画上了一个清晰的句号，从国家正义层面为合法执掌权力提供了判断基准。正如《人权宣言》所表达的：“国民是一切主权之源；任何个人或任何集团都不具有任何不是明确地从

---

① 李鸿禧．议会民主主义之虚像与实像——其病理与生理之剖析［M］∥宪法与人权，台北：元照出版有限公司，1999：63－95.

② 刘军宁．直接民主与间接民主：近义，还是反义？［M］∥刘军宁等．直接民主与间接民主．北京：生活·读书·新知三联书店，1998.

③ 闫海．公共预算的过程、机构与权力——一个法政治学研究范式［M］．北京：法律出版社，2012：56.

④ 孙笑侠．法律对行政的控制——现代行政法的法理解释［M］．济南：山东人民出版社，1990：20－21.

⑤ ［法］卢梭．社会契约论［M］．何兆武，译．北京：商务印书馆，1982：24.

国民方面取得的权力。”① 不过，正如托克维尔所指出，“人民主权原则，一向或多或少地存在于几乎所有的人类社会制度的深处，通常隐而不现。人们服从它，但又不承认；即使有时它在片刻之间出现，人们也会立刻赶忙把它送回到圣殿的幽暗的角落”。②

“人民主权”的本质是确立人民在国家政治权力体系中的主体地位。一切权力必须来源于人民的授予，成为任何国家政权唯一的合法性基础。国家权力应该充分体现人民意志，公民不仅有权参与政治，而且有权更换政府，在与人民订立的契约遭到破坏时，人民有权反抗，有权收回交给政府的权力。正如美国宪法学家路易斯·亨金所提出的：“一个合法的政治社会应该基于人民的同意，这种同意应该在人们为建立政府而达成的社会契约中反映出来。这种社会契约通常采取宪法的形式，而宪法又会确定政制构架及其建制蓝图。通过立宪性契约，人们同意受统治。”③

在我国，作为社会主义国家，人民主权理论最基本的表现就是践行中国共产党领导下的人民代表大会制度，人民代表大会是国家权力机关，统一行使国家权力，其他国家机关都由其产生，对其负责，受其监督。从本质上讲，国家权力属于全体人民，是不可分割的，而人民行使主权的机构是人民代表大会。因此，《宪法》第 2 条、第 3 条规定，人民代表大会制度是我国的根本政治制度，全国人民代表大会是国家的最高权力机关。

不过，如果说议会（在我国是人民代表大会）与政府是在人民主权理论基础上的现行的国家职能部门间形成科学分工、相互制衡、权责一致、运行协

① 《人权宣言》，1789 年 8 月 26 日颁布，是法国大革命时期颁布的纲领性文件。《人权宣言》以美国的《独立宣言》为蓝本，采用 18 世纪的启蒙学说和自然权论，宣布自由、财产、安全和反抗压迫是天赋不可剥夺的人权，肯定了言论、信仰、著作和出版自由，阐明了司法、行政、立法三权分立、法律面前人人平等、私有财产神圣不可侵犯等原则。

② ［法］阿列克西·德·托克维尔．论美国的民主［M］．董果良，译．北京：商务印书馆，1988：61.

③ ［美］路易斯·亨金．宪政·民主·对外事务［M］．邓正来，译．北京：生活·读书·新知三联书店，1996：7.

调的良性互动机制，那么，公众参与也是一种权力分享的过程。在某种程度上，公众参与才是法国思想家卢梭所提出的直接民主的真实体现。“公众参与本质上是促使每个个体在他自己的特定条件下成为自己的主人，而不是培养个体去适应一个既定的模式。理论上说，所有参与的公民都将成为优秀的、名副其实的民主社会的建设者。”①

从行为主义的角度看，公众参与是在原有的政府、立法机构之外，引入了新的行动者，也引入了新的利益诉求和回应机制。在这个过程中，公众的行动逻辑同样会遵循利益衡量等原则，寻求自身利益的最大化。对于立法机构、行政机构而言，公众参与意味着原有的权力结构将会改变，必须适当将权力回归于公民。作为行动者之一，公众参与使公共决策由专业化、标准化的封闭系统转向开放性的、包含了民意的有效表达与综合、也强调社会回应的决策过程，为社会公众参与政治过程提供了一个有效的决策平台和参与机会，能够通过鼓励民众直接参与到公共政策的决策过程之中。在权力的分享过程中，参与的实际效果与政府的开放程度、政府与民众的沟通机制以及公众的参与意愿和能力等密切相关。

在现代民主社会中，政府与公民、政府与社会，虽然形式上是法权关系，但在本质上是一种契约关系和“委托—代理”关系。那么，怎样才能实现委托人对代理人实现委托人目标的强有力控制？从制度设计来看，可以有两条路：一是选举制度，通过投票活动建立代理人及其执行者对于公民的受托责任，即“用手投票”；二是政府间竞争范式，公民可以选择离开不负责任的政府管辖地区，即蒂伯特所说的“用脚投票”②。但是，公共选择理论等已经充

---

① 周景颢．公民参与［M］//华世平．西方人文社科前沿：政治学．北京：中国人民大学出版社，2007：123.

② “用脚投票”一词来源于股市，最早由美国经济学家查尔斯·蒂伯特（Charles Tiebout）提出，是指在人口流动不受限制、存在大量辖区政府、辖区间无利益外溢、信息完备等假设条件下，由于各辖区政府提供的公共产品和税负组合不尽相同，所以各地居民可以根据各地方政府提供的公共产品和税负的组合情况，自由选择那些最能满足自己偏好的地方定居。也就是说，居民可以“用脚”（指迁入或迁出某地）来给当地政府投票。

分证明无论是用手投票，还是用脚投票，都无法真正彻底地解决代理人的受托责任问题。由于信息不对称和多层委托代理链的存在，使得委托人仅拥有法律上和政治道义上的权力，而代理人却往往拥有超越其边界限度的权力。这需要通过一条切实可行的路径来沟通信息，缩短委托代理链。

从理论上看，公众参与的过程，主要就是通过问卷调查、公民咨询委员会、公民小组、公众听证会等渠道，将社会公众纳入权力分享的过程，在公众与政府之间搭建一个对话的平台，沟通公众与政府之间的信息联系，缩短了委托代理链。因此，公众参与更是人民主权的体现，没有人民主权理论作为基础，公众参与就会失去本源性的制度意义。换言之，我们所理解的人民主权，一方面表现为代议制之下的间接民主，另一方面就是社会公众直接参与权力分享的过程。

二、 预算民主的意义和形式

民主是一种现实的制度安排，目的是使社会大众获得一种良好的参与政治决策的途径；民主也是基于“有效的参与、投票的平等、充分的知情、对议程的最终控制、成年人的公民资格”① 的一种决策程序和决策规则，通过平等投票的方式，以保证政府的决策最大限度地体现社会最大多数人的利益和诉求。预算民主就是指建立这样的一种预算制度，在该制度下，政府的收支行为都是置于人民及其代议机构的监督之下的。这种预算制度将从外部对政府预算进行政治控制，使得政府预算能够实现公共责任。② 因此，预算民主是保证政府预算收支正当性和合法性的政治渠道，其表现形式与民主的表现形式密切相关，可以是通过代议制的形式表现，也可以公众参与的方式直接参与到预算过程之中。

---

① ［美］罗伯特·达尔．论民主［M］．李柏光，林猛，译．北京：商务印书馆，1999：43.

② 马骏．预算民主：中国预算改革的政治基础［M］∥马骏．中国公共预算改革：理性化与民主化．北京：中央编译出版社，2005：31.

（一）预算民主的意义

预算民主是我国社会主义民主政治的重要内容，也是国家政治建设过程中的重要步骤。建立一个有能力和负责任的国家，是现代国家建设的基本目标。国家能力一般包括两个方面，即汲取财政收入的能力和使用财政资源的能力。只有国家充分具备汲取财政收入的能力和使用财政资源的能力，才能有效地实现国家的职能目标。从经济学的角度来说，财政预算关系到纳税人切身的经济利益，纳税人关注财政预算的分配和效率问题，在客观上也促进了社会公众对预算民主的要求。① 从政治学的角度看，预算民主是以政治民主和经济民主为基础，强调一种以财政预算为纽带，把社会的政治民主和经济民主理念贯穿起来而形成的复合型民主机制和价值追求。

1. 预算民主是经济持续稳定发展的重要保障

人类社会发展的经验证明，经济发展与民主没有直接的关系，民主制度不是经济发展的必要条件，有时威权统治比民主政治更有利于经济的发展。甚至在民主化过程中，有时还会反向影响经济发展。正如印裔著名经济学家巴嘎瓦蒂所认为，落后国家不得不面对“快速发展与民主进程之间的残酷选择”。②

不过，威权体制下的经济成功往往只是阶段性的，很难带来最后的成功。只有将经济发展纳入确定性轨道，我们对未来才会有明确的预期，就像高速行驶的列车，只有牢牢把控住开启的程序和轨道才会是安全的。但是，由于威权政治具有强烈的短期优势，因此具有很强的迷惑性。社会发展并不取决于短期的经济成功，而是需要持续不断的发展态势和潜力。在威权政治下的短期经济发展并不能说明问题，一个发展中国家必须不间断地保持良好的经济运行，创造几十年接着几十年的成功，才能成为发达国家。③ 这使人们想起了托克维尔

---

① 罗昌财．中国政府预算民主化改革研究[D]．西南财经大学2010年博士学位论文．

② 转引自：王绍光．民主四讲[M]．北京：生活・读书・新知三联书店，2008：24.

③ 蔡定剑．论深化政治体制改革的迫切性[J]．中国政法大学学报，2008（3）．

的名言："行政集权在短期内可能把国家一切可以使用的力量聚集起来，迎来战争的凯旋，但是，却无益于一个民族的持久繁荣。民主的政府，他相信经过时间的推移会显示它的实力。"①

另外，一个国家的民主活力与它的社会结构密切相关。如果财富和知识都集中在少数社会精英的手中，这样的社会结构不利于民主。如果贫富差距不断扩大，建立民主制度的基础就会越发脆弱，经济发展的稳定性和可持续性就难以保证。政府和官员在缺少民主制约机制而存在巨大利益的诱惑下，会越来越谋求私利，与此同时，腐败会沉重地打击人民对政府的信赖，政府在政治改革中所需要的权威和公信力会随着这些矛盾冲突而不断削弱。如果执政者能主动抓住机会，在自己有威信和能力时进行改革，就能够避免危机；如果统治者不能审时度势地抓住时机，它自然就会丧失对改革的主导权，其结果是统治者会被社会抛弃，而社会也会陷入危机。②

财政预算作为汲取和配置资源的民主政治程序，一方面，它可以有效地防止财富和知识集中到少数精英手中，避免社会贫富分化的失控；另一方面，它能有效限制权力滥用，监督政府和官员在面对巨大利益诱惑时保持克制与自制。因此，从本质上看，预算民主是经济持续稳定发展的重要保障。

2. 预算民主是实现政治合法性的重要前提

几千年以来，中国封建政权都是建立在传统的宗族身份基础之上的。传统政治的合法性基础，随着现代社会的发展而逐渐遇到危机。

中国的合法性危机始于辛亥革命。辛亥革命推翻了封建王朝，也动摇了封建社会赖以生存的文化基础——身份取向的传统合法性。在新中国成立前，民族独立与国家的统一始终是中国社会追求的目标，相应地，中国的主要政治势力从民族主义中寻求合法性。新中国成立后，共产主义意识形态成为社会主义

① 蔡定剑．论深化政治体制改革的迫切性[J]．中国政法大学学报，2008（3）．
② 同上。

国家的合法性基础，人民当家做主、全心全意为人民服务和无产阶级民主专政成为社会主义中国的政权基础。

当前，中国特色社会主义进入了新时代，我国社会主要矛盾已经转化为人民日益增长的美好生活需要和不平衡不充分的发展之间的矛盾。我国稳定解决了十几亿人的温饱问题，总体上实现了小康，不久将全面建成小康社会，人民美好生活需要日益广泛，不仅对物质文化生活提出了更高要求，而且在民主、法治、公平、正义、安全、环境等方面的要求日益增长。同时，我国社会生产力水平总体上显著提高，社会生产能力在很多方面已进入世界前列，更加突出的问题是发展的不平衡不充分，这已经成为满足人民日益增长的美好生活需要的主要制约因素。我国社会主要矛盾的变化对党和国家工作提出了许多新要求。对此，党的十九大报告指出："必须坚持人民主体地位，坚持立党为公、执政为民，践行全心全意为人民服务的根本宗旨，把党的群众路线贯彻到治国理政全部活动之中，把人民对美好生活的向往作为奋斗目标，依靠人民创造历史伟业。"从财政预算的角度来看，执政能力和政府的收支活动是紧密相关的。如果政府能将财政收入有效地配置到民众需要的公共服务领域，真正做到"取之于民，用之于民"，那么，执政党的执政能力就会得到加强，民众的支持程度就会更高。

从历史的角度观察，民主与公共预算可谓相伴而生，公共预算是在与王权的斗争中产生和发展的，并且成为支撑现代民主的重要制度之一，但是形骸化的预算不过一堆废纸，预算作为民主工具的价值发挥取决于预算本身的民主化。[①] 预算民主应体现在预算编制、审批、执行及决算等全过程，比如民主参与预算编制、民主监督预算执行等，"预算乃行政机构的生命之源"。[②] 为此，就必须进行预算改革，推进预算民主。

---

① 闫海．预算民主——预算审批权为中心的构建[J]．重庆社会科学，2007（4）．

② ［美］肯尼思，F．沃伦．政治体制中的行政法（第3版）［M］．王丛虎，等译．北京：中国人民大学出版社，2005：37.

3. 预算民主是提高国家治理能力的基础

提高国家治理能力，必须兼顾汲取财政收入和使用财政资源这两个方面的内容。国家只有足够的财政资源才能有效地实现其目标，这就要求国家要有很强的筹集财政收入的能力。但是，国家的各项职能必须要通过预算支出才能实现，所以，仅有很强的筹集能力并不能确保政府政策目标和取得收入的合法性，“涸泽而渔”早已成为历史的笑柄，虽然国家在理论上被较早地假设为满足公共欲求的基本工具之一，但是如果欠缺有效的约束机制，掌权者们往往将个体的私人欲求凌驾于公共欲求之上，甚至吞噬全体的公共欲求。

民主预算制度是保证合法性的唯一途径。显然，政府政策目标的合法性依赖于人们对预算参与的民主制度。在民主社会中，政府政策的实质是民众个人意志的集中和汇总，也就是财政学中所说的公共品偏好的显示和汇总，这需要一个公共选择和公共决策的程序才能完成。收入的合法性问题从政治上说，涉及执政者的政治文化、执政资格的伦理问题，从经济上说，也是衡量一种制度征税成本大小的依据。按照柏茨和赖恩的观点，如果纳税人对政府的征税是一种自愿性遵从的话，则征税的成本会下降。所以说，收入合法性问题实质上就是体现“不同意不纳税”和“无代表不纳税”的税收“议会中心主义”精神。① 从这个意义上说，国家的治理能力在很大程度上取决于其预算的民主化程度。

另一方面，预算的民主决策和对政府预算实施监督是提高预算制度有效性的重要方面，实际上也就是落实“财政问责”。对于政府来说，财政问责是政治问责的实质性内容。从问责制度本身的属性看，问责的有效性必须包括两个方面：可回答性和可实施性。可回答性是指应当负责的官员必须要提供关于他们行动的信息，并就这些行动的合法正当性进行解释；可实施性是指“问责机构”有权力根据官员行动的成效好坏对相应的机构和官员进行奖惩。② 历史

---

① 王绍光，马骏．走向“预算国家”——财政转型与国家建设[J]．公共行政评论，2008（1）．
② 同上。

证明，可回答性和可实施性的条件都必须在民主的预算制度下才能得到保证。

（二）预算民主的形式

从民主制的分类和历史发展来看，人类实现民主的形式可以分为两大类：间接民主和直接民主。根据赫尔德的观点，不同的民主模式可以被合理划分为两大形式：一是直接民主或参与民主，即公民可以直接参与公共事务决策的制度。二是自由民主或代议民主，即一种在“法治”框架下通过选任的官员来代表公民的利益及观点而实行统治的制度。① 在财政预算领域，预算民主的形式可划分为基于代议制的民主和公众直接参与的民主两种形态。

1. 基于代议制的预算民主

预算制度与议会制度可谓是现代民主政治制度的滥觞，如果说议会制度是现代民主政治的基石，那么预算制度则是民主政治的肇因，因此，当今世界各国的民主政体政府，基本上都是由民意代表机关（议会）来监督控制政府财政预算的编制与执行。立基于人民主权思想，预算民主让人民依法通过特定的程序和方式行使权力，参与国家重大政策决定，参与政府的预算编制，并对日常的预算执行进行监督。通过对财政预算案的审议和监督，人民才能享受到“当家做主”的滋味，才能真切体会到“民主”的意义。

从议会制度的发展历史可以发现，包括预算制度在内的财政制度与议会民主制度的发展可谓相辅相成、并驾齐驱。以英国宪政发展史为例，最初就是为限制国王征收租税权力的运动，后来才逐步确立国王也受法律约束的原则。近代国家在实行议会民主制度的同时，大多也将议会审议国家岁入岁出的权力纳入宪政体制之中。随着人民主权原则的确立和民主制度的发展，人民不仅仅只有被动同意执政者预算案的权利，如何促进政府提出人民需要的、喜爱的财政支出，甚至主导预算内容；如何监督政府不背离预算，避免财政运营脱离预算限制，从而损

---

① ［英］戴维·赫尔德．民主的模式[M]．燕继荣，等译．北京：中央编译出版社，1998：6.

害国民财产权等基本权利，成为近代财政乃至于预算制度变革的重心。①

国家预算的编制、审查与执行，不仅牵涉国家有限资源的有效分配与合理运用，更攸关政府施政方针和全民福祉，甚至影响一个国家的整体竞争力。②在现代民主国家，预算审议权归属于立法部门，在实践中和法理上都没有太多不同意见。为了防止政府专擅、控制不必要的浪费支出，造成国家财政、人民税赋上的沉重负担，赋予代表人民的立法机关有审查决议政府所提预算案的权力就很必要。

在19世纪欧洲立宪主义影响下，政府权力的行使开始受到立法机关议决的预算和法律的制约。直到现在，民主国家中立法机关最重要的职权之一仍是通过预算案议决权制衡行政权。权力制衡理论的基本内容是通过对权力集中于同一人或者同一个机关之手的否定，确保个体自由。其理论渊源可以追溯到古希腊的亚里士多德。17世纪英国启蒙思想家约翰·洛克将其作为一种政府理论正式明确提出。18世纪法国思想家孟德斯鸠将这一理论发扬光大，为西方现代权力分立与制衡制度奠定了理论基石。这一理论强调制度结构，核心便是通过权力分设，以权力制约权力，从而防止权力的滥用。18世纪至今，这一理论不断得到完善，形成了系统化的理论体系，并在西方社会实践中被广泛应用。“政府进行统治，议会进行监督”已成为现代西方国家政治体制运行的一般原则。凭借预算审议权，立法机关审查议决通过的预算案，本质上是一种对政府的授权，使政府能为了达到一定施政目的而支用由立法机关同意的预算。由于国家总预算的最终同意权单独掌握在立法机关手中，使得立法机关成为国家预算的主宰者。在今天，人民不仅要求政府能够促进经济发展，而且要求政府在社会福利、教育文化和环境保护等各方面都要积极的作为。倘若预算经费的编列不符合民众的需求，人民可以积极地通过立法机关行使预算审查议决权

---

① 高玉琢．政府预算中的宪政问题研究[D]．苏州大学2008年博士学位论文．。

② 洛桑国际管理学院（IMB）和世界经济论坛（WEF）都将政府预算与财政稳定与否等相关指标，列入整体评估国家竞争力的清单中。

来督促政府施政。财政预算已不是单纯的一个财政收支计划，其意义已扩展到揭示政府施政目标。

民主国家与专制国家最大的不同在于立法部门（议会）的介入，基于制度设计，行政机关必须向立法部门（议会）负责；行政机关编制的预算草案，必须经议会的审议通过后才具有法定效力，行政机关才可以执行。现代民主国家在实施统治时，都必须依赖于被统治者的同意或支持，也就是必须具有实施统治的“正当性”。至于民主的方式，由于直接民主在实际运作上有技术性的困难，所以不得不采取由人民选举民意代表组成议会来行使同意权——这就是所谓的“间接民主”。议会对于国家的财政有决策参与权，就是“财政民主主义”[①] 或“财政议会主义”。[②] 除了公民直接投票以外，财政预算的决策结果是否与人民的偏好相契合，和预算审议的质量有直接关系。由于在预算编制阶段，非民选的行政官员对于人民的公共需求感受不太敏锐，所以，必须通过预算审议过程中议员（人大代表）的有效督促，才能充分回应人民的需要。

2. 基于公众参与的预算民主

一般而言，财政预算过程包括五个阶段：确定发展目标、形成预算申请和预算草案、在各种申请中进行选择、预算执行、评估与控制。[③] 从理论上讲，其中任何一个阶段，社会公众都是可以参与的。但是，长期以来，社会公众一

---

① 财政民主主义是指人民代表机关对公共财政进行决定、管理、监督的重要原则。民主的目的在于保障社会公民的需求。财政民主的目的在于保证人民真正享有管理国家财政的权力，社会公众对财政资金运行问题有自由发表意见的权利。财政民主主义所要求的是人民通过一定的方式对重大财政事项的决定权。在现代社会，由于人民行使权力的机构大多是由人民代表所组成的议会，因此财政民主主义又被称之为财政议会主义，其直接的要求是，一国的重大财政事项必须经过议会的同意才能付诸实施，否则即属于违法。我国《宪法》第 2 条规定：“中华人民共和国的一切权力属于人民。人民行使国家权力的机关是全国人民代表大会和地方各级人民代表大会。人民依照法律规定，通过各种途径和形式，管理国家事务，管理经济和文化事业，管理社会事务。”因此，从渊源上看，财政民主主义在我国法律体系中是具有法律依据的，它其实只是宪法的人民主权理论在财政法领域的落实和体现。

② 高玉琢．政府预算中的宪政问题研究[D].苏州大学 2008 年博士学位论文．

③ 马骏，赵早早．公共预算：比较研究[M].北京：中央编译出版社，2011：650.

直是被排除在所有或者至少是绝大部分财政预算过程外。财政预算一直披着神秘的面纱，很多国家都存在预算“黑箱操作”的现象，令普通社会公众无机会了解、参与以及管理政府预算。我国《预算法》第45条规定：“县、自治县、不设区的市、市辖区、乡、民族乡、镇的人民代表大会举行会议审查预算草案前，应当采用多种形式，组织本级人民代表大会代表，听取选民和社会各界的意见。”我国《宪法》对参与权进行了明确规定，参与权成为公民的一项基本权利，体现了主权在民的理念，也为参与式财政预算提供了宪法依据。

公众参与预算的兴起使得社会公众开始从一个预算过程的旁观者变成了参与者和决策者。尽管不少研究都倾向于认为社会公众参与预算是在巴西发起的，但是，早在20世纪60年代社会公众参与预算就在美国地方一级开始出现。不过，美国的社会公众参与预算存在多种形式，某些参与方式并未使得社会公众能够影响地方政府的资金分配，因而也不符合那些主要根据巴西经验而界定的社会公众参与预算的要求。①此外，美国的社会公众参与预算也没有像美国其他的预算模式（例如零基预算等）那样在实践层面引起广泛的国际关注。②

20世纪80年代末，巴西开始在市政层面试验社会公众参与预算，将部分资金的决定权交给社会公众。巴西的参与预算引起了广泛的国际关注，不仅其他拉美国家纷纷引入巴西的社会公众参与预算，中国，北美的加拿大，欧洲的英国、法国、西班牙、葡萄牙，以及一些非洲国家的城市都在不同程度上借鉴和吸纳了巴西社会公众参与预算的经验。③

总的来说，各国的社会公众参与预算主要都是在地方政府层面开展的，尤其是城市或县这一层面。④这主要是因为，一方面，只有在这个层面社会公众

① 张雷．我国参与式预算的现状分析[J].学理论，2014（5）.

② 马骏，赵早早．公共预算：比较研究[M].北京：中央编译出版社，2011：650.

③ 王秀华．参与式财政预算理论与实践[J].合作经济与科技，2011（2）.

④ 赵早早，杨晖．构建公开透明的地方政府预算制度研究——以无锡、温岭和焦作参与式预算实践为例[J].北京行政学院学报，2014（4）.

才有充足的兴趣以及足够的能力参与预算。地方政府直接面向社会公众，提供公共服务，社会公众的生活质量深受地方政府供给的公共服务影响，社会公众既是这些服务的消费者，也是这些服务的资金供给者，因此，他们既有动机也有必要的信息和体验来参与地方的预算决策。另一方面，在这一层面开展社会公众参与预算的参与成本比较低，也比较可行。

尽管各国的进展不同，而且即使在一个国家内部，不同城市之间实施的社会公众参与预算也各有差异，但是，总的来说，真正的社会公众参与预算，要求社会公众能够真正地参与到预算决策过程中去，社会公众的意见能够影响预算资金的分配。[①] 正如一个专门收集全球范围社会公众参与预算信息的网站[②]所定义的：从根本上讲，参与预算是指将预算决策交给受预算影响的社会公众。绝大多数广为人知的参与预算的案例都涉及城市政府将市政预算的决策交给社会公众大会，例如整体的支出重点和选择新的投资。其他的案例则主要集中在学校预算、住房项目预算、合作组织和非营利组织的预算领域。参与预算包括一个民主协商和决策的过程，在这个过程中，普通的城市居民通过一系列地方大会和会议决定如何分配一部分公共预算。

不过，由于参与式预算具有价值取向的多元性、利益博弈的多重性、配套制度的多维性及项目质量缺乏可度量性等特征，其在实际实施过程中需要具备一些硬性条件。基于对各国经验的分析，有学者认为，参与式预算必须具备四个方面基本条件：[③]

（1）宽松的政治环境与丰厚的社会资本。行政管理者必须有坚定而明确的政治意志，并将其制度化，才能保证改革的持续性与有效性；实施地区须拥有雄厚的社会资本（即成熟的公民社会组织的支持和公民的积极参与），才能

---

① Inter America Development Bank. 2005. Assessment of Par Downloaded on July 5, 2009, http://idbdocs org/wsdocs/ getdocur.

② 该网站的地址是：http://www. participatorybudgeting. org.

③ 陈家刚．参与式预算的理论与实践[J]．经济社会体制比较，2007（2）．

促进参与式预算所需依赖的结构与制度安排的形成，提高项目执行效率。这一社会资本不仅依靠该地区的原始积累，还需要政府的培育。

（2）充足的可支配资金。政府必须拥有足够的资源保证公民选择的公共项目能顺利实施，且这种可支配资金越多，公民在选择公共项目方面能发挥的影响力就越大。

（3）通畅的信息沟通渠道。社会公众能以相对较低的成本获得政府预算信息，这是合作博弈行为能够发生的基本前提之一。

（4）预算讨论的额度、阶段、时限和决策规则，责任、权威和资源的分配方式，参与式预算委员会的构成，政策的优先性等由民众决定。

近年来，一些发展中国家通过制定法律和政策的方式，要求地方政府在公共预算过程的前两个阶段吸纳社会公众参与。其中一个比较流行的方式就是社会公众参与计划过程，也就是说，通过社会公众参与的方式制定政府的经济和社会发展计划，然后在计划的基础上制定预算决策，开展预算执行。例如玻利维亚的《大众参与法》规定："地方人民在市政层面参与……社会和经济项目的计划。"在南非的市政一级，社会公众参与个完整的计划过程，以使得社会公众能够保护他们规划自己未来的权利，并促成他们在这一领域的远景的实现。但是，即使法律和政府的政策进行了这方面的规定，社会公众实质上也是经常被排除在预算过程之外的。① 主要原因包括：

第一，社会公众实质上并没有被真正赋予参与的权利，政府也未帮助社会公众理解预算过程，反而使之显得非常神秘或费解。

第二，参与机制的设计存在问题，例如，经常使用的社会公众会议没有定期化，而且是和预算过程相分离的，社会公众的需要并不能影响预算决策。

第三，没有一种机制来保障社会公众参与形成的计划会对预算决策产生影响，如此，官员在进行预算决策时就没有动机去考虑社会公众参与形成的

① 马骏，赵早早．公共预算：比较研究[M]．北京：中央编译出版社，2011：653.

计划。

第四，即使社会公众参与了预算过程的前两个阶段，但是，由于不能介入影响其他三个阶段，尤其是做出预算决策的阶段，社会公众参与形成的计划就不能对预算过程产生影响，社会公众参与也就不能影响地方官员的活动选择。[①]

三、 预算民主的限度

马克思曾经指出，在我们面前有两种权力：一种是财产权力，也就是所有者的权力，另一种是政治权力，即国家的权力。应该说，“国家权力在经济上实现自己的形式就是税收，人民权利在经济上实现自己的形式主要是针对国家的财产权”。[②] 正如洛克所言，“政府没有巨大的经费就不能维持，凡享受保护的人都应该从他的产业中支出他的一份来维持政府。但是，这仍须得到他自己的同意，即由他们自己或他们所选出的代表所表示的大多数的同意。因为如果任何人凭着自己的权势，主张有权向人民征课赋税而无须取得人民的那种同意，他就侵犯了有关财产权的基本规定，破坏了政府的目的。”[③] 可见，预算民主的实际内容就是私有财产权对国家财政权的制约。

不过，公民在行使个人权利时要有清晰的边界，西方有谚语称：“你的权利止于我的鼻尖”，只有在一个崇尚理性、尊重边界和规则的社会中，人们才能真正获得追求幸福和梦想的权利。因为预算民主的实质在于私有财产权对国家财政权的制约，那么，制约的边界在哪里？或者说，预算民主的限度在哪里？这不仅是关乎议会制度自身命运的重要问题，也是一个国家宪法政治制度的头等大事。

---

① Andrews, Matthew, Anwer Shah. 2005. Toward citizen-centered local-level budgets in World R, countries. In Anwer Shah. Eds. Public expenditure analysis. Washington, D. C.: The World Bank.

② 李龙，朱孔武．财政立宪主义：我国宪法时刻的理论基础[J]．法学杂志，2004（3）．

③ ［英］洛克．政府论（下篇）［M］．叶启芳，瞿菊农，译．北京：商务印书馆，1964：88.

从权力属性出发，尽管议会是财政预算的最终审批者，但是，这并不意味着应该赋予议会绝对的、不受制约的预算权力。其中的道理非常简单，绝对的权力必然产生绝对的腐败，不仅政府官员喜欢花钱，议员也喜欢花钱。而且，由于议会是一个权力相对分散的机构，因此，如果赋予议会绝对的预算权力，那么，对公共资金进行掠夺的预算决策将会泛滥。

基于公共选择理论，在公共预算中必定充满着各种预算机会主义行为。比如，尼斯坎南在1971年出版的《官僚制与代议制政府》一书中提出一个关于官僚机会主义行为的理论。尼斯坎南指出：官僚们关注官位的特权、公共声誉、权利和管制，这些与官僚的预算规模大小呈正比，所以，官僚们的目标是追求预算规模的最大化。[①] 尼斯坎南的官僚模型从公共选择论的角度，解释了长期以来为什么政府支出（公共支出）一直在增长。不过，除此之外，议会议员也可能在预算领域采取机会主义行为。[②]

议会议员在预算上的机会主义行为主要体现在，议会及议员不能很好地自我约束，从而导致支出的不断膨胀。这主要是因为，议员的一个主要动机是再次当选，为此，他们就必须要在任期内为他们的选区和政治支持者提供某种好处。由于每个议员都有相同的动机，因此，对于他们来说，最好的策略就是互相为对方的支出项目提供政治支持，从而就容易在议会的预算交易中形成某种“互惠”规则。[③] 正如威尔达夫斯基所形容的，议员们之间互相“你给我搔痒，我给你搔痒”。[④] 这种互相帮忙的结果就是公共支出的膨胀。

当然，对这种典型的公共选择分析，公共预算学者也提出了质疑。例如，鲁宾教授就指出，再次当选对于某些议员来说并不是最主要的，在他们看来，

① ［美］威廉姆·A. 尼斯坎南．官僚制与代议制政府［M］．王浦劬，译．北京：中国青年出版社，2004：5.

② John Bartle，Jun Ma. 2001. Applying Transaction Cost Theory to Public Budgeting and Finance. In John Bartle. Eds. Evolving theories of public budgeting. New York：JAI Press.

③ 马骏，林慕华．现代议会的预算修正权力［J］．中国改革，2007（6）．

④ Wildavsky，Aaron. 1964. The politics of the budgetary process 1st. Boston：Litle.

为社区服务是最主要的，他们也非常关心社会的公共利益。另外，即使议员的主要动机是追求再次当选，他们也不一定非要用增加支出来实现这一目标，因为减税同样也可以达到目的。最后，某些议员并不担心落选，因而他们比较能够独立于选区的压力。然而，即使鲁宾教授也并不否认议员之间存在互相为对方的支出项目提供支持的现象，只不过她认为这种互惠交易导致的支出增加的现象正在减少。但是，如果不能否定互惠交易存在于议会内部，那么，可以推导出这样的假设，互惠交易将会导致支出的膨胀，特别是在议会支配型预算模式之下。

从表面上看，议会支配型预算模式似乎是一种最能够确保公共预算实现财政问责的预算制度，但是，在议会支配型的预算体系中，议会不仅控制了预算审批权，而且可以自己提出资金申请或者与部门联合起来提出资金申请，这就为议员无节制的开支创造了条件，也使得政府无法约束议会在预算审批上的机会主义行为，最终导致支出失控，从而损害财政责任。比如美国，在进步时代预算改革前，州政府的各个部门准备自己的预算，然后直接提交给州议会的拨款委员会，最后，由议会直接给各个机构分别拨一笔预算。在预算执行中，官僚部门通常都是追求预算最大化的，因为充裕的经费不仅可以帮助机构改进机构整体的福利（包括办公条件等），而且有助于机构的负责人运用经费来消除和缓解结构内部的各种冲突和矛盾。在议会支配模式下，无论是政府还是议会，都没有一个核心的预算审查机构来审查机构的预算。因此，这种模式使得美国州政府的支出在 20 年的时间内增长了 650% 。联邦政府一级也是一种国会支配型的预算体制，总统在预算领域几乎没有发言权，各个政府部门之间和议会中的各个委员会讨价还价，确定预算拨款。这种分散和碎片化的预算过程也使得联邦政府的支出不断膨胀。在 19 世纪最后 1/3 的时间里，平均每年政府支出为 2 亿 ~4 亿美元。然而，从 1899 年到 1912 年每年的政府支出已经高达 5 亿 ~7 亿美元。①

① 马骏，赵早早．公共预算：比较研究[M].北京：中央编译出版社，2011：130.

1992年，经济学家冯·哈根在研究了西方国家控制支出和赤字的绩效之后，得出如下结论：议会在预算审批阶段的权力及影响较大，将会弱化财政纪律。① 具体而言，在支出和赤字控制比较好的国家，都具有两个基本特征：预算机构的独立性较高，议会在预算中的权力受到约束。随后的研究将更多的OECD国家②纳入分析，也得出了同样的结论。这些研究实际上都持有一种议会机会主义的假设。在这些研究者眼里，为了强化财经纪律，控制支出和赤字，似乎就需要限制议会在审查批准预算中的权力和影响。

不过，也有学者对此进行了批评和反驳。比如，德国学者魏纳指出，议会并不是唯一的推动支出增长的力量，在某些情况下，议会也能够在控制政府不负责任的支出方面发挥作用。即使在某些情况下，议会在预算形成的过程中扮演的角色过于积极，也确实导致了财政状况的恶化，但从吸纳更多公众的意见和需求以达成全社会的共识这一角度来看，这种代价也许是值得付出的。议会是一个从公民社会中吸取各种积极意见的重要渠道，它为各种商业组织、学术界、公民组织和政策群体进入预算过程提供了一个“进口”。实际上，如果一个国家已经将总额控制或加强财经纪律确定为预算管理的重要目标，那么，议会也可以在加强财经纪律上发挥积极的作用。③

过度限制议会的预算权是错误的，这样做违背现代民主制度的原则。然而，议会机会主义的确也是存在的。一个好的制度设计不能将不受限制的预算权力赋予任何一个预算参与者，无论是政府还是议会。在现实中，的确也存在着一些必要的对议会预算权的限制。不过，其中某些限制一直都充满了争议，

① Von Hagen, Jorgen. 1992. Budgeting procedures and fiscal performance in the European Community. Economic papers 96, Commission of the European Communities.

② 经济合作与发展组织（Organisation for Economic Co-operation and Development）简称经合组织（OECD），是全球30个市场经济国家组成的政府间国际经济合作组织，总部设在巴黎。

③ Wehner, Joachim. 2008. Assessing the power of purse: An index of legislative budget institutions. In Rick Stapenhurst, Riccardo Pelizzo, David M. Olson & Lisa von Trapp. Eds. Legislative oversight and budgeting: A world perspective. Washington, D. C.: The World Bank.

而且没有一个最佳的理论来解释。

同样，由于信息不对称、参与能力有待提高等多方面原因，普通公众参与预算往往只是一种美好想象，人们往往会把希望寄托在民意代表的参与上。从理论上说，公民选举出民意代表，他们有理由也有义务按照公民的公共需要去参与预算决策过程，也有权利对预算安排、预算政策进行审查监督，以维护公民的公共利益。但是在实际过程中，不仅民意代表的代表性是一个很大问题，而且民意代表是否真正具备参与、审议、监督预算的能力也是一个问题。

从中国的情况看，人大代表、政协委员作为民意代表，承担了集合民意、代表人民群众行使人民主权的功能，人大代表、政协委员作用能否充分发挥，某种程度上反映我国基本政体的优越性程度。但是，从实际情况看，人大代表对预算的审查监督权并不具备实质性的控制能力，更多的是体现为聚合民意、监督执行等功能，而政协委员在一定程度上更是民意代表而不是权力机关的人员，所以，在中国目前的现实情况中，发挥人大代表、政协委员在预算参与中的作用，使他们成为公众参与预算的整体性框架之最具可能性的组成部分。而增强这些民意代表的代表性、提高其参与能力则是当前紧迫的任务。

第二节　人民代表大会的预算审批权及其制度重构

审查与批准预算法案，是代议机关掌控公共财政资金的使用，以及截断政府滥用权力的物质来源，是威慑政府的一种有力手段；与此同时，通过代议机关的民意表现，体现民选代表和人民对政府的信任与支持，从而确保政府权力运作的正当性和经济基础。[①] 预算审批权由代议机关行使，是财政民主主义的重要体现，对此，台湾学者蔡茂寅指出其理由在于：一是国家活动所需之资

① 周志刚．论公共财政与宪政国家——作为财政宪法学的一种理论前言[M]．北京：北京大学出版社，2005：136－137.

金，最终仍由国民提供，国家所管理、使用之财产之原始资金亦系根源于国民，因此，此种接受国民“信托”之财产管理、运用，自然须受由国民代表组成之议会的统制；二是鉴于财政在经济上的重要性，于计划之初即有必要由议会参与决策；三是财政在政治上的重要性，甚至使财政计划俨然已成为政治活动的“节目表”，其重要性时逾于制定法，因此应与法律一般同受议会之统制。①

在我国，人民代表大会对预算案进行审议，是社会主义民主政治的当然之义，也是我国宪法认可和规范的事实，我国《宪法》第 62 条规定，全国人民代表大会行使“审查和批准国家的预算和预算执行情况的报告”职权；第 67 条规定了全国人民代表大会常务委员会行使下列职权：“在全国人民代表大会闭会期间，审查和批准人民经济和社会发展计划、国家预算在执行过程中所必须作的部分调整方案。”不过，随着近年来我国财政预算改革不断深入，关于人民代表大会预算审批权限的讨论如火如荼。作为我国的根本政治制度，财政预算显然无法绕开人民代表大会制度开展治理，在某种程度上，人民代表大会的预算审批权是财政预算治理的重要核心问题。

一、 人大审批预算的权限范围

我国《预算法》第 43—52 条，详细规定了财政预算的审查和批准。不过，总体上看，《预算法》只是在程序上确立了人民代表大会的预算审批权，至于到底如何审查和批准，审批权的广度和深度如何界定等问题，则完全没有明确。因此，对于预算审议权的范围经常出现明显的分歧，比如，人民代表大会是否具有预算修正权、是否仅有支出预算删减权，以及有预算修正权但是否应经行政部门同意等问题，目前存在明显的争论。值得注意的是，改革开放以来，国务院提交全国人民代表大会审查和批准的中央预算，从来都是只字未改

① 蔡茂寅. 财政作用之权力性与民主性——兼论建立财政法学之必要性[J]. 台大法学论丛，1995（4）.

地通过。对此，我们更需要从理论上深入探讨人民代表大会预算审批权的边界。

我国《预算法》第 27 条规定："一般公共预算收入包括各项税收收入、行政事业性收费收入、国有资源（资产）有偿使用收入、转移性收入和其他收入。一般公共预算支出按照其功能分类，包括一般公共服务支出，外交、公共安全、国防支出，农业、环境保护支出，教育、科技、文化、卫生、体育支出，社会保障及就业支出和其他支出。一般公共预算支出按照其经济性质分类，包括工资福利支出、商品和服务支出、资本性支出和其他支出。"同时，第 32 条规定："各级预算应当根据年度经济社会发展目标、国家宏观调控总体要求和跨年度预算平衡的需要，参考上一年预算执行情况、有关支出绩效评价结果和本年度收支预测，按照规定程序征求各方面意见后，进行编制。各级政府依据法定权限作出决定或者制定行政措施，凡涉及增加或者减少财政收入或者支出的，应当在预算批准前提出并在预算草案中作出相应安排。各部门、各单位应当按照国务院财政部门制定的政府收支分类科目、预算支出标准和要求，以及绩效目标管理等预算编制规定，根据其依法履行职能和事业发展的需要以及存量资产情况，编制本部门、本单位预算草案。前款所称政府收支分类科目，收入分为类、款、项、目；支出按其功能分类分为类、款、项，按其经济性质分类分为类、款。"如果说第 27 条是对一般公共预算总收支范围的具体规定并明确政府全部收入和支出预算体系口径，那么，第 32 条就是对预算编制基本规范和要求的原则性和程序性规定。在此基础上，人民代表大会能否对预算科目进行调整、能否对预算额度进行增减以及能否积极主动地增加预算，是人民代表大会预算审批权边界的基本要素。

根据我国宪法规定，预算权分为提案权和议决权，由行政机关提出预算案，《宪法》第 89 条规定了"编制和执行国民经济和社会发展计划和国家预算"是国务院单独行使的职权，而《宪法》第 62 条规定全国人民代表大会行使"审查和批准国家的预算和预算执行情况的报告"的职权，由人民代表大会审查和批准预算，其主要目的是谋求政府合理用度、避免浪费，其功能目的主要是监督政府财政。由此而言，在我国，人民代表大会的财政监督权严格来讲，只能算是消极的“预算删减权”，而没有积极的“预算提案权”和“预算增加权”。

与此同时，预算科目是对预算收入和预算支出的具体内容按其性质预算管理的要求所做的分类。我国预算科目由国家统一制定，它分为收入科目和支出科目两大部分。各按“类”“款”“项”“目”四级进行明细分类。在目之下，还可分为“节”。各级科目之间的关系是：前者是后者的概括和综合，而后者是前者的具体化和补充。预算收入科目一般按来源性质划分，反映预算收入的来源和形式；预算支出科目一般按用途的性质划分，反映支出的去向。设置统一的预算科目，可将预算收入和预算支出按照规定的口径归纳，便于国家预算、决算的编制，便于检查，考核国家预算的执行情况。预算科目随着国民经济的发展变化和预算管理制度的变化，每年需要进行必要的修订，以正确反映预算收支的内容。① 实践中，预算科目由国务院确定，全国人民代表大会至今尚未有调整国务院所提交的预算科目的情形出现，宪法和法律对此也没有明确规定。

因此，考量人民代表大会预算审查权限，关键的问题在于：一是“预算提案权”是否应该由行政机关独自享有，人民代表大会能否也享有“预算提案权”？与之相应，人民代表大会能否径行增加预算，享有“预算增加权”？在预算总额不变的前提下，人民代表大会是否可以对预算科目进行调整？所有这些问题，都是人民代表大会预算审查权限范围的核心要素。

预算在现代民主国家中具有权力性与公共性，而且对基本权利的实现具有决定性的影响，所以，预算并不能只作为行政内部行为而被等闲视之。特别是我国目前财政法律体制不是很健全，对于一部分财政收入和财政支出的法律授

---

① 王文元，夏伯忠．新编会计大辞典[M]．大连：辽宁人民出版社，1991：1.

权规范还不完善，很大程度上都依靠预算的审议得以控制。所以，如果将预算视为行政行为的一种，那么国家财政的运营将成为不受民主控制的“世外桃源”，人民在国家财政上的地位将退化成为财政作用的客体。

显然，基于“一切权力属于人民”的政治制度，尤其是考虑到现代预算制度所产生的功能，以及立法机关所具有的民主正当性和应当修正“行政（权）肥大”现象等理由，[①] 人民代表大会应该在国家预算计划决策中扮演更积极的角色。

二、 人大审批预算权限的重构

从预算制度发展历史来看，删减预算是议会预算审批权最原始的功能。立法机关审议预算时，行政官员与议员之间，因预算删减额度高低意见相左，进而爆发唇枪舌剑甚至大打出手者屡见不鲜。立法机关在预算审议时其最常使用的武器就是删减预算，其中最极端的审议行为是将机关预算全数删除，以及大幅缩减预算，致使机关活动难以开展。

现代立宪主义以人民主权理论取代“君主主权”和“国家主权”之后，人民主权原理便成为世所公认的共同价值，在我国就表现为“以人民为中心”的基本理念。人民主权理论强调人民具有决定国家意志的最终权力，因此，必须实行民主主义并实施民主政治。这一理论用在财政制度的管理与监督上，即“财政民主主义”，坚持执行预算的机关（主要是行政机关）不得任意自行决定财政支出与运营。同时，为了避免偏离人民主权理论，必须采用“民主”的理念，由人民直接或由其代表所组成的立法机关参与财政的决策，甚至有完整的决定权。因此，从理论上看，我国人民代表大会不仅具有“预算删减权”，而且应当具有积极的“预算提案权”和“预算增加权”，当然也可以对预算科目进行调整。

---

① 高玉琢．政府预算中的宪政问题研究[D]．苏州大学2008年博士学位论文．

传统公法学认为财政的支出与公有财产的营运属于单纯行政作用，但是，由于财政作用在现代国家中无法忽视的权力性与公共性，财政作用中的收入、支出、管理与营运等作用，都有必要接受议会相当程度的监督与制约，“预算案实质上是行政行为的一种”的观点与财政民主主义的立场不符，[①] 理应确保立法机关在预算形成中的参与空间。因此，立法机关对于预算案的内容可以进行一定程度的增删改动，是财政民主主义的应有之义。不过，增删改动也应当有合理的限制。

（一）预算删减的合理限制

时至今日，预算的编制已不再表现为国王的财政需求，而是具有为民谋利的积极意义。如果立法机关随意将预算案中所编列的预算额予以删除、删减，反而不一定是人民的福音，所以有必要予以限制。

从立法机关监督、抑制政府财政支出的精神并基于“财政民主主义”原则出发，对于立法机关针对预算所做的删减决定似乎都应给予法律上的支持。但是，无论是从保障人民权利还是从权力分立的观点看，都很有必要保障宪法机关的存续或维持法定机关最基本的完成国家任务的经费，因此也有必要限制立法部门滥用预算删减权。如果将法定机关的预算全部删减，或虽没有全部删除但已造成机关基本运转或执行法定任务严重困难的大幅删除，将造成实质改变宪法或撤销法定机关的效果，这会产生严重的宪法政治问题，所以，这样的减额修正应予限制。也就是说，有关法定机关的基本运转费用、行使法定职权所需的岁出预算不能删除，否则将造成破坏宪法或行政机关没有经费“行政”的困境。

从本质上看，预算立法权行使的是行政权和立法权共同对国家政策的决定，比法律更具有公共政策决定的效应，属于广义的立法政策裁量，除宪法所

① 陈清秀．预算法之基本原理之探讨[J]．交大法学，2012（1）．

设的界限外，司法权不予审查。何谓“宪法所设的界限”，一般而言有两种类型：第一，宪法的明文规定；第二，从宪法条文整理得出的结论，例加宪法建置机关要执行国家任务，自然应当认为立法机关有“义务”审议批准一定的预算从而保障政务得以开展。①

预算决议属于广义的立法权，立法机关通过的预算案应具有法律的性质。既然是法律，就可以通过案件的方式来对此类问题进行司法裁决。在德国，联邦宪法法院对预算的审查属于抽象的法规审查。而在我国台湾地区，依据“司法院”大法官审理案件法第4条第1款第2项的规定，大法官可以解释法律与宪法是否抵触；同法第5条第1款第1项则规定“中央”或地方机关在行使职权、适用宪法发生疑义或适用法律、命令发生有抵触宪法的疑义时，也可以申请解释。这种机关争议不只是适用于“职权有无”上的争议，还包括因预算决议所造成的职权消长情况。如果立法机关议决删除其他宪法机关的预算，而预算具有法律的效力，台湾“司法院”大法官可予以审查其是否违反宪法所设定的界限；如果因为删减结果使得该机关运作陷入困境，从权力分立的观点出发，应当允许其提起机关争议的诉讼。

（二）预算增额的适度谦抑

从现代福利国家的原理②而言，立法机关应有积极的预算审议权限，当立法机关发现预算案所列的社会给付违反福利国家原则，用主动增加预算的方式纠正

---

① 高玉琢．政府预算中的宪政问题研究[D]．苏州大学2008年博士学位论文．

② 福利国家是国家通过创办并资助社会公共事业，实行和完善一套社会福利政策和制度，对社会经济生活进行干预，保证社会秩序和经济生活正常运行的一种国家形态，福利是这种国家形态的特性，突出地强化了现代国家的社会功能，所以它是一个政治学概念，而社会福利则是社会学概念，福利本身更是经济学概念。经济环境是国家决策的条件和基础，而社会福利则是国家决策的结果。现代福利制度起源于英国的《贝弗里奇报告》，这个报告对战后英国福利社会的建设产生了巨大的影响，主张的社会福利可以被概括为“3U”思想：普享性原则（Universality），即所有公民不论其职业为何，都应被覆盖以预防社会风险；统一性原则（Unity），即建立大一统的福利行政管理机构；均一性原则（Uniformity），即每一个受益人根据其需要而不是收入状况获得资助。

行政权在未来会计年度的施政行为，这是宪法课与立法者的义务。

从议会制度的起源来看，英国当初创建议会的目的，主要就在于控制国王的财政权力。但是，随着虚位元首和责任内阁制度的建立，由行政机关主导法律案的提出，包括预算案的编制和提出也转由内阁负责，而议会仅仅只保留了最后的审议权。根据1713年“除非国王的推荐，议会不得接受任何有关公共服务支出与收入的请求”的规定①，议会只能提出删减预算的提议，禁止议会有增加收入的提议权力。

基于民主主义与自由主义原理，近代议会政治的运行，期待议会代表人民保障人民的财产自由，站在监督政府财政、节省经费支出、减少人民负担的立场，仅仅只是允许议会删减预算而不能有增加预算的提议，也是理所当然的。立法机关对于行政机关所提预算案不能有增加支出的用意，是防止政府的浪费并减轻人民的负担，同时，也可以避免“肉桶立法”② 的出现。

但是，从实践来看，限制立法机关增加预算，无法阻止“肉桶行为”的发生。同时，限制立法机关增加预算，完全背离了立法机关作为议会应享有的“人民主权”原则，立法机关作为人民主权的代表，除议决法律外，也对国家的财政政策享有权力，其中对预算案的内容也可以进行增删。行政机关预算提案权的专属性，纯属功能性配置，与立法机关预算审议权的范围并没有绝对的关联。③

纵观世界上主要发达国家如英国、美国、德国和日本的议会审议预算时的情况，我们发现，在英国，宪法惯例禁止议会有增加预算的提议权，有其特殊

---

① 彭女玲．强化立法机关预算审议功能的研究[D]．台湾中兴大学公共政策研究所1993年硕士论文．

② “肉桶立法”是指议员在法案上增加对自己的支持者或亲信有利的附加条款，从而使他们受益的手段。猪肉桶的说法由美国产生，据说是源自印第安人在族人中分享腌制猪肉的传统。大部分采取直接对某地区或某企业拨款的方法，在舆论监督比较严的情况下也有使用更间接的办法。这些猪肉桶条款一般都是在法案最后要通过时采取紧急附加条款的方法加入，法案的支持者为了获得这些议员的支持和法案的及时通过，只能放任这些政客加入自肥的附加条款。

③ 高玉琢．政府预算中的宪政问题研究[D]．苏州大学2008年博士学位论文．

的原因。根据英国的宪法政治实践，政党内部运作高度民主，允许执政党的议会议员在编制预算程序中就可以提出一定意见；同时，议会对于行政权有高度的控制，比如内阁人事同意权和主动倒阁权，所以，内阁不敢忽视议会议员的意见；此外，议会虽然没有增加预算额度的修正权力，但是，由于财政议案需要经过多道议会审议关卡，各拨款法案与授权法案是紧密相连的，议会在整个国家政治中占据绝对主导地位。因此，即使英国议会因为传统宪法政治格局的原因没有任何预算增额修正权，但是，通过执政党内沟通机制和议会对内阁强大的人事控制权，议会的预算意见也会受到充分尊重。

在美国，进步时代以前预算的编制与审议权都是由议会行使的，议会当然具备增加预算的提议权，同时对该提议权也不加限制，后来是基于机构职能的考虑才将编制权交给行政机关。虽然随后因为预算制度改革，议会主导预算权的功能相对萎缩，但是，对预算案做出增减决定仍被视为议员的当然权力，不能附加其他限制，① 所以，美国议员的预算审议权的广度和深度都比较强，美国联邦与各州立法中也经常出现“肉桶立法”现象，因为议员们经常要在预算案中增加若干公共福利条款来讨好选民。不过，美国总统对预算否决权是一个重要制衡，也是美国宪法政治上权力制衡的重要表现。

在日本，对于议会增加预算的提议权。法律没有任何形态的禁止，国家预算一经议会议决后，就进入分配预算等执行程序，也不像英国那样，先就收支整体概算做决议，然后再就《统一基金法》和《各拨款法案》做反复审议。不过，日本议会增加预算的提议权也有着特别程序规范，比如，日本《财政法》第19条规定：“议会对裁判所或会计检查院的岁出额加以修正时，需列明其必要的财源”；1995年日本《议会法》第57条第2款规定：“以预算为议题提出修正动议时，须众议院五十人以上，或参议院二十人的赞成者提出”，满足了这一要件，才可以提出预算案的修正动议，包括提议增加预算。同时，

---

① 法治斌．立法机关审查预算案时的宪法界限[J]．台湾《法律评论》（第62卷）第1－3期合刊．

日本《议会法》第57条还规定：“各议会或委员会对于预算的增额或修正，应予内阁申诉意见的机会”，也就是所谓的“协商条款”。因此，日本议会拥有预算提案与增加预算的决定权，“对于预算的修改可以在不损害内阁预算提案权的范围内为之”的立场；或在“不伤害原预算案同一性”的前提下可以作增额修正。①

在德国，《基本法》对于议会提高预算案中的支出没有明文禁止，但是，《基本法》第113条第1款规定“众议院如果通对预算增加支出或是新增项目，以及通过会减少国家收入的法律，应获得联邦政府的同意。联邦政府应于六周内答复”；同时该条第2款规定“众议院通过上述法律四周内，联邦政府可以请求议会变更之”。这也就是所谓的“限时表态”制度，而限制的目的则无非是防止议会“监守自盗”。

因此，除英国之外，主要发达国家基本都允许议会审议预算时，有增加预算的提议权和预算增加权，但是，也赋予行政机关一定程度制衡的力量，比如比较高的提案门槛以及给予行政机关表达意见的机会；或赋予总统否决权等。② 所以，全盘否定任何形式增额修正的规定不合时宜，对于一定程度的议会增额修正权，应当持赞成立场。③

但是，限制议会不得随意增加支出的提议，既有贯彻监督政府财政的主旨，也有现实的考量。预算的编制一般由行政机关衡量全体人民的经济负担能力，并根据施政理念和施政计划的需要，在严谨而完善的作业制度下，投入大量人力物力方能完成。一方面，人大代表并不是执政者，对整体施政结果无须负责；另一方面，立法机关依其组织特性，必须采取合议制的方式运作，每一位议员可以独立表达其个人意志，所以，他们对于预算的考虑大多基于其个人或选区的政治利益；同时，立法部门终究是无法像行政部门那样拥有庞大队伍

---

① ［日］芦部信喜．宪法［M］．李鸿禧，译．台北：月旦出版社，1995：320－321.

② 高玉琢．政府预算中的宪政问题研究［D］．苏州大学2008年博士学位论文．

③ Paul Silk & Rhodri Walters, How Parliament Works, 2nd ed, 1998, p. 169.

的专业群体，因此它的审议程序也不如行政部门编制作业程序那样周密。

随着现代经济社会事务日益复杂化，仅仅将立法机关视为控制行政滥用职权编制预算之“看门狗”的古典思想已经不合时宜，现代预算的功能与制度已有了长足进步，立法机关参与国家重要政策决定权（包括国家财政权决策权）已被不断强化。禁止立法机关有增加预算权力的规定，不但无法达到看紧“钱袋子”的目的，反而会挫伤立法机关作为政府政策监督者的积极性，而有害于公民将权力付托于议会的本意。治标又治本的方法是要在经过审议式民主之下，还原立法机关的基本自主权限——预算增额权后，使立法机关在预算议题上不受行政机关的支配，可以自由增减预算。

限制议会增加预算的目的，显然忽视了现代福利国家议会本应有的监督政府施政是否周全的功能。现代法治国家中，宪法基本权利的规定对立法者有拘束力，立法者有义务履行各种宪法委托，因此，不应完全否认议会通过增加预算方式来履行这一宪法义务，所以今后应朝着为议会的预算审议权“松绑”而努力。

对于当代中国而言，赋予立法机关以增加预算的权力，并通过审议民主理论的理性交往，反而能在增加公益目的支出的同时，删减不必要的支出，如此一来人民负担不但会减少，还能满足人民真正的需要。那种认为预算案只有配合行政权施政计划的功能，立法机关只是扮演“刹车者”的角色，而不担任国家政策方向指导者任务的认识，明显存在问题。因此，应该赋予人民代表大会有增加支出的提议权，同时，为了保障行政机关的权责一致，可以借鉴德国、日本等国家的“协商机制”“限时表态”等制度。①

由于我国宪法明确规定行政机关行使预算编制与提案权②，因此，增加或删减行政机关编制的预算时，也需要解决两个问题：第一，行政机关在预算决策上既然拥有编制和提案权，那么，立法机关自然应拥有可资抗衡的审议权，

---

① 高玉琢．政府预算中的宪政问题研究［D］．苏州大学2008年博士学位论文．

② 见《宪法》第89条第五款规定。

这才符合权力分立原则；第二，对于行政机关对预算的原初判断应予尊重，所以审议预算时应有一定界限。① 也就是说，基于权力分工与制约原理，立法机关可以增删行政机关编列的预算，只不过要把握好界限并适度保持谦抑。

一般而言，“预算同一性”原则是立法部门议决行为的界限。② 所谓预算同一性原则，是指立法部门的预算决议权限，必须在不过度变更行政部门所提预算案范围之内行使，换言之，立法机关议决的预算案与原行政部门的提案应当具有基本的“同一性”。例如，我国预算支出设有五级：类、款、项、目、节，其中“类”是最高级别的预算科目，科目越接近“类”，调整幅度越大，因此，依据预算同一性原理，科目的修正应由“目”“节”开始，逐步慎重行使，但是，最高不宜超出“项”级科目。③

如果立法部门议决后的预算案与原行政部门提案不具有基本的“同一性”，将影响宪法将预算提案权分配给行政部门的实质意义。与此同时，如果立法部门的预算审议决定没有损及“预算同一性”的话，基于财政民主主义理念，立法部门的意见也应该受到保障与尊重。至于“同一性”的认定，则是以立法者所造成的变动是否会影响行政机关预定所要完成的政策目标而进行个案判断。另外，如果立法机关仅是决议要求行政机关增列预算，而不是在审议预算案时主动提出增加支出的决议，那么是否增列由行政机关自行决定。

（三）调整预算科目的限制

从预算制度渊源看，一般认为，议会议员仅具有被动审查预算的传统功能，承认议会有调整预算科目的权力显然不符合预算制度传统。作为我国立法

① 蔡茂寅．立法机关的预算增额修正权——评“司法院”大法官释字第 391 号解释[J]．月旦法学，1996（9）．

② 黄锦堂．论立法机关的预算审议权——评释字 391 号解释并兼论大法官会议应有的功能定位与解释立场[J]．台大法学论丛，1998，27（3）；蔡茂寅．立法机关的预算增额修正权——评“司法院”大法官释字第 391 号解释[J]．月旦法学，1996（9）．

③ 闫海．预算民主——预算审批权为中心的构建[J]．重庆社会科学，2007（4）．

机关的人民代表大会，如果承认它有调整预算科目的权力，无疑将使得人大代表具有不符合传统的积极主动地位。

值得注意的是，法律案和预算案的性质不同，我国《立法法》第14条规定，国务院可以向全国人民代表大会提出法律案，但是，中央军事委员会、最高人民法院、最高人民检察院、全国人民代表大会各专门委员会等其他机关，包括一个代表团或者三十名以上的代表联名，都可以向全国人民代表大会提出法律案，也就是说法律案的提案权并不是行政机关的专利。但是，我国《宪法》第89条规定了“编制和执行国民经济和社会发展计划和国家预算”是国务院单独行使的职权。人大代表既然具有自行提案的权力，在审查时，当然可以就条文款目进行增删。而从机关功能的角度，行政系达成“国家”存立目的之最重要手段，并负有形成符合社会正义之生活关系、规划及推动基本建设、引导及维持合于公意之政治发展等任务，[①] 因此，作为行政活动的物质基础，财政预算的编制必须具备全盘宏观的视野、完整充分的财政信息以及与施政计划紧密结合等特点，绝对不能由其他机关因一时兴起而“即席发挥”。[②] 所以，即使是最强调权力分立的美国，也是由总统统筹联邦政府各机关（包括立法、司法机关）的预算后再向议会提出，这完全不同于法律案的提案程序。因此，预算案有其特殊性，与法律案明显不同，审议预算的方式不能比照审议法律案方式，可以对各机关所编列预算的数额在款、项、目、节间移动，调整预算科目以达到增减并追加或削减原预算之目的。

单就预算的审议而言，立法机关所能扮演的角色并不是全能的——只能发挥消极把关的作用，不宜在积极的心态下擅作主张，甚至自以为是。[③] 不过，一直以来，不少人将我国的人民代表大会视为直接批准行政机关预算案的“橡皮图章”，无法体现出作为代议机关为人民看紧“钱袋子”的传统职责。

① 吴庚．行政法之理论与实用[M]．增订八版．北京：中国人民大学出版社，2005：8.

② 高玉琢．政府预算中的宪政问题研究[D]．苏州大学2008年博士学位论文．

③ 法治斌．立法机关审查预算案时的宪法界限[D]．台湾《法律评论》（第62卷）第1-3期合刊．

所以，人民代表大会也可以适度调整预算的科目，前提是不能损及“预算同一性”、不影响预算总额。所以，应该承认立法机关有适度的预算科目调整权。

三、健全人大与党组、政府的关系

在我国的预算制度体系中，立法机关（人民代表大会）对民众负责，各级政府对立法机关负责，财政部门对本级政府负责，各预算部门对财政部门负责。不过，由于我国党政共同管理的关系，是党委负责，还是行政首长负责，或者是整个组织负责，并没有很严格的划分，相关法律不仅没有规定相关责任人需要承担何种责任，更没有规定，如果违背责任将会受到何种惩罚。而这些问题，又涉及政治体制的改革，不过，目前我国全面深化改革的重点还是行政体制改革。

党的领导是中国政治体制的一个基本原则。如何确保这一原则的实现可以设计出多种制度安排，而不同的制度安排对于人民代表大会职能的发挥则会产生不同的影响。从根本上看，党务系统和政务系统在职能上存在明确的划分和界限，这些界限应该由宪法和法律等文件明确规定；党通过法定程序使党的路线、方针和政策转变为国家的法律和政府政策，以此实现党的领导；政务系统根据法律和确定的程序有效执行宪法和法律赋予的权力和职能，党务系统在职能和体制上不直接介入政务系统。

在预算领域，目前的制度安排虽然保证了党的领导权，但是却使得人民代表大会难以在预算中发挥应有的作用。在中国的预算权力关系格局中，人民代表大会总体上仍然还是“橡皮图章”，人民代表大会的预算权力不仅应该体现在制度上，更应该体现在预算技术和预算能力上，否则，即使政府让渡再多的权力，最终人民代表大会也会因为无力发挥而落空。

在中国，人大、党委和政府都有决策权。党的决策权主要涉及政治路线、重大政策方针的制定和重要的人事安排。党委应该更多地通过立法或法定程序的方式治理国家。凡是应该由人大行使的权力，都不应该由党委代替。党内的事务，人大当然不能干预，但是关系到国家层面的问题，执政党除了要通过法定程序处理外，还要加强同全国人大常委会的沟通，听取意见。

当然，这种模式要行之有效，首先，需要解决人大的监督激励问题。我国的人大常委会制度虽然在一定程度上解决了人大的“规模困境”问题，但同时也带来“代表性逻辑悖论”。一方面由于人大常委会增加了选民与最终决策者之间的委托—代理层次而带来更高的代理成本；另一方面也使人大常委会由于选区不明，存在监督上的困难。解决人大常委会的思路应该是在整体减少人大代表规模的基础上，弱化人大常委会在代行人大权力上的功能，而强化常委会中专业委员会的功能。

其次，从预算审查的角度看，虽然地方党委书记兼任人大常委会主任的结构设计可以增加人大在中国政治结构中的地位，可以为人大监督财政预算提供更大的政治支持，但是，这种模式也容易使党委书记的权力过大，并在本级缺乏制约，尤其是在预算民主之后更是如此，因为预算民主将使得人大常委会主任的权力更加大。① 而且，即使这种模式有助于监督政府，但是，它也可能使得地方的预算完全服从于地方党委的意志。

最后，还应该规范人大常委会中的党组行为。党组制度是中国共产党重要的领导制度之一，实行该制度是为了在各种非党组织中落实党的领导。党组成员不是由党员代表大会选举生产，而是由上级党委任命并接受其领导。人大常委会中的党组，是联系党与人大的枢纽。党对人大的影响经常是通过人大常委会中的党组这一内部的、非正式的渠道来实现的。从目前的趋势来看，党组的地位和作用仍在提升。各级党委也越来越重视人大常委会中的党组对立法过程中“把关”的作用。可以预测，随着人大预算权力的增大，各级党委利用人大常委会中的党组影响人大预算监督的可能性就越来越大。因此，要使得人大常委

① 罗昌财．中国政府预算民主化改革研究[D]．西南财经大学2010年博士学位论文．

会的预算初审能够是实质性的预算审查，必须考虑如何规范人大常委会中党组的行为，并用正式的制度来取代目前这种非正式的制度，但是，这并不等于说党组可以指挥人大常委会。这涉及一个棘手的法治问题，涉及党与法的关系。

在维持现有制度框架的条件下，一个可行的解决思路是在制定基本法律过程中，落实党的领导，由党来主导法律的制定。但是，一旦法律制定之后，党也必须遵循法律。由于中国政治的基本特色是实行“共产党领导、多党合作”，党组是政治核心。但是，它不能直接对人大常委会发号施令。以预算为例，党组只能根据党委的意见或主张，向人大常委会主任会议提出预算建议，经主任会议讨论研究后，才正式提交人大常委会。

总之，推进财政预算决策的民主化，就是要在坚持党的领导，认真贯彻落实中央关于财政预算管理的一系列方针、政策的前提下，进一步明确和细化人大、政府、财政部门、预算部门在预算决策过程中的权责，并不断扩大预算程序的公众参与度。为此，一方面，应该改变财政预算过多偏重技术性、程序性改革的模式，合理划分预算决策权责，将预算权力在立法机关、政府及其内部职能机构之间进行科学配置，以形成有效的相互制约的预算决策体系。另一方面，也应该落实社会公众的参与权，畅通民意表达的渠道，使财政预算更好地反映民意和体现公共利益。①

第三节　公众参与财政预算的制度重构

财政预算是政府分配和使用公共资源，提供公共产品和服务最重要的政策手段之一。从公共治理的角度看，公众参与预算不仅能够增强政府治理的民主化和科学化，而且能够有效调和不同社会群体之间的利益冲突，促进政府与民

---

① 高志立，孙仁宏. 市场化进程中的政府预算公共化实践进展、主要问题与对策建议[J]. 经济研究参考，2011（28）.

众之间形成良性合作关系。“预算决策民主的实质是参与预算决策的多元化。在政府内部，有不同部门和不同行业主管者的参与；在国家政治机制内，有议会的参与和不同的政党或利益集团的参与；在社会上，有大众媒体、普通民众和特定专家的参与”。[①] 一国所设计安排的预算民主参与机制，往往和该国的议会制度、政党制度、新闻舆论制度等密切相关。这种安排，既表现为议会或者立法机关对财政预算的决策起着关键性决定权的作用，也表现为政府内部间不同部门的参与，而且还表现为公众参与机制的确立。不过，从预算民主角度出发，公众参与预算是推进协商民主增强民众民主意识和参与精神，有效保障公民知情权、参与权和监督权的重要领域和方式。

一、 财政预算的参与主体

公众参与预算，主体毫无疑问是公众。但是，这是在一种抽象的意义上所说的相对于政府的主体。从具体指向上看，对公众参与的主体存在狭义理解和广义理解之分。从广义的角度看，任何人都是参与的主体。虽然我们不把政府官员等参与预算作为公民参与的一部分，但是对于中国的现实情况而言，普通的人大代表与政协委员只是部分承担了民意代表的作用，因此，如何更好地发挥人大代表、政协委员在预算过程中的作用，也是中国的公众参与预算中主要研究和探讨的重要问题。所以民意代表的参与也可以作为公众参与预算的一部分。从狭义的角度看，参与主体是指普通公众，强调主体的“普通性、平民性”，既可以是公民个体，也可以是由个体组成的组织集体，但不包括政府官员、职业政治家和政党人士等。一般而言，我们是从狭义的角度理解公众参与的主体，因此，对于财政预算的参与主体，主要就是公民个体、社会组织、网民和专家学者。[②]

---

① 邢会强．宏观调控权运行的法律问题［M］．北京：北京大学出版社，2004：143.

② 万平．中国公众参与预算研究[D].南开大学2013年博士论文．

（一）公民个体

公众是一个集体的概念，在参与预算过程中被理想化为可以与政府博弈的积极行动者，但是，现实生活中，作为个体的公民怎样实现参与预算的权利十分复杂。从参与预算的必要性来说，预算是牵涉每一个公民的切身利益的政治过程，公民个体都是纳税人，都是利益相关者，所以，有权利通过参与预算维护自身的利益。从参与预算的实践发展看，公民个体对参与预算的积极性也是比较高的。比如，作为参与式预算典型样本的巴西阿雷格里港市，随着参与式预算的不断发展，公众参与人数总体趋势保持了上升，从 1989 年的 780 人上升到 2003 年的 27708 人。① 从更高的价值层面看，预算作为政治生活中比较核心的部分，参与其中就是参与政治生活的深处，因此，对于公民个体而言，参与预算也是培养国家集体归属感、维护公共利益的一种非常重要的方式。正如卡罗尔・佩特曼指出的，这种信心的获得，至少部分地属于那些参与社会的理论家认为可以通过参与过程逐渐积累起来的心理益处。② 事实上，就民主政治效能的获得感而言，公共预算领域也许是公众参与最合适的场域之一。

然而，对于普通公民个体来说，参与预算更多的是展示一种不确定的可能性景象，特别是从参与的实际效果，即公民个体参与预算对于预算决策结果的影响程度来看，作为公民个体的公众参与预算面临着巨大的挑战，是否能够实现公众参与预算设想的“实现最大限度的公共利益共识”存在很大的疑问，很可能没有想象中那么美好。③

现实的制约因素首先来自公民自身。由于公民个体在受教育程度、信息接受程度、经济社会资源禀赋等多方面的不同，导致公民个体在参与预算能力上存在巨大差异。之所以公民个体常常被排除在预算决策过程之外，一个很重要

---

① 马骏，赵早早．公共预算：比较研究［M］．北京：中央编译出版社，2011：669.

② ［美］卡罗尔・佩特曼．参与和民主理论［M］．陈尧，译．上海：上海世纪出版集团，2012：45.

③ 万平．中国公众参与预算研究［D］．南开大学 2013 年博士论文．

的理由是预算是一门专门技术，没有受过相关教育的人往往难以理解和判断，也很难从预算之中真正遴选出公共利益和偏好。公民个体在受教育程度、知识背景方面千差万别，对预算信息的接受、了解程度也很不一样，这使个体参与预算的能力明显不平衡，相应地参与意愿、影响结果的能力都将不平衡。

相比教育和知识背景差异，经济社会资源背景对于公民个体参与预算的影响可能更加明显。一般而言，经济社会资源背景处于社会中等阶层的公民个体，有更多的机会和意愿参与到预算过程中来。有学者对巴西的参与式预算进行研究指出，参与者绝大部分是中产阶级的下层，小部分来自中产阶级的中层和上层，特别富裕和特别贫穷的阶级参与率都很低。参与者的性别分布很均匀，而从种族上看大多是白人，而且多为中年人，平均年龄35岁左右。大多数的参与者是工薪阶层以及退休人员，失业人员的参与率极低。① 这种参与群体上的不平衡，有可能导致预算中难以体现那些参与能力和意愿相对较低的公民个体的意志，从而实现公共利益的最大化就可能成为空谈。

从当代社会利益多元化的现实来看，公众在参与预算过程中要达成共识面临着巨大的困难。在当代社会，社会分工程度越来越高，社会利益的分化日益明显，追求达成共识的“公共利益”必须从利益多元化的现实出发。比如，对参与预算的公民来说，有的公民希望先修路，有的公民希望加大教育投入，还有的公民要求加大卫生医疗方面的支出，各种各样的利益诉求在表达过程中可能相互冲突，通过公共讨论和协商达成一致的共识难度很大。尽管公民个体数量众多，但是，由于这些主体是分散的，他们彼此之间缺乏信息的交流、联系和组织，并不一定能够采取有效的参与行动和策略而对预算过程产生实质性影响，从而削弱了公民通过预算过程维护公共利益的可能性。

从集体行动的逻辑看，数量众多、利益分化的普通公民，作为行动者可能由于搭便车心理而放弃积极主动参与并影响预算决策的行为。预算的公共资源

---

① 王淑杰，孟金环．巴西参与式预算经验借鉴及启示[J]．地方财政研究，2011（9）．

性质决定了预算的收入和支出政策往往都不是针对某一特定个体，任何一项政策都可能以使大多数人受益为目标——这本身应该成为预算的追求之一。但是，对于这种外部性很强的公共服务来说，作为个体的公民会认为，无论是否参与，都可能由于别人的参与而享受到“搭便车”的福利，而无须支付任何经济或者政治上的成本，因此，由于预算过程提供的公共物品受益者人数众多，那么人们采取集体行动去获得公共物品反而会变得更为困难；人群的规模越大，采取集体行动的困难也就越大，数量众多的、分散的个体，受“集体行动逻辑”的影响，并不意味着“人多力量大”。当然，这种所谓“集体行动逻辑”在逻辑起点上即强调个人私利基础上理性的计算，这与主张公众参与的理论逻辑起点就存在分歧。①

从社会心理学角度看，分散个体集合而成的“乌合之众”，可能带来并不理性甚至是灾难性的后果。社会心理学的创始人、法国思想家勒庞在《乌合之众》一书中指出，作为个体的人是理性的、有教养的、有独立性的。但是，随着聚众密度的增大，身处其中的个体的思维和行为方式将渐趋一致，变得越来越情绪化和非理性。聚众中个体的人丧失了独立与理性行动的能力，其行为主要受到脑下垂体的控制，在情绪的支配下，既可能做出英雄之举，也可能残暴无情。② 而预算的参与是一项需要理性的活动，原子化的公民聚合可能使预算的决策走向非理性。

（二）社会组织

社会组织作为非政府组织的一种，主要是指以社区为基础的组织以及围绕一些特定议题而成立的非政府组织，比如关注医疗、教育、环境、弱势群体利益等的社会组织，其在公众参与预算中发挥的作用是比较显著且关键的，而从

① 万平．中国公众参与预算研究［D］．南开大学 2013 年博士论文．

② 赵鼎新．社会与政治运动讲义［M］．北京：社会科学文献出版社，2006：27 - 29.

治理的要求看，发育完善的社会组织对于实现民主善治具有不可替代的作用。作为政府与公民之间的关键性纽带，社会组织在参与预算过程中发挥着独特的作用。

首先，社会组织是公共利益的发现者、聚合者。个体公民的利益诉求相互冲突，如何在相互冲突的个体利益诉求中发现、筛选公共利益，并使之与公民个体利益相协调，从而在预算决策过程中使之得到恰当的体现，正是社会组织的使命。

其次，社会组织是代表公民的集体利益与政府进行博弈的对手。由于社会组织在资源、信息、博弈能力等方面相对公民个体具有更强大的力量，因此可能在与政府关于预算的博弈中发挥更大的作用，社会组织的意见也可能更大地影响预算决策。从各国实践看，社会组织比较发达的地方，公众参与预算也相对容易深入并取得比较好的效果。① 比如，巴西阿雷格港市就是具有结社传统的城市，不论在社区中还是在中产阶级中，都有活跃的非政府组织，1998 年它有 2200 个社区社团，② 它们是充当公民与政府之间博弈的协调者。社会组织可以发挥监督管理的直接作用或作为政府和参与者之间的协调者，这有助于促进对公民的授权并提高政府的透明度。

同时，由于社会组织可能拥有具备丰富的技术和管理技能的专业人员，凭借其丰富的技术与经验，往往能够在最初的授权或学习会议上发挥重要的信息传播作用，相比一般公民个体，他们能够更容易理解政策提案及其可能产生的政策效应。然而，这些社会组织要发挥上述作用，也面临层层考验和挑战。③

从政府角度来说，一方面，政府希望社会组织在预算决策中发挥引导公众意见、促进信息交流等方面的作用；另一方面，政府又不愿意社会组织过于强大，从而在博弈过程中给政府带来过大压力，因此，政府与社会组织之间存在

---

① 王绍光．政治文化与社会结构对政治参与的影响[J]．清华大学学报（哲学社会科学版），2008（4）．

② 王淑杰，孟金环．巴西参与式预算经验借鉴及启示[J]．地方财政研究，2011（9）．

③ 万平．中国公众参与预算研究[D]．南开大学 2013 年博士论文．

非常矛盾和纠结的关系，政府往往有利用公权力阻碍社会组织的冲动。

从公民角度来说，一方面，社会组织能够更好地使公民利益得以表达并聚合，使零散化的利益诉求获得整合的力量，因此，社会组织能否最大程度实现其成员的共同利益诉求，就成为公民对其代表性认可的重要考察标准，一套对公众负责、受公众监督的内部管理体系是十分必要的。[①] 但另一方面，社会组织如果权威过于强大，也有可能发展出超于成员个体利益之上的组织自身利益，最终失去其对于公共利益的代表性，这也就是罗伯特·达尔所指出的多元主义民主的困境，即公民组织也需要得到适当的控制，否则，失控的组织会成为公共利益的压制性力量。[②] 所以，公民对于社会组织亦需要设置适当的监督机制和结构化的监督力量，否则，社会组织的公益性、公共性将得不到应有的保证。

（三）网民

网民是相对于公民个体的描述性概念，在某种程度上，它是活跃于网络空间的特定公民的行动概括。从本质上看，网络的发展使得大规模的参与式民主成为可能，社会公众在网络平台反映民意、参与政治生活已经成为常态。在即时可分享信息的时代，代议民主制似乎已过时，而参与式民主变得更为重要。公民全面的参与是网络民主区别于以往民主形式的最典型特征。

与代议制民主体制比较，网络技术的发展不仅大大降低了公民参与的成本，形成了公民参与的无限可能性，也激发了公众参与的热情，改变了民主政治的生态。互联网的快捷交流方式不仅使信息沟通变得迅速，而且博客、微博、微信、手机报等各种新型沟通技术的出现，使人们的交流方式更加多元，参与交流的成本大大降低，信息更加公开、透明。在网络虚拟空间信息沟通模式下，人们对政治对象的认知、情感和评价发生了翻天覆地的变化，政府与公

① 王锡锌．公众参与和中国新公共运动的兴起［M］．北京：中国法制出版社，2008：28.

② 史天健．传统文化在中国改革与发展中的作用［J］．二十一世纪评论，2010（5）．

众之间的沟通模式、力量对比也发生了巨大的变化。特别是由于政府面对的网民是一个流动的甚至是身份不明的群体，因此，今天的网络民主就不可避免地存在着奴隶制社会的直接民主一样的问题，那就是“暴民专政”和“无政府状态”的可能。同时，网络技术将一部分公民“拒之门外”，使公众参与处于不均衡状态，少数人占据“信息霸权”。网民对于公共生活的围观、情绪宣泄，可能因为无序、混乱、草率使公民通过网络参与政治生活走向失败，在网络民主中，似乎有无数个参与者，他们很难达成共识，因此，必须认识到大规模参与式直接民主的痼疾。网络参与的方便、快捷必然使得公众参与的内容激增，而出现见解纷繁复杂、过于分散的结果；微博、博客以及多元化的即时更新方式则容易造成公众参与意见缺乏深思熟虑的局面。简而言之，具有匿名、情绪化、从众心态等特点的网民，“微价值”“碎片化”“随时随地分享”等特点所决定的网络文化，在给公众参与带来方便的同时，也带来了某些公众参与的无序与草率。①

总体来看，参与预算的公民主体随着时代的变化和技术的进步有了很大的不同，这些不同在拓展公众参与主体内涵、渠道和方式的同时，也提出了严峻而重大的挑战。

（四）专家学者

在公众参与预算过程中，掌握有关公共预算专业知识的专家学者发挥着非常重要的作用。毫无疑问，专家学者的参与对于公民理解、参与预算过程的意义是至关重要，不过，是否仅仅由专家学者来代替普通公民个体参与也是颇具争论的话题。一般而言，公共预算是公共领域中最具专业性的领域，有一套相对比较特殊的“预算语言”，对于普通公民来说，掌握这些专业语言和信息是一项困难甚至是不可完成的任务，因此，由具有专业背景和专业知识的专家学者或者职业精英来进行预算决策才是合乎理性的。但是，专业性和职业主义的

---

① 王锡锌. 公众参与和中国新公共运动的兴起[M]. 北京：中国法制出版社，2008：29.

要求并不应该成为拒绝公众参与的理由，掌握相关知识和信息的专家学者完全可以在公众参与预算过程中发挥积极作用，不仅为政府与公民之间的合作治理提供专业化、理性化的决策建议，消除政府与公民之间的信息交流障碍和知识壁垒，而且可以在公民评估预算参与的实际成效中提供建议，促进公众参与预算的制度生长和空间拓展。[①] 当然，专家学者要在公众参与预算中发挥积极作用，也面临各种各样的挑战。

首先，专家的价值判断能否真正中立。一般来说，专家应保持价值中立的基本态度，这是专家介入公共政策过程的前提，也是专家理性作为合法化路径的根本要求。但是，事实上，关于预算政策的任何讨论都会面临着价值判断，预算本身就是充满价值判断的过程，比如，是否应该多发长期国债以刺激当下经济增长？这不仅是一个经济学问题，也涉及代际公平的问题；有限的财政支出是优先用于基础设施建设，还是给予穷人更多补贴？这也不仅是信息交流的问题，还涉及公平正义等价值判断。从技术的要求上看，专家应该只提供关于这些问题的技术判断，因为专家并不一定比政府或者公民在价值判断上高明多少，但是，由于技术问题与价值问题在预算过程中的界限非常模糊，专家价值中立的要求能否在事实上清晰而明确的坚持确实是一个问题，而如果有过多的价值判断，专家的理性决策根据又面临根本上的消解。

其次，专家角色的多重性。在公众参与预算的实践过程中，专家的角色往往是多重的：作为公民的一员，他们是公民行动的积极参加者，是公众参与的直接利益相关人；作为预算决策过程的外在他者，专家由于对相关知识和背景更加熟悉，往往承担着监督者的角色；作为专业技术人员，往往在政府与公民的合作中，要向双方输入知识和技术支持，因此往往作为具有知识权威的第三方出现。作为知识和技术权威，专家应该以科学、理性、专业的技术支持促成预算决策更合乎公共利益，但往往同时又作为公众参与的一分子，要为公民这

① 万平．中国公众参与预算研究［D］．南开大学 2013 年博士论文．

一相对弱势的预算参与方提供知识甚至是道义上的支持，所以，专家如何作为普通公民同时又超越公民的短期利益，促成公民与政府之间的合作共治，是专家所面临的挑战。

最后，专家还有自身的利益诉求。专家作为知识权威，理应超越自身利益诉求。但事实上，专家学者也是由不同利益诉求的人组成的，特别是在“知识—权力”的垄断体制之下，专家的利益诉求可能会扭曲专家的行为选择。一方面，政府毕竟拥有资源的分配权力，通过与政府保持一致立场，专家可能获得更多实际的文化或者行政资源；另一方面，如果以公民的代言人身份出现，以理想状态的要求对政府行为进行更多的（有些时候也许是言过其实的）批评，从而迎合公众的非理性诉求，可能会获得更高道德力量和声望。在这两种自身利益的追求中，都可能削弱专家学者应有的理性与专业。

从中国当下的实际情况看，专家确实发挥了越来越重要的作用。专家在预算过程中要么是通过提交研究报告、受邀参加政府举办的政策咨询会和研讨会等方式表达自己的意见，要么是通过公开发表文章、接受媒体采访等方式参与预算方面的讨论。正如有研究者指出的，一般来说，中国的专家更愿意通过直接渠道去影响决策者。不到万不得已，专家不会采取借助公众舆论的间接渠道来影响决策者，这是因为公开发表意见既有冒犯政府的政治风险，反过来又容易遭受公众批评。专家们决定将自己的意见公开，往往是因为他们采用直接渠道不成功，才会试图借助媒体形成公共舆论来向政府施加压力。①

无论采取什么样的方式，专家在政府与公民之间发挥了一定的知识桥梁作用，试图影响并且也确实影响了预算决策过程则是一个事实。不过，对我国而言，专家咨询制度实践中所呈现出的问题，从根本上又反映了专家咨询制度存在保障专家独立性机制和抑制专家知识滥用的“双重缺位”。

① 朱旭峰．中国社会政策变迁中的专家参与模式研究[J]．社会学研究，2011（2）．

二、 公众参与的范围

预算的民主化改革也就是寻求预算的合法性过程，合法性来自人民的参与同意。公共权力只有通过公众直接参与和辩论这样“持续的同意”，而不是简单的“一次性选举”，才能获得合法性的社会基础。这使得任何公共权力的合法性，是建立在公众参与和辩论而获得的舆论支持上。民主意味着对社会生活方方面面的广泛参与，而不仅仅是参与政治选举。因此，从理论上讲，公共预算各个领域的决策及其活动都是可以采用公众参与的。

财政预算过程需要考虑收入如何筹集、支出如何安排，以及收支预算通过后的执行、评估与监督。而公共支出可以分成两类：经常性支出和资本性支出。前者主要用于维持政府部门的日常运行，包括人员经费和公用经费。后者原来主要用于固定资产投资，不过，一个新的趋势是将投入到人力资本发展领域的支出也考虑为一种资本性支出。对于传统的资本性支出，一些国家专门将其预算过程独立出来，编制单独的资本预算。例如，美国绝大部分的地方政府都采用一个相对独立的资本预算过程来做出固定资产投资决策。① 从域外的经验看，公众参与预算主要适用于公共支出的安排，即资金的分配，以及预算通过后的项目实施。不过，也有个别地方政府在收入预算领域实行公众参与预算。

选择资本性支出作为公众参与预算的重点领域有其特殊原因：一是与公众的生活质量息息相关的领域，公众的生活质量如何，深受政府资本性支出的影响。二是经常性支出多为维持性的，而且相对比较固定，尤其在预算制度规范化程度比较高之后更是如此。因此，也没有必要纳入公众参与预算范围。

不过，由于以下两方面原因，经常性支出也可以纳入公众参与预算范围：一是政府在经常性支出领域的行为存在比较严重的不规范现象，例如浪费等；

① 马骏，赵早早．公共预算：比较研究[M].北京：中央编译出版社，2011：654.

二是资本性支出经常会导致运作成本。此外，如果存在融资困难、资金紧张的问题，或者出于总额控制的需要，或者为了解决免费午餐的问题，也可考虑将收入决策纳入公众参与，让公众来做出融资的决策。

从预算过程的角度看，公众应该在哪个环节参与预算呢？一般而言，预算过程主要分为政府编制预算、议会审批、预算执行和评估。作为代议制预算民主的一种补充，公众参与预算并不是要取消代议制预算民主。从各国经验看，绝大部分地方主要是在政府编制预算的环节实行公众参与预算，而不是在议会审批预算的环节。当然，也有在预算执行环节引入公众参与，让公众监督他们关心的项目的预算执行情况。

资金分配是预算过程的核心，公众必须参与资金分配的过程，才能使政府的活动选择反映公众的需求。如果公众只参与预算执行的监督，那么公众参与的效果就会大打折扣。

对于资金分配来说，公众参与越早越主动，参与的效果也越好，引起的政治冲突也越少。① 研究表明，如果参与是在预算过程的早期，而且参与是在一种双向的协商沟通中展开而不是一种单向的信息分享中展开的，那么参与的收获就会比较大，效果也比较明显。② 如果在议会审批的环节才引入公众参与，则会出现一个问题，即预算已经基本成型，如果公众不同意，必须修改财政预算甚至否决预算，这一方面工作量巨大，另一方面会在政府、社会公众与议会之间发生冲突。政府在编制预算时引入公众参与，公众的意见可以帮助政府编制出一个更加符合大部分公众需要的财政预算，再提交议会审批。③

改革开放以来，中国经济发展的成果举世瞩目，人民的生活水平显著提高，政绩合法性构成了民众对政府认同的基础。表现在财政预算上，多年来的

---

① 马骏，赵早早．公共预算：比较研究[M].北京：中央编译出版社，2011：654 - 655.

② Ebdon, Carol. 2003. Citizen participation in the budget process: Exit, voice, and loyalty. In Jack Rabin. Eds. Encyclopedia of public administration and public policy. New York: Marcel Dekker, Inc.

③ 马骏，赵早早．公共预算：比较研究[M].北京：中央编译出版社，2011：655.

预算目标也经历了一个变化过程。改革开放初期是以“提高经济效率”为目标，注重在经济建设的支出安排上，到近年来，由于社会各阶层间的收入差距扩大，财政预算的原则开始向“效率与公平并重”和“更加注重社会公平”转变。但是，政府的这种主动转换仍然缺乏合法性的基础，因为它是在缺乏公众参与的条件下进行的。财政预算有充分的合理性，才能获得更高的合法性。任何缺乏公众参与的决策，也许也可以反映公众的意愿，但其对公众意愿的反映都是间接和不充分的。所以，这样产生的预算与公众的意愿肯定会存在差距，自然其合法性也存在问题。① 所以说，增加预算过程的公众参与程度，使财政预算更好地反映民意，是增加预算合法性的根本思路。

从民主预算的根本要求看，合法性是财政预算的基础。历史地看，预算民主化的过程实际上就是合法性基础逐步扩大的过程。如果以民主参与理论为基础，有计划地促进立法机构、行政机构、一般公众和专家学者参与预算的积极性，就可以扩大预算合法性的基础。特别是在预算决策中，专家对行政部门的替代是一种进步，但是这种替代必须使财政预算能够反映公众的共同偏好。从世界范围看，多数国家现行的预算模式是介于两者之间的某种形式，既充分发挥专家学者的作用，又强调公众的参与。就我国的预算民主化改革来说，也应该如此。

通过多年的预算改革，我国预算管理在改进技术、完善预算程序方面取得了较大的进展，预算技术和程序与其他国家的差距在缩小，科学性、合理性上有了很大进步。但我国的预算仍属于行政控制模式，即预算的决定权、监督权、评价权仍由行政机构掌握，缺乏对公众意见的反馈机制，合法性上仍然存在很大的欠缺。② 因此，预算改革仍需在以下两方面努力：一方面，要增加人民代表大会对财政预算过程的控制能力；另一方面，要增加专家学者和公众等

---

① 罗昌财．中国政府预算民主化改革研究[D]．西南财经大学 2010 年博士学位论文．

② 彭宗超，李洺．预算参与：地方预算改革的合法性危机及转换[D]．2008 年第二届中国公共预算研究全国学术研讨会论文集．

社会力量的预算参与，增加预算的科学性，也更多地反映民意。不过，由于政府的预算一般都涉及国家的政治、军事、外交等非定量、复杂性的支出。所以，在更高层级的财政预算过程中，应该强调预算的专业性和科学性，更多地吸收专家参与。与此相反，地方预算由于与公众的关系更密切，所以应该更多地强调公众参与。

另外，随着当代科技的不断发展，网络民主已经成为公众参与的重要渠道之一。通过发达的信息技术、网络及其相关技术为运作平台，努力拓宽公众预算参与渠道，成为网络时代的电子政府从“以政府为中心”转向“以公众为中心”的预算模式的重要途径。同时，要进一步完善预算项目库，积累相关项目评价的经验，完善项目指标、考核办法，为专家和公众选择奠定基础。应将部门通过所提供公共服务项目的质量、数量评价，作为一个部门的基础，促进政府向民主化、透明化、可问责性方向发展。

三、 公众参与的方式

参与是预算民主的重要过程。自由、平等的社会公众只有积极参与协商过程，才能够在对话、讨论、论证过程中，真实地表达自身的偏好，认真地倾听他人的观念与理由，郑重地衡量不同观念及其倾向，从而根据共同的价值取向，达成基本的共识，最终有利于预算决策的实现。预算过程的参与者必须积极参与辩论和说服过程。其中，任何一位参与者的任务都是形成并交流支持其行为的理由，这将影响其他参与者赞同其所支持的集体结果。当然，公众参与预算的方式有很多种，但是，参与机制不同，参与的结果或者效果也是不同的。不少国家在公众参与预算出现之前，就已经有各种形式的公众参与机制。例如，美国是先有公民社区才出现政府，公众参与在美国有着比较悠久的传统。[①] 在这些参与机制中，公众听证和公众咨询委员会是比较传统的公众参与

① 马骏，赵早早．公共预算：比较研究［M］．北京：中央编译出版社，2011：656.

公共决策的方式。在公众参与预算兴起之后，这些传统方式也被用于美国的公众参与预算。

近年来，随着现代参与式预算的不断发展，涌现了一些新的公众参与预算方式,[①] 例如公众问卷、公民会议（public meeting）或公民大会（citizen assembly）以及常设的公众参与机构等，它们扩大了公众参与的参与面和参与程度，有些地方的公众参与预算甚至同时采用了上面几种方式。[②] 在不同的参与方式下，公众参与的广度和深度及其对预算决策的影响是不同的。

20 世纪 90 年代以来，在西方“协商民主”的政治学背景下，公众参与的重要性和基础性愈加得以彰显，因为民主的本质是协商，而不是投票。在我国，实现财政预算公众参与制度需要践行法律、法规中所规定的听证制度，扩大其适用范围；完善民意调查和民意反映制度，提高公众参与意识和参与水平；健全利益团体表达制度，畅通参与渠道。

（一）听证

公众听证是一种非常传统的公众参与公共决策的制度，它可以让政府在决策前听取公众的意见。但是，无论政府还是公众都发现，这并不是一种很好的参与方式。一方面，当社会公众发现他们在听证会上发表的意见对政府决策并没有产生任何影响后，他们就会逐渐失去参与的兴趣；另一方面，政府官员则发现，他们在听证会上碰见的是一批充满愤怒而且对主题并未充分了解的公众或“行动组织”，因而越来越不愿意运用这种参与模式或不重视公众在听证中

---

① 马骏，罗万平．公民参与预算：美国地方政府的经验及其借鉴［J］．华中师范大学学报（人文社会科学版），2006（4）．

② Simonsen，William & Mark D. Robbins. 2000. Citizen participation in resource allocation. Boulder：Westview Press. pp. 13 – 14. Calia，Roland. 2001. priority – setting models for public budgeting. Chicago：Government Finance Officers Association，pp. 39 – 54.

发表的意见。[①] 而且，公众预算听证一般都是在预算过程的末期采用，或者更准确地说，一般是在预算批准之前举行，效果不是很好。[②]

（二）专家咨询

现代社会公共问题日益复杂化、专业化，政策信息不断增多，科学技术日新月异，国际交往纷繁复杂，使得现代预算过程呈现出大型化、多变化、综合化的趋势。财政预算往往涉及政治、经济、文化、社会生活多个领域，所需要的知识、经验、智慧、信息，是任何决策者个人无法包容的。也就是说，现代预算决策者所要解决的问题、所承担的职责、所行使的职权与他们的知识、能力之间的差距越来越大。要弥补这一差距，就必须发挥专家学者和专业人员的作用。建立依靠专家群体进行财政预算决策的咨询、论证活动的专家咨询制度，有助于提高政府预算决策质量，实现预算决策的科学化。事实上，当代西方整个行政决策体制呈现“谋”与“断”相对分工的特点。[③] 这种相对分工的特点为预算决策咨询制度的快速发展提供了条件。不过，在肯定专家决策咨询制度积极作用的同时，也不能忽视其局限性。这种局限性在专家个体上，表现为知识和信息的有限性、观点和意见的偏颇性；在专家群体上，则通常表现为结构上的单一性以及意见的杂乱性；等等。对我国而言，专家咨

① Simonsen, William & Mark D. Robbins. 2000. Citizen participation in resource allocation. Boulder: Westview Press. pp. 13, 21.

② Ebdon, Carol. 2003. Citizen participation in the budget process: Exit, voice, and loyalty. In Jack Rabin. Eds. Encyclopedia of public administration and public policy. New York: Marcel Dekker, Inc.

③ 例如，在日本，专家审议成为行政决策的一个必经程序。对于某种行政决定，在该处分厅之外设置了作为合议机关的审议会，就一定的案件向该审议会咨询，在经过该审议会审议的基础上，处分厅做出正式决定。在美国，行政决策咨询制度也进一步趋向完善。其标志有三：第一，外部咨询（民间咨询）的出现。民间咨询具有独立性，其咨询意见也具有客观性。第二，行政决策咨询活动被纳入法制的轨道。如美国于1972年通过了《联邦咨询委员会法》。第三，在行政决策咨询机构内部，建立了一整套组织体系和规范化程序。德国《联邦行政程序法》则对咨询委员会做了专节规定，要求政府决策中的一切公开项目都必须公之于众，以招标形式委托咨询机构进行预测和评估，咨询的结果再由政府部门组成的专家顾问委员会审核通过后，方能实施。

询制度实践中所呈现出的问题，“从根本上恰好反映出专家咨询制度存在保障专家独立性机制和抑制专家知识滥用的‘双重缺位’”。[①] 因此，在专家咨询实践中，需要促进公众、专家与决策者在意见表达、信息交流和对话基础上实现有效的互动。

（三）可行性论证

对于财政预算的适当性、可能性和可行性进行论证，并做出肯定、否定或修改等报告，已成为我国财政预算过程必不可少的环节。可行性论证的内容比较广泛，一般包括技术可行性、政治可行性、经济和财政可能性以及行政可操作性等。另外，可行性论证当然包括不可行性分析的内容。

然而，目前大多数的可行性论证往往是先立项后论证，可行性论证先入为主。在这种情况下，“政府决策的可行性分析过程就很容易变成一种意向性的支持性分析工作”。[②] 因此，对于决策内容进行论证，不能形成简单的趋同思维，而是要以逆向思维的方式，通过相反的路径进行不可行性论证。

实践的例子如：20 世纪 90 年代初，中央计划到 2005 年把上海建成亚洲金融中心，上海市随即成立了两个班子，一个论证上海在 10 年内不可能成为亚洲金融中心，一个论证上海在 10 年内可能成为亚洲金融中心。不可行性研究报告给人留下的印象尤为深刻，它通过对资金拥有量、流动量、经济开放程度、国际地位等方面的分析，提出上海要获得某些条件还有相当大的难度。尽管经过反复权衡，不可行性报告未被采用，但是它对决策者全面考虑上海的发展很有帮助。它提醒决策者，上海要成为亚洲金融中心，必须解决哪几个问题，对决策者全面考虑上海发展起到了重要的参考作用。

---

① 王锡锌．公众参与和行政过程［M］．北京：中国民主法制出版社，2007：314.

② 李伟权．政府决策的不可行性分析［J］．地方政府管理，2000（1）．

设计的。不过，无论基于何种考量，“行政参与”的程序理念必须要在程序运行中得到有效的实现，并以其为内核建立具体的正当性程序规则。对于参与方式的制度建构，应以“行政参与”与“行政公开”的程序理念为基础，以公众参与、专家咨询、可行性论证、问卷调查等程序制度为核心，建立具体的正当性程序规则。

第六章

财政预算的法治

法治是国家治理现代化的必然选择。[①] 现代国家治理的重要特征是法治。政府财政预算治理的“善治”与“共治”，最终将落脚在“法律之治”上。这是因为，多元主体并存的民主社会必然存在冲突和歧见，这就需要规则和法律进行规范、处理；而以“正义为善”的现代治理模式，也需要法律制度的科学安排以及有效执行。法治与国家治理、法治中国与国家治理现代化反映了某种内在的联系，两者都是全面深化改革的重要任务。[②] 在国家治理现代化进程中，治理主体需要增强规则意识、法律意识，秉持法治思维和法治方式，通过国家的一系列制度安排和树立法治权威，保障“善治”和“共治”的运行和实施。从某种意义上讲，国家治理的现代化，实质上是国家法治的现代化。预算法治作为防御财政预算权力极权化扩张和行使不受限制的重要方式，预算共治与预算善治都应落脚在预算法治上，预算法治主要是立足于预算权责视域，通过对预算权责的合理配置，最终实现对财政预算滥权、越权和怠权行为的规范制约与有效监督。

① 杜宴林，赵晓强．国家治理现代化与法治中国建设[J].吉林师范大学学报（人文社科版），2014（3）．
② 吴汉东．国家治理现代化的三个维度：共治、善治与法治[J].法制与社会发展，2014（5）．

第一节　财政预算的法治原则

法律的原则是介于最高理念与具体机制之间的中间概念，还是“用来进行法律论证的权威性出发点”，它指导着法律制度的改变和完善，能防止法律条款及其解释、适用中出现脱离法律原初目标的现象，指引法律规范体系的形成。同时，“法治是由最高权威认可颁布的并且通常以准则或逻辑命题形式表现出来的、具有普遍适用性的法律原则”。[①] 而“法治国家的要素有如下内容：颁布在法律上限制国家权力（尤其是通过分权）的成文宪法；用基本法规来保障各种不容侵犯的民众权利；法院从法律上保护公民的公共与私人权利不受国家权力的干涉；在因征用、为公献身及渎职而造成损失的情况下，国家有赔偿的义务：法院独立，保障法官的法律地位，主张刑法有追溯效力，最后是行政机关的依法办事原则”。[②] 因此，法治的基本理念是强调平等，反对特权，注重公民权利的保障，反对政府滥用权力。法治不只是一种制度化模式或社会组织模式，而且也是一种理性精神和文化意识。法治作为特定社会人类的一种基本追求和向往，最重要的意义就是法律在最高的终极意义上具有规范和裁决人们行为的力量。

不论是把法治界定为治国方法、法制的理想状态、法律运行的原则，还是把法治看作是法律制度的价值标准、社会结构状态，就财政预算而言，规范、全面、透明是构建预算法治原则的前提。预算的规范、全面、透明是财政预算的内在要求和鲜明特征，也写入了修改后的《预算法》第 1 条之中。不过，对于财政预算法治究竟应当具体确立为哪几项基本原则，并不是一件简单的事情。

从本质上看，财政预算法治原则的基本出发点是整个预算过程应该符合法

---

① 参考《布莱克法律辞典》对“法治”的解释。

② 见德国《布洛克豪斯百科全书》第 15 卷。

律法规的要求，这里的“规”还应包含着更深层次的意义，即在合法的基础上满足经济和政治上的现实要求。因此，预算法治原则可以界定为形式上的预算法定预算、实质层面的利益均衡原则和程序层面的正当程序原则。

一、预算法定原则

现代预算制度的要义，在于秉持“公共财政”理念，不仅仅把预算当作简单的国家会计管理工具，而是着眼于对财政收支计划所承载的公权力进行控制与规范。① 而要实现控制和规范的目标，首先需要秉持预算法定原则。通俗地讲，预算法定原则就是要求依法理财，是指在党的领导下以国家宪法为依据，按照财政法律规范体系的要求，治理国家各级政府各部门、各单位的财政、预算、税务和财务的收支活动，以发挥财政对治国理政的基础性和支柱性作用，它是规范政府财政收支，强化财政分配和监督的基本制度。

预算法定原则是建构国家预算制度的基本要求。首先，对于预算权力在不同国家机关之间的配置，应当在立法上予以明确，这包括横向和纵向两个层面。而且预算法律规定应当注意“赋权”和“限权”两方面的结合，比如，新修订的《预算法》在地方债问题上，针对过去“立法上一概禁止，实践中屡禁不止”的现象，采取“开前门、堵后门、修围墙”的办法，在第35条和第94条等条文中详细周延做出规定，明确举债主体、限定举债方式、限定用途、限定偿债资金、明确债务规模和管理方式，还规定了相应的法律责任，②

---

① 刘剑文，陈立诚．预算法修改：从“治民之法”到“治权之法”［J］．中国财政，2014（18）．

② 《预算法》第35条规定：“经国务院批准的省、自治区、直辖市的预算中必需的建设投资的部分资金，可以在国务院确定的限额内，通过发行地方政府债券举借债务的方式筹措。举借债务的规模，由国务院报全国人民代表大会或者全国人民代表大会常务委员会批准。省、自治区、直辖市依照国务院下达的限额举借的债务，列入本级预算调整方案，报本级人民代表大会常务委员会批准。举借的债务应当有偿还计划和稳定的偿还资金来源，只能用于公益性资本支出，不得用于经常性支出。除前款规定外，地方政府及其所属部门不得以任何方式举借债务。除法律另有规定外，地方政府及其所属部门不得为任何单位和个人的债务以任何方式提供担保。国务院建立地方政府债务风险评估和预警机制、应急处置机制以及责任追究制度。国务院财政部门对地方政府债务实施监督。”第94条

这可谓是法定原则在权力配置层面一次较为成功的实践。其次，预算法定原则要求对预算过程应当进行完整、周延的法律调整。预算过程无疑具有控制政府财政收支行为的基本属性，而预算法作为规范预算过程的法律规范，一方面间接地具有控权属性，另一方面也在外观上表征为“技术法”的客观面貌。此处所谓之“技术法”，实际含义是对预算编制、审批、执行、变更、调整、审计、决算等全流程的规范设定，通过主体、内容、程序、期限等要素的设计，以达到最终保障实现预算控权和公共财产治理的远景目标。最后，预算法定原则要求“有权必有责、权责相一致”，法定原则在预算法场域的体现也包括责任追究的可行性和必要性，既包括法律责任机制的确定充实，也包括责任追究的外在保障机制。后者主要是预算诉讼制度的构建问题，这需要在起诉资格、起诉条件及前置程序、预算诉讼的类型化等方面做出有益的制度探索。诚如有学者所论，“为使预算法能在司法实践中体现可诉性的属性，其制度构建至少应包含两个机理：一是可争讼性……作为提起相关诉讼的实体法依据；二是可适用性，即预算法应承认纳税人的诉权，作为提起相关诉讼的程序法依据”。①

在我国，预算法定原则渊源于依法理财观念，而政府首次公开提出依法理财，是1992年4月3日第七届全国人民代表大会第五次会议审查批准的国务院国务委员兼财政部长王丙乾所做的《关于1991年国家预算执行情况和1992年预算草案的报告》中指出“加强管理监督，严肃财经纪律”，要求“各地区、各部门要加强法制观念，严格执行国家财税法规，真正做到依法理财，依法征税”。从此，“依法理财”大体经历了四个历史阶段：一是1992年至2000年的分税制财政体制改革；二是2001年至2004年的深化财税体制改革，建立了公正财政的基本框架；三是2005年至2011年深化税费改革，在全国取消了

规定：“各级政府、各部门、各单位违反本法规定举借债务或者为他人债务提供担保，或者挪用重点支出资金，或者在预算之外及超预算标准建设楼堂馆所的，责令改正，对负有直接责任的主管人员和其他直接责任人员给予撤职、开除的处分。”

① 蒋悟真. 中国预算法实施的现实路径[J]. 中国社会科学，2014（9）.

农业税，巩固和发展科学的财政体系；四是近几年来把依法理财和定向宏观经济调控、增收节支、勤俭节约、反对铺张浪费、反对腐败紧密结合起来，把依法理财与财政战线上的科学化、精细化管理、绩效管理紧密结合起来，这使依法理财的深度和广度有了不断的发展。作为财政法治基本表现的依法理财观念，在每年经国家权力机关批准的预、决算报告中几乎都有充分体现，它不仅为人们所知晓，并得到了党中央国务院和全国人大的一贯认可，这在批准的、批转的、通过的有关决定、决议和报道中均可以见到。

预算法定原则取决于依法理财观念的践行程度。一般而言，依法理财包括维护财政纪律，与违背财政纪律的行为做斗争，如截留、挪用、占用或拖欠财政资金，随意减税、免税、缓征、超配额、吃空饷；包括维护财政秩序，与不按财政规律办事、违背量入为出的原则、造成财政资金供求矛盾、出现严重损失浪费的现象做斗争；包括保障财政增长，反对财政预算歉收、短收、超收不入账，私设小金库、私分公共财物的问题；包括保障财政预算支出结构的合理性，反对财政支出要么包揽过多效率低下，要么支出不到位、缺位、错位、造成财政分配或公共服务不公或不均衡、人为拉大差距的情况；包括维护财政预算资金的集中统一，反对大量财政预算资金游离于预算之外，挤占国家预算类资金和乱收乱支、虚列收支扰乱国家财政政策和货币政策的实施，致使财政资金的增长受到限制；包括建立和健全财政法律规范体系，反对政出多门、以言代法、以权压法的行为或以“法律”为名否定财政法律规章制度效力的问题；包括维护财政工作中的优良传统，反对工作中的官僚主义、形式主义和沾染享乐奢靡之风，造成财政预算收支严重失衡，财政民生工程和投资项目（含重大科研项目）损失严重，腐败现象横生；还包括严禁财政预算税收工作者玩忽职守，贪污腐败，走向犯罪。[①] 在实践中，依法理财产生了重大的影响。从最近20多年的财政预算报告可以看出，依法理财既是当年完成或超额完成财

---

① 刘隆亨．新《预算法》的基本理念、基本特征与实施建议[J]．法学杂志，2015（4）．

政预算税收任务的基本经验，也是保证来年执行新预算任务的基本措施，推进着财税体制不断改革并支持其他部门的改革，保障国家交替采用稳健的财政政策或积极的财政政策。总之，依法理财与国家治理体系和治理能力现代化密切相关，依法理财、推进预算法治建设是实现国家依法治国的重要组成部分，是建设现代财政预算税收法治制度的根本要求。

如果说，预算法定原则是依法理财观念的基本要求，那么，预算行为法定化就是预算法定原则的具体表现。《预算法》在第 1 条规定的首要立法目的就是“规范政府收支行为”，这就要求政府预算活动必须严格遵循法律，以实现政府财政收支活动和管理行为的制度化、程序化、透明化，这也是预算法定原则最重要的宗旨，是“强化预算约束”“加强对预算的管理和监督”“保障经济社会的健康发展”等其他宗旨的前提和保障。通过预算法定原则，建立在科学理论基础上的预算制度规则才能得以确立，比如，在我国，《预算法》确立了全口径预算原则，规定政府的全部收入和支出都应当纳入预算；改进预算控制方式，规定各级政府应当建立跨年度预算平衡机制，设置预算稳定调节基金；建立财政转移支付制度，规定财政转移支付应当规范、公平、公开，以一般性转移支付为主体；建立现代国库制度，规定国家实行国库集中收缴和集中支付制度等。

预算法定原则是预算制度构建的基础，通过预算法定原则，可以使公民权利规范化与自治化，实现公民权利和国家权力的动态互动，以保证公民财产权不被任意剥夺和限制。从本质上看，在预算法律行为中，公民让渡部分财产权给政府，由政府代为行使，形成财政权，但并不能因此而排除公民的权利，治理者只是受公民的委托，公民才是真正的权利主体。预算调整的是立法机关与行政机关、中央与地方、公民与国家之间的基本关系，涉及立法权与行政权、私权和公权的划分、制约和平衡，关乎公民基本经济社会权利和基本政治权利的保障，对于政府治理、法治进步、政治文明都具有极其重要的意义。因此，只有确立预算法定原则，明确建立人大主导下的预算权力配置体系，才能将政府的预算权力关进制度的笼子里，实现税收“取之于民、用之于民”的目的。在我国，正是按照预算法定原则的要求，《预算法》结合“控权法”的理念，在预算编制制度、预算审批制度、预算执行制度、预算监督制度、预算问责制度等方面实现了预算法定“原则之治”，对预算主体的权利义务和责任做出了相应规定，初步建立了现代预算制度的法律架构。从根本上看，预算法定是现代财政治理的迫切需要，对于规范预算行为，推进预算管理法治化、科学化和民主化具有无可替代的意义。

二、 利益均衡原则

预算作为国家管理社会经济事务和政府实施宏观调控的主要手段之一，在整个国家财政体系中居于核心地位。预算行为本质是一种公共治理行为，因而兼具公法的某些特质，其所指涉的对象是预算过程中的“权力—权利”配置，即法权配置，预算改革背后所隐含的亦即权力的再分配。① 在预算过程中，预算主体的地位常常是不对等的，权力/权利的配置常常呈现不平衡状态，因此，预算权力更容易被滥用，并严重威胁或侵犯公民、法人和其他组织的权利，这就导致更加迫切地需要在法治框架下，通过法治原则来明确指导预算制度安排朝着有效规范公共权力、保护公民权利并推动各方主体地位平等的方向发展。也就是说，预算权力主体与公民、法人之间的法律地位应当实现总体平等，权力与公民权利之间以及各种预算权力相互之间应当在法治轨道上实现整体平衡，这就是财政预算法治的利益均衡原则。“均衡”之于“预算”，实质是一个利益衡量的过程，要求在财政预算治理过程中需要衡量各种利益之间是否成比例。

在财政预算治理过程中，面对纷繁复杂的社会关系，需要充分考量这些社会关系背后的利益基础，从而实现财政资源的合理配置。“法律主体人格平等、功能各异、相互依存、共处于一定的关系网络中，主体间的关系是由给定

① 刘剑文．宪政下的公共财政与预算[J]．河南省政法管理干部学院学报，2007（3）．

的关系网络结构性地决定的，每个人的行为都会通过影响结构体系而影响处于体系中的他人，因而其意志并不能决定与他人发生或不发生，以及发生什么样的关系，因而也就不是随机性的。”① 不过，利益是不同社会关系背后最根本的识别标志，正如财政资源的配置，“只有在法定利益层面上，权利和权力能够直接还原为无差别的存在从而获得统一性”。② 预算主体间既存在利益对立，也存在功能互补，而预算法治是以维护和实现公众社会利益为目的，因此，如果从利益角度来观察的话，预算行为实质上表现为“预算主体对公共利益的集合、维护和分配”。③ 预算主体在集合、维护和分配公共利益的过程中，必然要与社会公众之间发生各种复杂的利益关系。其中，最基本的利益关系是公共利益与个人利益的关系，但并不仅限于这种利益关系，它有可能涉及多重的利益关系。此时，如何确保多重利益关系的预算行为带来的社会利益的增加大于限制和剥夺公民财产带来的弊害，正是利益均衡的结果。

从本质上看，利益均衡是实质正义的表现。一般来说，传统的正义诠释源自柏拉图和亚里士多德所提出的基本规则，如柏拉图认为正义即是让每个人得其所应得。而在其学生亚里士多德看来，正义意味着同等地对待同类对象，区别对待不同的对象，区别对待的程度应当与其不平等的程度成比例。人们将此概括为形式规则，它要求在进行区别对待时必须给出区别对待能够成立的理由。这一规则本身并不包含一切人平等的前提，而只是一种形式的规则。因此，正义原则在其成立之初并不是与人格和社会平等相关的规则，只是随着社会实践的发展，人们才逐步在正义的基本含义中加进了平等的内容，从而实现实质正义。也就是说，实质正义主要指社会资源和要素分配的结果必须符合正义原则，而形式正义则是形式原则，一般不重视分配的结果，只是要求分配的

① 苏永钦．经济法——已开发国家的任务与难题[M]//赖源河．公平交易法新论．北京：中国政法大学出版社，台北：元照出版有限公司，2002：36.

② 童之伟．法权与宪政[M]．济南：山东人民出版社，2001：20.

③ 叶必丰．行政法的人文精神[M]．武汉：湖北人民出版社，1999：195.

过程符合正义的要求。所以，形式正义与实质正义在对待平等对象上的态度是有差别的。实质正义要求分配结果的实质性平等，如罗尔斯所强调的：“所有社会价值（自由、机会、收入和财富以及自尊的基础）平等地分配，除非是这些价值之一或全部的不平等分配应当对每个人都有利。”① 不过，这里的平等是可衡量的起点的平等和规则普遍适用上的平等，法律面前的平等。因此，实质正义的实现，依赖于对具体社会条件的衡量之上，本质上就是利益衡量。

从深层次的利益关系出发，财政预算实际上对应着私有财产权和国家财政权，它们也是公民权利和国家权力在财政领域的体现，公民权利与国家权力的互动与协调则表现为私有财产权与国家财政权的互动与协调。由于经济资源的稀缺性，私有财产权与国家财政权必然产生冲突，在国家治理现代化的进程中，必须要按照宪法政治的精神，有效地解决私有财产权与国家财政权的冲突，协调二者的关系，实现二者的互动。解决冲突的过程也是利益均衡的过程，体现着预算法治的利益均衡原则。另外，财政预算也是现代行政的重要方式，现代行政既有公权力行政与私经济行政（国库行政）之分，还有干预行政、给付行政和计划行政等。② 多元化的行政，必然体现多元化的利益及利益关系。如今，行政法律关系转趋多样化、多元化，如大型工厂、垃圾填埋场等设立，除涉及设立申请人与主管行政机关之外，还包括相邻之居民、其他利害关系人、环保团体与其他相关主管机关，行政机关所面临（的）不再是单一的私人，而是复杂多元的当事人与利害关系人。③ 因此，利益均衡原则贯穿于现代行政的整个过程和各个角落，财政预算当然也不例外。

财政预算法治的利益均衡原则，实际上是财政预算的合理性表达。在某种程度上，合理性的概念可能更容易被人们熟知。从历史渊源的角度，合理性原

---

① J. Rawls，A Theory of Justice，Harvard University Press，1971，p62.

② 吴庚．行政法之理论与实用[M]．台北：三民书局，1996.

③ 董保城．行政程序法基本法理之初探[M]//杨解君．走向法治的缺失言说——法理、行政法的思考．北京：法律出版社，2001：321.

则起源于英国判例，是法院通过判例在不断限制行政裁量权的滥用中发展起来的。该原则后来为美国所继受和发展，成为英美法系国家控制行政裁量权的一般原则并最终演变为规范所有公权力的一般性原则。

在我国，许多学者受英美法系国家的影响，将行政合理性原则亦作为我国行政法控权规范的基本原则。然而，究竟什么是合理性原则，或者说合理性的标准是什么，却始终是一个有争议的问题。为此，英国的司法审查尽可能避免正面阐述合理的含义和要求，而习惯于作一种反向思维，即努力找出到底哪些是“不合理”的，从而找出一个行政合理性的最低标准。根据英国司法审查的判例，“不合理”主要有：背离法定目的、虚假的动机、不相关的考虑、非正常判断或者说严格的“非理性”等。[①] 在美国，最高法院对于什么是不合理的标准，也没有明确的定义，只是通过判例“指出抽象的原则”；下级法院和学术界通过对判例的研究，从学理角度，认为不合理主要表现为：不正当的目的、忽视相关的因素、不遵守自己的先例和诺言、显失公正的严厉制裁、不合理的迟延等。[②] 在我国，行政合理性多指行政行为应具有的内容上的公正性。[③] 但是“合理”和“公正”等概念本身都是抽象的，如果用“公正”来界定“合理”，实际上是在用一个不确定概念来解释另一个不确定概念，因此，并没有对合理性做出准确的解释和回答。事实上，由于合理性问题本身的意义相当笼统，十分抽象和复杂，加之人们的判断都是主观的，到底哪种判断更符合实际也难以把握，因此，要想准确把握行政合理性这一主观性标准的确很困难。然而，现实和法律的要求是，必须把抽象的概念具体化、确定化，把主观观念客观化和标准化，用客观的利益均衡代替主观的合理性判断就成为现实的需要。这就是说，财政预算的治理过程，实质上就是利益均衡的过程。

当然，在预算主体之间，除了发生公共利益与个人利益的关系之外，还可

---

① 周佑勇．论英国行政法的基本原则[J]．法学评论，2003（6）．

② 王名扬．美国行政法（下册）[M]．北京：中国法制出版社，1995.

③ 张尚鷟．行政法学[M]．北京：北京大学出版社，1990：37.

能因行政权的行使而在不同的行政相对人间发生个人利益与个人利益的关系。不过，这种个人利益之间的关系，实质上也是公共利益与个人利益间关系的体现。因为在利益上，“如果所有人都要拥有足够的多，就没有人拥有很多；如果有某些人要拥有得多，其他人必定拥有得较少”。[①] 也就是说，如果某个社会成员不承担公共负担，就必然会加重其他社会成员的公共负担；如果某个人多占公共利益，就必然会减少其他社会成员所能享受的公共利益。[②]

无论是公共利益还是个人利益，都应受到法律的保护和尊重。“任何权利主体的正当利益，无论是个人利益、团体利益还是公共利益，都必须受到社会的尊重和法律的保护。任何主体以非法形式侵害了其他主体的正当利益，都必须承担起相应的法律责任。”[③] 但是，利益关系往往表现为冲突与矛盾，在此种情况下，就需要权衡各种利益以做出最佳选择，行政主体在对各种利益进行权衡时，应当综合衡量各种利益因素，充分协调各种利益关系，使之有机地统一起来，在尽可能的范围内保护各种合法利益。不能借口某种利益的重要而牺牲其他利益主体的利益，即使必须在相冲突的利益之间做出选择，也应将牺牲降到最低的程度，补偿利益牺牲者的损失。[④] 总之，利益均衡原则体现在“利益衡量的结果应当促使各种利益尽可能地最大化”。

综上，利益均衡原则所调整的利益关系主要有两类：一是公共利益与个人利益之间的关系；二是在权衡公共利益与个人利益间关系的基础上，进一步权衡和比较不同的个人利益关系。就财政预算编制而论，一般公共预算是对以税收为主体的财政收入，安排用于保障和改善民生、推动经济社会发展、维护国家安全、维持国家机构正常运转等方面的收支预算。对于一般公共预算而言，

---

① ［英］米尔恩．人的权利与人的多样性——人权哲学[M]．夏勇，等译．北京：中国大百科全书出版社，1995：52.

② 叶必丰．行政法的人文精神[M]．武汉：湖北人民出版社，1999：157.

③ 郑成良．权利本位说[J]．政治与法，1989（4）．

④ 周佑勇．行政法基本原则研究[M]．武汉：武汉大学出版社，2005：209.

每年的财政收入基本确定，也就是“蛋糕”就摆在那里，如果在民生保障领域分配较多，经济社会发展领域的资源配置必然就会减少。具体到某一个领域或行业，比如推动经济社会发展，到底是将资源投放到见效比较快速明显的工农业领域，还是投放到风险较大、短期见不到效果的高科技领域，都是一个复杂的利益评估和衡量过程。在编制预算过程中，财政预算部门往往还要权衡不同的个人和群体之间的利益关系。利益均衡原则在本质上是建立在一种“更重要的、更科学的关于行使自由裁量权的目的、方法、理由及效力关系的基础之上”，因此，对于财政预算而言，利益均衡原则是对财政预算裁量权的控制，从根本上都要求财政预算行为应该具有内容上的适当性。

三、 程序正当原则

法律是道德的实现方式，是道德的操作机制、强化机制和纠错机制，正如亚里士多德所言，“法律的实际意义应该是促成城邦人民都能进行正义和善德的永久制度”。① 道德价值要转化为法律规范且内化于其中，一般要遵循道德价值—法律价值（原则）—法律规则的路径。正当程序理念作为一种人们追求的道德价值指向，对我国预算过程发挥了现实的指导作用，且内化于预算法律规则体系，进而实现将正当程序理念嵌入预算规范的转变，这种转变实际上就是财政预算法治的正当程序原则，只有实现预算法正当程序理念的规范化，才能使其成为预算主体法定的权利义务，才能对预算法主体发挥实质性的约束力。

程序滥觞于英美，是指一些建构和规范人类行为的规则系统方式，它使得规则系统不仅有效且具有作为规则应有的品质，是内在价值和外在价值的统一。② 实际上，在法律制度中，正义均可表现为三种主要形式：第一，实体正义，指人们对实体上的权利、义务和责任进行确定时所要遵循的价值评价。第

① ［古希腊］亚里士多德．政治学［M］．吴寿彭，译．北京：商务印书馆，1983：138.

② ［美］富勒．法律的道德性［M］．郑戈，译．北京：商务印书馆，2007：5.

二，形式正义，要求“对相同的情况予以相同的对待”。第三，程序正义，指法律程序在具体运作过程中所要实现的价值目标。与实体正义、形式正义相比，程序正义是一种“过程价值”，是评价程序本身正义性的价值标准。① 作为民主政治程序的财政预算，程序正当显然是其基本法治原则。换言之，财政预算过程要符合正当法律程序的要求和意旨。

经验表明，没有任何原则、制度或价值观可以脱离历史与社会环境的变化而至高无上、绝对独立地存在。一般认为，正当程序的观念萌生于13世纪的英国。具有标志意义的英国1215年《大宪章》第39条规定：凡自由民，如未经其同级贵族的依法裁判，或经国法判决，皆不得被逮捕和监禁，没收财产，剥夺法律保护权，流放，或加以其他损害。1354年英国国会通过的《伦敦威斯敏斯特自由令》更是第一次将“正当法律程序”概念明确写入法律文件之中：“未经法律的正当程序进行答辩，对任何财产或身份的拥有者一律不得剥夺其生存之权利。”此后，正当法律程序原则被反复表达，成为程序正义思想最肥沃的土壤。② 特别是不少国家通过宪法规范，对程序正当提供根本法意义的保障。

在现代国家发展历史过程中的很长一段时间里，自然正义和正当法律程序原则只是适用于司法或者准司法领域，或者说，在有义务按照司法程序的要求进行活动的情况下才适用该原则。随着社会问题日益增多，社会关系日趋复杂，为了有效地进行公共管理，行政机关被授予了更加广泛的裁量权以及准立法权、准司法权。从摇篮到坟墓，行政权可谓是无处不在、无孔不入。在行政权大肆扩张的同时，行政机关的行为标准却一直比较模糊，诸如“不得滥用权力”“应维护公共利益”等，很难靠实体法的既有规则来实行监控。与此同时，从财政预算制度的本质出发，财政预算收入来源于作为纳税人的社会公众

① 陈瑞华．刑事审判原理论[M]．北京：法律出版社，1997：53－54.

② 徐亚文．程序正义论[M]．济南：山东人民出版社，2004：4－5.

所缴纳的税款，理应享有财政预算的知情权、参与权和监督权，也就是有权知道自己缴纳的钱花到了什么地方，花得是否合理，因而财政预算必须是公开、透明的“阳光预算”，使政府的收支行为始终置于立法机关和社会公众的监督之下。因此，现代国家往往通过相关的法律和政策对财政预算予以确定的规范限制。而这种限制，除了外部界限要符合法律法规之外，还应当从内部界限上加以限制。在内部限制上，除了预算实体内容方面要符合法律要求和政策目标，还应当把预算程序作为限制的方式，加之预算本身的程序属性，这就产生了财政预算的“正当程序原则”问题。

从限制行政权的实践中，不少国家已经通过立法的形式来确保行政程序的正当性，这些程序保障的具体措施一般体现为：第一，不论是行政机关还是相对一方当事人，对于其主张或判断都应当提供旨在证明结论成立的事实和理由；第二，程序主持者应当认真地整理有关争论点及其理由并对其进行仔细讨论；第三，程序主持者应当在对有关争论点和相应证据进行分析的基础上，没有偏见地提出解决问题的方案；第四，行政机关对其所做出的决定应当说明理由。[①] 其中，行政机关对其决定说明理由以及赋予相对一方的公开听证权被认为是最重要的，甚至被认为是行政正当程序的最低限度要求。[②] 因此，作为国家公权力重要组成部分的财政预算权，其程序正当性的保障措施主要表现为：一是预算案的提出应当提供旨在证明结论成立的事实和理由；二是允许社会公众充分表达意见；三是对预算案应当充分说明理由。

当然，程序正义原则也存在适用的法律界限和范围问题。对此，贝勒斯认为：第一，程序正义原则一般只适用于政府的行为，而不适用于个人的行为。换言之，只有在政府做出涉及成本或收益决定的场合，程序正义的原则才须在法律意义上得到遵从。第二，适用程序正义原则还与法律决定是否产生对个人

---

① 王锡锌．行政程序理性原则论要［J］．法商研究，2000（4）．

② 王锡锌．正当法律程序与“最低限度的公正”——基于行政程序角度之考察［J］．法学评论，2002（2）．

权益的不利影响有关。一般而言，与授予利益和解除成本的决定相比，在终止利益和科处负担的决定过程中，贯彻程序正义的要求显得更为重要。第三，适用程序正义原则还需要考虑法律程序所涉及的利益的重要性。一般而言，受程序结果影响的利益越多，所可能支出的错误成本也就越大，在法律程序的设计中所需要投入的直接成本也就应当相应地增加；反之，对于涉及利益甚小的程序则不一定需要按照程序正义的要求进行设计。第四，适用程序正义原则还要看是否有可替代的保护措施。具体而言，在那些契约性的协商、自愿放弃某一行为的场合，当事者如果选择其他程序便可以保护自己的利益，程序正义原则就不必在程序设计中加以体现。①

正当程序原则是预算正当性的根源。正当程序是“自然正义”和“法治”的承载，具有超越现实的形而上的道德价值指向性。财政预算的正当程序原则对预算规范、预算过程及预算结果（绩效）的正当性具有在总体上的控制取向。

预算程序具有技术和价值双重层面的意义。在技术层面，预算程序即预算主体实施预算行为、在预算过程中所应当遵循的方式和步骤。行为方式构成了行为过程的空间表现形式；行为步骤构成了行为过程的时间表现形式，行为的各个方式按照一定的步骤串联起来，就形成了行为的全过程。预算程序实质上就是预算行为空间和时间表现形式的有机结合，是作为过程的预算行为。正如“任何行政行为的实施在客观上都有其一定的空间和时间表现形式”②，只要有预算行为的存在，就有预算程序的存在。同时，任何预算行为都是两方面的统一：一方面是其实体内容，另一方面是其程序形式。③ 正如任何事物的内容都离不开形式一样，任何预算行为也都离不开预算程序，实体必须通过一定的程序才能得以实现。

---

① 陈瑞华．走向综合性程序价值理论——贝勒斯程序正义理论述评[J]．中国社会科学，1999（6）．

② 杨海坤，黄学贤．中国行政程序法典化——从比较法角度研究[M]．北京：法律出版社，1999.

③ 罗豪才．行政法学[M]．北京：中国政法大学出版社，1989：241.

在价值层面，预算程序则不仅仅是实现预算实体或结果的技术性工具，它还有着独立于实体而存在的内在价值。这种内在价值即程序自身的正当性，它在一定程度上主要取决于程序本身是否符合正义的要求，而并不取决于通过该程序所产生的实体结果如何；相反，程序的正义甚至决定着实体结果的正当性。程序自身所具有的这种独立价值，表明存在一种程序本身的正义，而这种“程序的正义，意味着程序不是权力的附庸，而是制约专横权力的屏障”。[①] 程序自身的正当性对预算权力的正当行使提出了最基本的程序性要求。随着政府预算权力在现代社会的不断扩张，肯定价值层面的预算程序，即要求预算程序是一种正当性程序，对于规范预算权力的正当行使、保护公民权利无疑具有十分重大的现实意义。因此，我们不能仅仅从技术的角度来理解预算程序的意义，正当的预算程序实质上是对公民基本权利尤其是财产权提供的一种重要保障，是现代财政预算法治的核心要求。

正如美国大法官 W·道格拉斯所言，权利法案的大多数规定都与程序条款有关，这一事实并不是无意义的。正是程序决定了法治与恣意的人治之间的基本差异。坚定地遵守严格的法律程序，是我们赖以实现人人在法律面前平等享有正义的主要保证。[②] 不过，正当程序原则在预算过程中究竟有哪些具体要求呢？对此，我们可以借鉴程序正当的一般探讨。

在西方国家，许多学者都对程序正当做过有益的探讨，但是也存在较大的分歧。比如美国学者泰勒认为，评价某一法律程序是否公正有六项价值标准，即程序和决定的参与性；结果与过程的一致性；执法者的中立性；决定和努力的质量；纠错性；伦理性。[③] 戈尔丁认为，程序公正包含九项内容，即任何人不能作为有关自己案件的法官；结果中不应包含纠纷解决者个人的利益；纠纷

① 蒋秋明．程序正义与法治[J]．学海，1998（6）．

② Christopher Osakwe，The Bill of Rights for the Criminal Defondant in American Law，in Human Rights in Criminal Procedure（edited by J. A. Andrews），Martinis Inhofe Publishers，1982，pp. 260 – 264.

③ See Tom Rattler，What is procedural Justice，in Law and Society Review Vol. 22（1988）．

解决者不应有支持或反对某一方的偏见；对各方当事人的意见均给予公平的关注；纠纷解决者应听取双方的辩论和证据；纠纷解决者只应在另一方当事人在场的情况下听取对方的意见；各方当事人应得到公平机会来对另一方提出的辩论和证据做出反应；解决的诸项内容，应当以理性推演为依据；分析推理应建立在当事人做出的辩论和提出的证据之上。① 萨默斯认为，“程序价值”有十项基本内容，即参与性统治；程序正统性；程序和平性；人道性及尊重个人的尊严；个人隐私；协议性；程序公平性；程序法治；程序理性；及时性和终结性。② 另外，贝勒斯则将“程序价值”总结为七项原则，即和平原则、自愿原则、参与原则、公平原则、可理解原则、及时原则、止争原则。③

在我国，许多学者对程序正当也进行了极富开拓精神的研究，比如孙笑侠认为，“程序公正的六大要义”是指程序的民主性、程序的控权性（从人权角度看）、程序的平等性、程序的公开性、程序的科学性和程序的文明性；④ 季卫东认为，“现代程序的四项基本原则”包括正当过程、中立性、条件优势、合理化；⑤ 陈瑞华认为，“最低限度程序正义的六项要求”是指程序的参与性、裁判者的中立性、程序的对等性、程序的合理性、程序的自治性、程序的及时终结性。⑥

上述观点反映了不同的学者对程序正当的内容、标准和要素的不同理解。事实上，要提出一种普遍适用于一切社会的最高的、绝对的程序正义要求是不可能的。但是，我们可以根据人类的共同心理需求，提出一种可适用于所有现

---

① ［美］马丁·P. 戈尔丁．法律哲学［M］．齐海滨，译．北京：生活·读书·新知三联书店，1987.

② See Robert S. Summers, Evaluating and Improving Legal Processes – A plea for “Process Values”, in Cornell Law Review V01. 60（1974）.

③ ［美］迈克尔·D. 贝勒斯．法律的原则［M］．张文显，等译．北京：中国大百科全书出版社，1996：34.

④ 孙笑侠．两种程序法类型的纵向比较——兼论程序公正的要义［J］. 1992（8）.

⑤ 季卫东．程序比较论［J］．比较法研究，1993（1）.

⑥ 陈瑞华．程序正义论——从刑事审判角度的分析［J］．中外法学，1997（2）.

代文明社会的最低限度程序正义要求。① 一般而言，在现代国家的公共生活中，要实现最低限度的程序正义，至少应当包括下述基本要求：

（1）程序中立性，即程序无偏私地对待当事人，确保各方参与者受到裁判者平等的对待。与程序法律结果有牵连的人不能成为程序主持者；程序主持者与接受程序法律结果的法律主体任何一方不得有利益或其他方面的联系。中立性原则需要通过一系列的制度来保证，如程序主持者的资格认定、回避制度、权力制约等。在预算过程中，中立性表现为预算主体不能担任自己案件的法官；利益分配结果中不应当包含预算程序直接参与者的利益。

（2）程序参与性，即在行使权力可能对当事人之权利、义务产生不利影响时，必须提供某种形式的表达意见和为其利益辩护的机会。它具体表现为信息获得（被告知）与传递（听取陈述意见）的平等机会。参与性是主体的一种能动的行为，主体希望通过行为来使事情的结果更趋于有利自我。对于财政预算而言，参与性要求保证各利益主体能够自愿地参与预算全过程，并能实质性地影响预算过程和结果。

（3）程序公开性，即程序的每一个阶段以及每一个步骤，都应当以当事人和社会公众看得见的方式公布。公开的程序规则是当事各方规划行为、预见结果的依据，它的对立面直接指向“黑箱操作”。当程序以一种透明、公开的方式运行时，程序的结果往往是人们理性的决定，从而也就具有了合理性。公开性要求预算程序应具有使预算所经历任何阶段和步骤都要以看得见的方式进行的品质，正如英彦所言，“正义不仅要伸张，且必须眼见着被伸张”。公开性是预算程序的正当性保障，正如伯尔曼所言，“没有公开就无所谓正义”。②

（4）程序及时终结性，即程序必须包含行为的时效和期限要求。西方有

---

① 陈瑞华．程序正义论——从刑事审判角度的分析[J]．中外法学，1997（2）．

② ［美］伯尔曼．法律与宗教[M]．梁治平，译．北京：中国政法大学出版社，2003：21－22.

句经久不衰的格言：迟到的正义非正义。如果一项程序活动旷日持久，实际上无异于拒绝了人们利用程序的权利，不论其结局如何，对于当事人双方都无正义可言。在这一意义上，“及时”因其自身而成为一项独立的价值。此外，通过程序产生一项终结性的结果，该结果不能够被随意推翻，对该结果的修正必须通过启动另一个程序来进行。① 及时性是草率与拖拉两个极端的折中，既不是无充分时间收集信息并思考情况下草率的决定，又非无效率地拖延。② 及时性品质是预算程序能保障预算既不被拖延，也不过快结束，即按正当预算时间合理地运行预算程序的品质。终止性是预算程序在法定的时段内具有终结性，不能再被任意启动。终止性也是预算程序必须具有的品质，指一旦预算年度（过程）终止就不能再任意地启动预算程序。

总之，正当程序原则是预算权力运行必须符合的最低限度的程序公正标准，其所包含的避免偏私、参与性、公开性和及时终结性等要求，直接体现了现代法治国家对预算权力公正行使的最低限度，也是最基本的要求，从根本上承载了现代预算程序的基本价值追求——程序正义，是确保正当程序理念在预算过程中得以实现的重要保障。同时，这也意味着正当程序原则在内容上具有根本属性，构成了财政预算法治的基本原则。③

第二节　财政预算权配置的法治化

预算是“通过政治程序分配的财政资源的尝试”，④ 因此，预算过程中的每一环节，预算控制权在各个预算主体之间分配所形成的权力格局，是财政预算权配置的基础和结果，也是财政预算法治化的基础和来源。

① 周佑勇. 行政法的正当程序原则[J]. 中国社会科学，2004（4）.

② ［美］迈克尔·D. 贝勒斯. 法律的原则[M]. 张文显，等译. 北京：中国大百科全书出版社，1996：36.

③ 周佑勇. 行政法基本原则研究[M]. 武汉：武汉大学出版社，2005：248.

④ Aaron B. Wildavsky，The New Politics of the Budgetary Process，Harper Collins Publisher Inc，1992，p. 52.

财政预算权主要在立法机关、行政机关和社会公众等主体中进行配置。预算权配置是对控制稀缺资源的权力在立法机关和行政机关之间、行政机关内部各部门之间以及立法机关、行政机关与社会公众之间进行调适和分配的过程，它的目标在于确保预算资金的安全高效运行。公众、社会和媒体的影响也是需要考虑的重要方面。[①] 预算权的配置基于《预算法》的规定，这是预算法定的基本内涵，其合理配置主要涉及四个方面：一是预算权力在立法机关内部的分配情况；二是预算权力在政府内部的分配情况；三是预算权力在立法机关和政府之间的分配情况；四是公民和利益集团参与预算过程的程度、参与渠道、深度和效果等。

一、 预算权力配置的一般理论

建设法治国家的基本要求，就是依法规范权力的运行。而规范权力之首要是控制国家的财权，而控制财权之关键，则在于对预算权的控制。作为控制权力的需要，预算之重要，以致其“是任何国家不可缺少的，一个国家没有预算，就如同一个国家没有领土、没有政府一样不可想象”[②]。因此，应该着重关注和研究预算权力配置以及预算权力制衡的问题。

英国思想史学家阿克顿勋爵有句名言：“权力容易导致腐败，绝对的权力导致绝对的腐败。”预算权力作为一种公共权力，是财政权力的重要组成部分，如果没有在制度中形成一种相互分立和相互制衡的权力配置机制，单独由立法机关或者行政机关掌握预算权力，则会导致因预算权力的滥用而侵害民众的利益。因此，要重视预算权力的分配，不同的预算权力结构将形成不同的预算制度，进而导致不同的预算行为。预算权力的配置结构是一个有序的网络，在预算权力最初产生的时候，并没有一个现成的配置结构，一般都自然地掌握

---

① 张献勇．预算权研究［M］．北京：中国民主法制出版社，2008：29－33.

② 李建英编译．苏联财政法［M］．北京：中国财政经济出版社，1985：16.

在特定的群体之中，比如，英国议会产生以前（同时也是现代预算制度产生以前），征税权和财政资源的配置权均归封建统治阶级所掌握，在建立现代预算制度之后，预算的审批权与监督权一般归属议会，而预算编制权及执行权一般归属内阁。

预算权力的配置既包括中央与地方以及地方各级政府形成的预算管理体系中编制、审查、批准、执行、调整、监督等权力在不同层级政府间的配置，也包括在同一层级政府内立法机关与行政机关等公共权力主体之间的配置，且后者更具实质性意义。预算权力配置结构依不同的社会制度、不同国家、不同时期而有所不同，一般而言，预算权力配置结构分三种类型，即集权型、分权型和分权集权适度型。

集权型预算权力配置结构，即预算权力高度集中于某个特定权力主体或某个特定权力主体阶层手中，比如预算权力高度集中于某一政党或政党的中央领导机构或政党领袖手中。值得注意的是，在中国的封建社会时期，预算权力既高度集中于封建王朝中央政府，同时也高度集中于封建王朝皇帝的手中。分权型预算权力配置结构，即预算权力分散于各个权力主体或各个主体层次中，由多个权力主体分享不同的预算权力，并相互监督制约。其理论基础主要是“三权分立”学说，与立法、行政、司法三权分立制衡相对应，更加强调预算的立法决策权、行政执行权和监督追责权要分别由不同的权力主体行使。分权集权适度型预算权力配置结构，即预算权力该集中的集中，该分散的分散，确保权力配置的结构尽量合理。

公共预算权力的配置涉及立法机关（议会或人民代表大会）、行政机关及其内部有关部门、审计机关和社会公众。一般而言，立法机关享有预算审批权、监督权，行政机关享有预算编制权、执行权，审计机关享有预算执行监督权。立法机关通过预算审批、监督对国家预算进行立法控制，行政机关通过预算编制、预算执行对国家预算进行内部监管和行政控制，审计机关通过对预算执行的审计监督对国家预算进行事后监督检查。① 除了立法机关、行政机关与审计机关外，社会公众有权通过听证和其他途径参与预算的决策并监督各公共权力机关依法行使其预算权力。从民主法治的角度而言，预算编制权与执行权通常掌握在行政机关手中，如果没有其他国家机关的制衡和监督，容易导致行政机关滥用预算权侵害公众的利益。因此，预算权力配置的法治化，实际上就是预算权力在立法机关与行政机关之间如何科学合理的配置，形成相互分立、相互制约的权力结构。

权力合理划分、权力相互制约、权力受监督是实现预算权力制衡的三个重要内容。通过这三个方面的协调配合，通过合理划分、相互制约使权力达到平衡。换句话说，预算权力配置是在完善民主和法治的前提下，通过合理的预算权力配置，并对预算权力实行有效的制约与监督，使预算权力按照一定程序进行良性运转，使预算权力实现效用最大化。

二、 立法机关的预算权力

预算是国家收入支出的预定总计划，以人民的负担为基础；政府预算的内容包括岁入和岁出，二者与人民权益息息相关，对不同阶层或不同团体人民的经济福祉，将产生明显的影响。现代民主国家活动所需要的资金，最终是由全体人民提供的。为防止政府专擅与不必要的支出浪费，给国家财政、人民税赋带来沉重负担，民主国家常常赋予代表人民意志的议会有审查、议决政府预算的权力。另外，国家所管理的财产，究其根本也来自人民，除非为了人民的利益而管理、使用外，不能有其他目的。因此，除了租税行为本质上要受到“租税法律原则”的约束之外，其他属于人民信托给政府的公有财产与资金，也应当受到人民代表的监督。

---

① 文炳勋．行政控制、政治控制与公共预算——三论我国公共预算改革［J］．湖南师范大学社会学报，2007（3）．

我国宪法规定，全国人民代表大会是最高国家权力机关，行使国家立法权，行使审查和批准国家的预算和预算执行情况的报告的职权。在全国人民代表大会闭会期间，全国人大常务委员会行使审查和批准国家预算在执行过程中所必须作的部分调整方案的职权。新修订的《预算法》进一步明确规定，全国人民代表大会审查中央和地方预算草案及中央和地方预算执行情况的报告；批准中央预算和中央预算执行情况的报告；改变或者撤销全国人民代表大会常务委员会关于预算、决算的不适当的决议。全国人民代表大会常务委员会监督中央和地方预算的执行；审查和批准中央预算的调整方案；审查和批准中央决算；撤销国务院制定的同宪法、法律相抵触的关于预算、决算的行政法规、决定和命令；撤销省、自治区、直辖市人民代表大会及其常务委员会制定的同宪法、法律和行政法规相抵触的关于预算、决算的地方性法规和决议。因此，在我国，作为立法机关，人民代表大会的预算权力主要包括预算审批权和预算监督权。

预算审批权包括程序和实质两方面的内容，从实质内容来看，具体包括收入保障权和支出控制权两个方面。收入保障权是指由立法机关通过制定及调整有关税法、国债法等财政收入方面的法律文件，行使于税收、国债和其他财政收入方面的预算审批权，目的是控制政府收入、稳定国家财政活动的作用。支出控制权是指由立法机关通过授权法、拨款法、委员会决议及各种非正式立法的方式，对政府的开支项目及其支出预算进行控制，为政府的活动提供相应的物质保证。

预算管理的核心是对公共资源的“汲取与使用”进行管理，因此，为实现预算管理目标，加强对预算活动的监督尤为重要。立法机关对财政部门的预算编制、执行情况的监督，主要包括人民代表大会对财政部门编制的预算草案进行审查和批准，人民代表大会常务委员会对财政预算执行过程进行不定期的监督和对财政收支预算的调整或变更情况进行审查与批准，以及人民代表大会对财政预算执行情况及其结果的审查和批准这一全过程的监督。① 另外，立法机关可以通过内部机构或者审计机关对预算执行情况特别是有关账目情况进行审核，即由立法机关通过其内部设立的有关组织或相对独立的监督部门，对政府的财务项目进行审计，从而监督行政部门的活动是否按授权与拨款法案的要求进行。总之，由立法机关行使的预算审查及议决权是一种传统的对政府（行政权）的控制权力。即政府在财政经济上的措施和行为，必须获得立法机关的同意，使政府在施政上能直接接受民意监督，以期达到合理节制的目的。这就是立法机关行使预算审查议决权的原始作用，其最终目的是通过权力分工与制衡来保障人民的基本权益。

人民代表大会是我国各级政府的权力机构，人民代表大会及其常委会在发挥决策权和监督权等方面起着重要的作用。目前，我国人民代表大会制度在代表遴选机制、议事程序和决策机制方面还存在诸多问题，全国人民代表大会是国家最高权力机关，无论是财政收入还是财政开支，如果缺少议会决定或者法律授权，都可能被指责为违反人民的意志。② 但是，在现实语境中，人民代表大会对预算草案的审查监督缺乏一定的力度与深度。预算修正权、否决权的缺位，造成人民代表大会在预算过程中权力的“空心化”现象。另外，《预算法》所规定的法律责任，不仅在数量上存在难以克服的硬伤，在立法质量上也存在隐患，法律责任的形式完备而实质缺位，成为政府权力未受有效规制的根源。因此，为了履行好宪法所赋予的预算审查方面的职责，有必要完善人民代表大会制度中关于预算审查方面的规定。

（一）完善人大代表的选举制度

人大代表的选举直接关系到人民代表大会的权威性和代表性，也关系到人

① 王敏．国家权力机关的国民经济计划和预算监督制度[M]．北京：中国民主法制出版社，1993：67.

② 熊伟．财政法基本原则论纲［J］．中国法学，2004（4）．

大代表本身参与预算的能力和政治素质。为此，在选举中应进一步体现公平的原则。针对我国人大代表选举制度存在的一些问题，可以从以下方面进行改革。

一是扩大人大代表直接选举范围。我国目前采取的是层层推选人大代表的制度，普通选民有权选举基层人大代表，而上一层级的人大代表由下一层级的人大层层推选。这种间接选举制度增加了“委托—代理”的层级，容易导致代理成本的增加，不利于人大代表对选民诉求的了解，也不利于选民对人大代表的监督。因此，应该逐步扩大人大代表直接选举的范围，从远期来说，最理想的目标是所有各级人大代表都应该由普通选民选举产生，从近期来说，可以逐步试点扩大人大代表直接选举的范围。

二是应逐步加大差额选举的比例。依照相关法律，目前人大代表直选的范围仅限于乡镇及城市中的区一级，可以通过试点将直选的范围扩大到县市一级。逐步减少现任官员和党员代表的比例。我国人大代表选举中存在着一个“两高”问题：优秀人物或名人代表比例过高，官员和党员代表比例过高。人民代表大会是国家的权力机关，不是一个荣誉机关，人大代表也不是一个荣誉职位，选举人大代表，既要看其政治和工作表现，更要考察其参政决策能力。另外，以人大预算监督为核心的预算民主还必须解决官员代表比重过大的问题。由于这些官员代表绝大多数都是党员，这在相当程度上模糊了人代会和党代会的区别，给人大代表独立地履行职责造成了障碍。各地的代表团均由其党政负责人率领，这事实上在代表中形成了领导和被领导的关系，同样也影响了每个代表行使权力。因此，要逐步减少现任官员和党员代表的比例。

三是减少代表名额，推行人大代表专职化。从预算民主需要出发，政治体制改革要求要有一个职业性的专职化人大代表群体。我国目前的人大代表大都是业余的，组织关系不在人大，在人大没有专门的办公室，除了每年开会的费用以外没有专门的工作经费，也没有助手。这种业余性使得人大代表没有充足的动力和能力履行人大代表的职责。与此同时，人大工作的复杂性和重要性也需要专职化的人大代表。在实行部门预算改革以后，各级政府都在人大开会期向人大提供了部门预算报告草案，预算报告的内容多、涉及面广，动辄几百页上千页，要深入审查，需要熟知方方面面的法律法规和制度标准，在目前人大代表的这种业余体制下，这显然是难以做到的。因此，有必要进行专职化的改革。其次，我国的人大存在规模过大的问题，人大代表专职化意味着必须由人大向人大代表支付工资，配备办公条件，而且这种待遇不得低于本级政府官员的工资水平，这本身就是一笔不小的财政开支。无论从专职化角度，还是从财政负担角度，都应该适度压缩人大规模，减少人大代表的数量。

（二）改革人大会议议事程序和会期制度

人民代表大会是集体行使职权的合议制国家机关，其权力的行使主要通过会议的形式来进行，由于会议需要审议的议案比较多，作为人民代表，其审阅议案需要一定的时间，做出相应的决定也需要花费一些时间，因此，可以适当延长会期，以利于人大代表充分审阅议案，并提出意见和建议。同时，必须建立代表大会发言制度与辩论制度。增加大会发言能使人大代表在广泛的范围内交流意见，表达诉求，而大会辩论，则是有利于发扬民主，让代表发表不同的见解，比较各种意见的优劣，从而形成正确的意见和科学的决策。

（三）改革人大常委会及专门委员会制度

我国的人大常委会制度虽然在一定程度上解决了人大的“规模困境”问题，但同时也带来“代表性逻辑悖论”。一方面，由于人大常委会增加了选民与最终决策者之间的委托—代理层次而带来更高的代理成本；另一方面，也导致人大常委会由于选区不明，存在监督上的困难。因此，应该在整体减少人大代表规模的基础上，弱化人大常委会在代行人大权力上的功能，而强化常委会中专门委员会的功能。

同时，要进一步完善专门委员会制度。当前，各专门委员会中虽然有部分专家参与，但人数太少，所以，应适当充实人员编制和资源，使其能够正常地履行监督职能。随着预算的复杂化，以及人大对预算全方位的介入要求，原有的机构和人员很难真正实现监督，有些省份在省级人大财经委员会下设立预算处，并且设立了财政经济专业委员会，增强了人大自身的组织资源，从而使其具有更好的行动能力。另外，我国各级人大常委大多是兼职的，很难有精力全力投入到人大常委会的工作中，这会影响人大常委会的职责。当然，改革人大常委会中的专门委员会是一个复杂工程，其中涉及我国的人民代表大会制度、干部管理体制等众多因素，因此，此项改革必须在中央的统一领导下，结合相关制度全方位地推进。

最后，也要改善人大常委会在预算监督方面的组织能力。目前，由于组织体制与人员和经费方面的限制，各级人大及常委会在进行有效的预算审查和监督方面缺乏相应的组织能力。在组织体制上，近年来设置的预算监督办公室或者预算监督委员会都只是人大财经委下属的一个机构，级别太低，无法有效地进行预算审查和监督。同时，由于其编制和经费都是控制在同级政府手中，行使职能的束缚很多。为了推进预算民主，必须提高这些预算审查机构在人大中的级别，这些预算审查机构至少应该是与人大财经委员会平行的机构，或者可以直接将人大财经委员会改建成预算委员会或者拨款委员会。此外，还应该赋予人大在自身编制与经费上的相应自主权。

三、 行政机关的预算权力

“预算过程”是一种决策过程，它的最终目的在于资源配置。在预算过程中，社会公众或团体各怀不同目的和观点竞争政府有限的资源，因此，对于财政预算需要完成什么、为谁完成等问题很难完全达成共识。在预算过程中，负担政府支出经费的人和决定如何支用的人并不是同一批人。一般而言，决定如何支用的人，最终应当向负担支用经费的人负责，并做出说明。通过财政预算，能告诉一般纳税义务人，他们所缴纳的税款将被用到何处，以及是如何支用的。

如果说预算是政府事前的财务收支计划，那么决算就是事后的财务收支报告，预算与决算不可分割。决算是预算实施的结果，政府财务的执行程序始于预算而终于决算，决算是每一会计年度财务收支计划实施的结果，即预算执行的最后报告。由于预算是预估数字，所以要了解预算实际执行结果必须编制决算，没有决算就没有办法明确预算收支执行的合法性和预算执行的绩效，因此，决算的另一个意义在于衡量政府施政的成绩与缺失。

在我国，根据宪法和相关法律法规的规定，行政机关及其职能部门的预算权配置如下：

第一，对于各级人民政府而言，我国宪法规定，中华人民共和国国务院是最高国家权力机关的执行机关，是最高国家行政机关。国务院行使编制和执行国家预算的职权。现行《预算法》进一步明确，国务院编制中央预算、决算草案；向全国人民代表大会作关于中央和地方预算草案的报告；将省、自治区、直辖市政府报送备案的预算汇总后报全国人民代表大会常务委员会备案；组织中央和地方预算的执行；决定中央预算预备费的动用；编制中央预算调整方案；监督中央各部门和地方政府的预算执行；改变或者撤销中央各部门和地方政府关于预算、决算的不适当的决定、命令；向全国人民代表大会、全国人民代表大会常务委员会报告中央和地方预算的执行情况。《预算法》第 24 条规定："县级以上地方各级政府编制本级预算、决算草案；向本级人民代表大会作关于本级总预算草案的报告；将下一级政府报送备案的预算汇总后报本级人民代表大会常务委员会备案；组织本级总预算的执行；决定本级预算预备费的动用；编制本级预算的调整方案；监督本级各部门和下级政府的预算执行；改变或者撤销本级各部门和下级政府关于预算、决算的不适当的决定、命令；向本级人民代表大会、本级人民代表大会常务委员会报告本级总预算的执行情况。"

第二，对于政府财政部门而言，地方各级政府财政部门具体编制本级预算、决算草案；具体组织本级总预算的执行；提出本级预算预备费动用方案；具体编制本级预算的调整方案；定期向本级政府和上一级政府财政部门报告本级总预算的执行情况。

第三，对于财政预算单位而言，预算单位是指预算部门，即财政支出部门。这些政府部门掌握着预算的编制权与执行权。

第四，对于政府审计部门而言，审计是预算管理权力的交叉点，可谓是社会公众和代议机关的眼睛。《预算法》第 89 条规定："县级以上政府审计部门依法对预算执行、决算实行审计监督。对预算执行和其他财政收支的审计工作报告应当向社会公开。"预算的审计监督权赋予审计机关行使，从而形成了一个相互联系且制约的运作系统，是实现权力、利益与责任联结的机制。审计机关通过对管理、生成和使用财政性资金以及配置国有资产的部门、单位等被审计对象执行国家的财经政策相关法律、法规、规章制度等的情况，以及其财政收支、财务收支行为等有关经济活动的真实性、合法性和效益性进行审计，对其他行使公共预算权力主体的行为进行监督和约束。对于民主法治国家而言，代议机关对政府的预算管理与监督，主要是通过外部独立的专门审计机关进行监督，这是现代社会普遍采用的权力制衡手段之一。

近年来，随着经济的发展，我国政府财政收支规模不断扩大，如何提高财政资源的配置效率，已成为推动我国政府财政健康发展面临的重要问题。随着社会主义市场经济体制的建立和完善，传统功能预算中存在的预算编制范围不完整、方式不科学、程序不规范等问题日益显现，亟须完善预算编制的方法、程序和规则，逐步构建起层次清晰、运转顺畅、管理高效的预算管理新框架。

第一，推进综合预算管理。从 2002 年开始，我国大力推进收支两条线改革，将中央部门收取的行政事业性收费、罚没收入等预算外资金纳入预算管理，改变国税和海关系统按照收入比例提取经费的办法，实行"预算制"改革。2011 年，财政部印发《关于将按预算外资金管理的收入纳入预算管理的通知》，除教育收入纳入财政专户管理外，将预算外管理的非税收入全部纳入预算管理，从此，"预算外收入"彻底退出历史舞台。规范部门预算编报范围，除独立核算的经营性收支外，将预算单位符合规定的其他收支全部纳入部门预算管理，加强对事业收入、事业单位经营收入、非本级财政拨款等其他收入的管理，加大资金统筹力度，提高部门预算编制的完整性和合理性。

第二，完善预算分配机制。改变“基数 + 增长”的预算编制方式，按基本支出和项目支出测算编制中央部门预算。基本支出实行定员定额管理，结合人员编制、资产等情况及相应的支出标准测算安排，并结合经济社会发展变化动态调整支出标准。项目支出采取项目库管理，对中央部门履行职能和完成特定任务的事项，按程序开展评审论证后纳入项目库滚动管理，根据财力可能和轻重缓急安排预算。健全基本支出标准体系，扩大定员定额管理范围，建立完善定额标准调整机制。积极推进项目支出定额标准体系建设，强化支出标准应用。不折不扣落实政府过紧日子的要求，严控和压减非刚性、非重点项目支出，持续强化“三公”经费管理。

第三，改进项目支出管理。完善项目管理层次，加大项目精简整合力度，完善项目决策机制，提高项目质量，加强项目与支出政策的衔接匹配，突出支出保障功能的同时强化政策的导向和规划功能。严格项目预算评审，不断扩大项目评审范围，2019 年部门项目预算评审实现全覆盖。强化评审结果应用，将评审结果作为预算安排的上限，对财政预算评审整体裁减额度较高的部门，适当减少下年预算安排。建立重大项目动态评估清理机制，每年选择部分中长期支出政策或重大项目进行滚动评估，将评估结果作为优化预算安排和调整支出政策的重要依据，改变项目支出只增不减的固化格局。

第四，狠抓预算执行管理。严格在法定时限内批复部门预算，督促部门及时批复所属单位预算。加强预算执行分析，加大对重点部门、重点项目的预算执行督促力度，抓好资金支付、政府采购等各项工作。硬化刚化预算约束，坚持先有预算、后有支出，严格控制不同科目、项目间预算资金的调剂。强化预算执行与预算安排挂钩机制，对预算执行进度较慢的部门，适当减少下年度预算安排。积极盘活财政存量资金，建立盘活存量资金的长效机制，完善结转结余资金管理，按规定将部门结余资金收回财政，统筹用于经济社会发展急需资金的领域，提高财政资金使用效率。

第五，理顺预算编制权责。建立“二上二下”预算编制程序。中央部门结合部门职能、行业发展规划和年度工作计划编报年度预算，财政部根据财力可能进行统筹平衡。按照“放管服”改革要求，加大部门在预算管理方面的自主权，更好发挥部门主体责任。完善预算编制链条，从 2015 年开始，将预算评审和财政监管实质性嵌入预算编制流程，健全预算审核程序，更好发挥财政部门作为预算审核主体和监管主体的作用，使部门预算管理权责更加清晰、合理。

第六，实施政府收支分类改革。新中国成立初期，我国建立了与计划经济体制下的建设型财政管理体制相适应的政府收支分类科目。2007 年，为适应市场经济条件下转变政府职能、建立健全公共财政体制的要求，我国全面实施政府收支分类改革。改革后的政府收支分类主要包括收入分类、支出功能分类和支出经济分类等三个方面，收入分类全面反映政府各项收入，支出功能分类反映政府各项职能活动，支出经济分类反映政府各项支出的具体用途。在此基础上，充分考虑政府预算管理和部门预算管理的不同特点和需要，自 2018 年起实施支出经济分类科目改革，增设政府预算支出经济分类，修改完善部门预算支出经济分类，两套科目之间保持对应关系，以加强政府预算和部门预算的衔接。

2014 年，国务院印发了《关于深化预算管理制度改革的决定》，系统提出了全面深化预算管理制度改革的任务目标，为新一轮预算管理制度改革指明了方向。按照党中央、国务院决策部署，财政部门扎实推进各项改革，在完善政府预算体系、实施中期财政规划管理、推进预算公开、建立跨年度预算平衡机制、实施预算绩效管理等方面取得了明显成效。很显然，政府在预算政治过程中占据了主导地位。政府在预算政治过程中的实际地位和重要性，促成了“代议民主制向行政集权民主制的转变”。①

政府经济职能转变是代议民主制向行政集权民主制转变的幕后推手，现代政府不仅要推动经济增长还要保障财产分配的公正。背负着沉重职能压力的政

---

① 童之伟. 法权与宪政［M］. 济南：山东人民出版社，2001：326.

府不得不寻求强大的财力支持。政府利用其在社会经济发展中举足轻重的地位影响规范化的预算机制，以便获得必要的财政供给。另外，“政府的利益，也就是公共的利益”的观念深入行政机构。① 政府日益成为社会公共利益的化身。在“公用地悲剧”效应的作用下，增加社会福利也成为政府作用的应有组成。在“经济国家”② 的语境下，预算的功能质变成为经济国家嵌入社会发展的核心机制，预算从政府的“钱袋子”转变为政府贯彻和执行经济社会发展意志以及宏观战略的主要形式。由于社会发展现实的客观选择，政府在预算横向权力结构③当中必然处于主导地位。政府滥用权力的危险始终存在，政府始终无法抗拒“附在权力上的咒语”④。

第三节　财政预算监督的法治化

近年来，随着经济的发展，我国政府财政收支规模不断扩大，如何提高财政资源的配置效率，已成为推动我国政府财政健康发展面临的重要问题。因此，需要我们在现行的国家职能部门间形成科学分工、相互制衡、权责一致、运行协调的良性互动机制，以优化收支结构。

---

① ［美］史蒂芬·霍尔姆斯．权力成本——为什么自由依赖于税［M］．毕竟悦，译．北京：北京大学出版社，2011：12.

② 经济国家是指国家经济职能得到空前强化，受经济属性的嵌入和公私融合的驱动，国家性质、组织行为方式上开始发生不同于传统意义作为一个政治主体组织而具有的观念特征和行为方式，国家开始融入市场机制，成为经济和社会发展中的“内生因素”。

③ 权力有横向和纵向之分，预算权力结构更是如此。预算横向权力结构涉及立法机构和行政机构之间预算权分配情况，具体到我国《预算法》，则是在人大和政府之间就预算编制、预算审批、预算执行和预算监督权力的分配。预算纵向权力结构则以行政机构内部的预算权力分配为核心。在预算横向权力结构方面，政府主导是基本现状。预算横向权力结构涉及预算编制权、预算审批权、预算执行权以及监督审计权在人大、政府、审计机关之间的权力配置及其结构化。

④ 19 世纪末 20 世纪初德国著名的历史学家迈内克有一句名言：“一个被授予权力的人，总是面临着滥用权力的诱惑，面临着逾越正义和道德界限的诱惑。人们可以把它比作附在权力上的一个咒语——它是不可抵抗的。”

“法治监督”是一个极其重要的新概念，监督的法治化意味着规范制约权力走上法治化轨道。党的十八届四中全会通过的《中共中央关于全面推进依法治国若干重大问题的决定》提出一系列监督制度，比如“完善全国人大及其常委会宪法监督制度”“加强对司法活动的监督”“完善对涉及公民人身、财产权益的行政强制措施实行司法监督制度”“健全宪法实施和监督制度”“完善检察机关行使监督权的法律制度”“完善人民监督员制度”以及“完善政府内部层级监督和专门监督，改进上级机关对下级机关的监督，建立常态化监督制度”。这样突出地强调监督制度，在党的文件中还是第一次。党的十八届四中全会提出全面推进依法治国的总目标中，还包括构建“严密的法治监督体系”的要求。

法治监督就是对法律实施进行的监督。因此，对于财政预算而言，就是对预算法律及相应法规政策的实施进行监督。当前，在财政预算领域，监督范围不明确、监督程序不健全、监督手段和方式不足，对有的领域的监督还比较软甚至是空白等现象和问题还比较明显。目前出现诸多违规的地方财政预算行为，损害了纳税人的权利，造成了财政资源的浪费，因此，只有建立相互制衡与协调的财政预算监督法律体系，才能从根本上找到规范地方财政预算行为的约束制度和激励机制。从主体的角度而言，财政预算监督主体包括各级财政预算部门（资金供给者）、各级政府、各级人大、审计机关、媒体和资金所有者（公民）。在财政预算过程中，各个财政预算监督主体都被赋予了一定的预算监督权能，这些权能之间相互制约、相互激励，可以形成一个相对完整有效的社会共同监督模式。从预算监督对预算决策影响的分析可以发现，预算监督对预算过程的影响，不仅仅需要立法的保障，还需要制度的完善。

一、 政府内部监督机制

（一）财政预算部门与资金使用者

资金使用者大体包括各级人民政府及其各部门与机构、事业单位、享受政府补贴或者其他垄断保护的企业、享受政府转移支付的公民个人、提供公共产品与服务的私人经济部门。① 财政预算部门即资金供给者，作为一种具有自身价值取向的利益集团，也同样是追求本部门效用最大化的。

为了追求收入最大化，政府在收入汲取过程中将会尽可能地扩大自己的讨价还价权力。但财政预算部门并不是一个纯粹追求私利的利益集团，通过预算资金配给，实现社会资源合理配置，才是其所追求的基本目标。对地方财政预算部门与资金使用者而言，地方财政预算部门根据资金使用者提供公共产品的状况，将集中的预算资金分配到具体的资金使用部门，以保障相应的公共产品与服务供给。地方财政预算部门编制预算实质是运用各类指标并基于经验对其基本支出进行决策的行为。决策的制定在一定程度上是独立的，但是也会参考其他决策。许多支出决策是与政策相关的，如对哪些项目进行资助，以及在什么水平上进行资助，谁将从公共项目中获益，谁不能从中获益，在何处和如何削减预算支出，以及谁的利益将被侧重保护。

财政预算部门具有一定的自由裁量权，而资金使用者的多样性和财政开支的多样性，使得预算过程中充满了财政开支目标之间及项目之间的选择取舍和相互竞争。作为委托方的财政预算部门，将会更为注重预算资金的使用效益，更为注重公共利益目标的实现，依据委托—代理关系的法律授权，为保障预算资金的有效运用，对资金使用者运用资金的效果进行监督与审核。② 而作为资金使用者，在提供公共产品与服务时，往往从实现自身效用最大化的角度出发，为了使自己的项目得到更多资助或者使自己的项目不被削减，往往使用一系列策略来减少竞争，而不是有效参加竞争。现实中，预算规模是既定的，即社会获得的公共产品与服务的总量是一定的，而除了预算资金之外，也往往没有可供代替的其他资金供给来源，对此，资金使用者之间为争取预

---

① 李丹．地方预算监督法律机制研究[D]．中南大学2012年博士学位论文．

② 李丹．地方预算监督制衡方的行为分析［J］．求索，2011（5）．

算资金增量的配给而竞争，通常要付出相应的社会成本。此外，在某些情况下，通过增进效率产生的预算节余不可能完全由资金使用者分享。在现实中，预算节余不但不会给官员个人带来奖励，还会对资金使用者产生负面影响，比如，当年的预算节余成为作废的预算指标而收归财政预算部门或者结转下年以抵减下年应得的资金配给。因此，资金使用者往往不会严格考虑成本与收益之间的关系，而是追求单一的预算规模最大化，从而容易造成社会公共福利的损失，迫使广大纳税人被迫消费了许多并不需要的公共产品和服务，承担了额外的税收负担，最终可能导致类似“公用地悲剧”的集体非理性结果。

基于以上原因，财政预算部门对预算资金使用者就产生了监管义务，在公平基础上考量财政预算的“成本—效益”，以实现社会公共利益最大化。

（二）财政预算部门与地方政府

财政预算部门作为地方政府的职能部门，具体履行地方政府管理财政预算事务的职权，实现财政资源的合理配置。无论实施何种社会制度的国家，几乎都是由单一的政府财政部门总揽一切政府公共收支计划的。因此，地方政府当然对财政预算部门的行为拥有监督义务。

财政预算部门作为地方政府的职能部门，以本年度已经完成的实际数和尚未执行月份的预计数为基础，依照下一年度国民经济计划的有关指示，结合各部门的具体情况，编制预算草案。财政预算部门作为预算资金集中性配给中的职责主体，一方面，它会寻求降低资金分散配给所可能导致的交易成本，实现社会总产出的最大化；另一方面，它期望通过形成财政预算资金配给的竞争与合作的基本规则，实现垄断租金的最大化。资金使用者负责具体公共产出活动，在具体公共产出“成本—收益”比较的相关信息方面具有优势；而财政预算部门专门负责管理预算资金，在资金配给自由裁量权运用的相关信息方面具有优势，而这种双向信息不对称，则有可能导致财政预算部门在预算资金供给时存在“寻租”与“设租”行为。[①] 与此同时，地方政府承担全部的公共责任和经济责任，因此，作为地方预算编制和执行之责的最终承担者，地方政府有必要对资金供给者即财政部门的行为进行监督。

（三）审计机关与资金使用者

目前，审计机关对资金使用者使用公共资金情况进行审查，一般采取事中监督与事后监督相结合的方式，同时，它不仅可以进行整体审计，还可以进行专项审计。合规性审计以支出审计为主，审计各资金使用者是否按批准的预算支出项目和金额使用资金，是否按地方财政统一的标准制度去执行。审计机关的相关报告及审计决定与一般的政府财务审核报告不同，它具有相应的法律效力。如果资金使用者有违反财政法律、违背财政预算法案的相关规定或者裁量权滥用的情形，必须承担相应的法律责任或者行政责任。

在我国，地方人民代表大会确定了资金额度，资金使用者就可以根据项目的具体情况，自由决定资金的使用方式、规模和数额，以针对不同的情形做出相应的调节，而不受法律的审查。这种自我决定而不受法律审查的自由裁量权存在一定程度的推定合理性，往往容易突破法律的界限而导致权力的滥用。法治所需要的并不是取消广泛的自由裁量权，而是法律应该能够控制它的行使。

根据我国相关法律规定，我国实行的是行政型审计体制，审计机关隶属于各级政府，是财政预算监督的专职职能部门，在行政系统内部独立履行着预算监督和审计职责，对预算执行和效益情况进行审计监督。不过，由政府审计部门来审计政府本身，就如同自己身兼裁判员和运动员两职一样，其提供的审计报告很难客观公正；而且，审计部门与财政预算部门没有再监督的职能，不追究监督责任，也不承担监督风险。这种“行政型”审计模式无疑已严重影响了权力机关审查批准预算和监督预算执行的质量，阻碍了审计机关与人大在预

---

① 李丹．地方预算监督制衡方的行为分析［J］．求索，2011（5）．

算监督中的结合。此外，在我国，预算审计与预算编制行为不同，预算审计一直被看作是外部监督，不属于一个完整的预算周期的必要内容，其作用基本上被决算代替。从形式上看，决算能够通过年初和年终的数据对比来分析预算执行情况，但是，决算的监督力度非常有限，实践中，决算数与预算数相差悬殊的情形也并不鲜见。

（四）财政内部专职监督

所谓财政内部专职监督，从本质上说，乃是财政部门为实现自我监督而设置的专门机构，对财政分配过程中各个层级和各个方面管理主体业务活动的监督。目前，地方财政部门对部门预算的监督主要是事后监督，单靠事后监督，易出现“亡羊补牢，为时已晚”的情况，给社会带来不必要的损失。同时，财政内部专职监督要从专项的、突击性监督检查转变为专项监督和日常监督并重。日常监督和专项监督应该有效配合，对公共资金从预算编制、执行到使用结果进行及时有效的全过程监督，从而使得各阶段的监督能够达到均衡。另外，财政内部专职监督要从对外监督转变为内外并重监督。财政部门内部运转同样也需要预算资金的支持，财政部门内部的职能部门本身拥有一定的财政权，更容易导致预算资金的滥用。① 因此，地方财政部门要适应部门预算改革的需要，对本级预算支出的申报、拨付、使用采取事前、事中、事后全过程跟踪监督，及时发现预算收入资金运行过程中存在的问题。

（五）财政预算监督体制改革——决策、执行、监督合理分权

长期以来，我国政治体制存在权力过分集中的弊端，虽经多年的改革有所改善，但权力过分集中的倾向仍是权力结构的基本特征。权力过分集中的表现，就是决策权、执行权、监督权存在事实上的“三权合一”现象。权力的

① 李丹．地方预算监督法律机制研究［D］．中南大学2012年博士学位论文．

主体既是决策者，又是组织实施者，还是监督管理者。“三权”集中于某个人或者某个组织，从而形成“绝对权力”，极易导致个人专断、决策失误、官僚主义、滥用职权、贪污受贿等现象。依据管理流程的一般规律将权力分解为决策、执行和监督，进行流程再造，形成分工制衡的权力结构。通过这样的权力分割，任何个人或者组织都不具有“绝对的权力”，不仅解决了分权问题，又解决了分工问题。它使每一个环节权责明确、各司其职，可以使决策更加科学，执行更加高效，监督更加有力，最大限度地防止权力的消极作用。

政府财政部门作为核心预算机构，负责财政收入和支出、预算编制及预算执行的管理和监督，可谓是集预算编制权、执行权、监督权于一身，逐渐形成了比较严重的本位主义思想。预算资金的主管部门在编制预算时竭尽全力争取更多的资金，预算拨款时却总是以各种方式显示自己的权威，致使预算监督很难避免本部门或系统长期形成的利益圈子的影响。

按照公共选择理论，财政预算过程实质是一个公共决策的过程，即政府对公共偏好的选择。如何分配财政预算权力，达到财政资源有效、公平地使用，实现权力机关之间的相互制衡，成为财政预算过程中实行管理和监督的主要内容。为解决预算编制、执行、监督权过于集中而引发的问题，市场经济发达的国家一般都建立了预算编制、执行和监督分权制衡的机制，比如美国预算管理职能由行政部门和立法部门分享，行政部门的主要职能是预算编制和执行，立法部门负责预算审批和事后审计。具体而言，美国财政预算的编制由 OMB 负责，审查和批准预算由议会的预算委员会协助议会完成，而预算收入立法则主要由两院筹款委员会负责，具体执行预算由财政部门负责，预算的监督则由议会中的联合资金审查委员会负责。这些机构间相互独立，又相互制约、密切配合，既监督了地方预算资金的有效使用，又保证了预算管理体系的高效运转。

“决策权、执行权、监督权既相互制约又相互协调，指的是政府内部的职权配置形式和相互关系。”① 具体来说，就是将政府职能部门分为决策部门、执行部门、监督部门三大板块，形成权力相互制约、相互协调的一种行政管理体制。按照现代管理过程所具有的决策、执行、监督等不同环节，把权力划分为决策、执行、监督三种相对独立的职能，并交由不同部门分别行使，从而形成“三权”既相互制约又相互协调的管理职权配置形式和相互关系。因此，在我国目前预算改革实践中，可以借鉴美国预算编制、执行、监督相互独立、互相制约的做法，将预算编制职能从财政部门分离出来，成立一个独立的预算编制机构，由各级政府第一负责人直接领导，专司预算编制职权，其主要职能包括收集、分析、传递及交流信息，建立经济模型取得经济指标和假定，协调预算执行及监督人大拨款程序的各个阶段，确定写入预算议案的内容等。

与此同时，为了民主、科学地编制预算，可以考虑由财政部、国家发展改革委等政府相关部门以及专家学者共同组成预算编制委员会，由他们控制各项政策的制定权力，利用财政部门收集的预算单位基本信息，在预算申报时做出反馈，将以往的自下而上的被动接受转为自上而下的主动核算，从而对有限的资源进行最有效的配置。这样，预算制度才能真正实现对财政的严密控制，才能成为指导、监督及批评一切财政活动的最有效工具，才能保障公共资金不受政府权力扩张的侵害。预算编制委员会设立后，财政部门既是运动员又是裁判员的身份将发生改变，它将成为预算执行的专职管理机构，负责预算收入的征管和预算批复、拨付以及对拨款使用情况进行追踪，这样能进一步提高预算资金的使用效率，也能保障将预算资金用于公众所需的公共产品和社会公共服务领域。

二、 人大预算监督

在我国，各级人民代表大会作为权力机关，有权对它产生的行政机关和司法机关以及下级人民代表大会立法权进行监督。而且，我国宪法明确赋予了人

① 中央编办．中央编办负责人就深化行政管理体制和机构改革答记者问［N］．人民日报，2008－03－12.

大审查和批准国民经济计划和财政预算及其执行情况，监督政府各部门的财政收支及其使用情况的权力。同时，在财政预算中，作为被监督的政府具有典型的垄断性，即一个地方只有一个政府，不存在同一个地方有不同的政府竞争；而政府内部是上下级的行政关系，政府内部预算监督明显具有一定的局限性。由立法机关来掌管政府的“钱袋子”是现代国家的惯例。各级人民代表大会对财政预算进行监督，不仅涉及宪法赋予它的监督权能否有效充分发挥，而且还直接关系到人民代表大会所代表的全体人民的权利实现。在预算过程中，人民代表大会对政府财政活动的监督贯穿于整个预算的始终，人民代表大会享有审查批准或者否决预算案的权力，这种权力是人大预算监督最重要的表现。

从历史的角度看，尽管议会要在预算全过程中对财政预算进行监督，但这并不意味着议会要监督所有与预算相关的事情，这是因为需要给政府一定的灵活性，以使其更好地履行责任，同时，议会也没有那么多的时间和人力进行各种细节性的监督。正如一些研究者指出的，如果将预算视为一个“预算周期过程”的话，那么，其中的某些内部职能主要应由政府负责承担，例如政府会计、管理报告和内部审计，议会一般不介入干预。但是，为了使整个预算过程更加透明、公开和负责，议会需要从外部监督政府的预算，包括计划、收支预算、政府财务报告、独立审计与评估、问责。①

（一）审查、批准预算：事前监督

审查和批准财政预算是议会对政府的事前监督，这个过程实际上是对政府的政策与活动进行事前审查、批准。这种监督对于议会监督来说意义重大，通过这种监督可以将政府的政策与活动全部纳入议会的授权范围。目前，许多国家的议会都在这一阶段审查政府的收支计划，并在这个过程中对政府的预算进

① Stapenhurst, Rick. 2008. The legislature and budget. In Rick Stapenhurst, Riccardo Pelizzo, David M. Olson & Lisa von Trapp. Eds, Legislative oversight and budgeting: A world perspective. Washington, D. C.: The World Bank.

行不同程度的修改，以使政府的政策选择和活动安排更符合议会的意图，进而确保政府对公民负责。此外，在这一过程中确立的授权原则，使得政府的活动越来越依照法治原则进行。正如斯塔彭赫斯特所说的，“正是议会批准预算这过程将法治原则带进了预算过程”。① 不过，在实践中，各国对这一权力的使用程度是不一样的。

在现代民主国家，一般都以宪法或法律的形式明确规定了议会在审查批准预算的过程中具有的一系列预算权力。包括：②

（1）税收、举债审批权。国家的收入汲取行为通常会侵犯私人财产，尤其是在该行为无任何约束的情况下更是如此。所以，在现代民主制度建立之时，会赋予议会在收入政策上的最后决定权。正如布伦南和布坎南指出的，对国家的控制，一直是通过对征税权的约束来实现的，而在非立宪主义的政治过程中，一般“不存在正式或法定的、使得人们免于遭受国家财政剥夺或任何其他自由裁量行为的侵害的保护”。③ 因此，在民主国家，征税和举债的权力都是掌握在议会手中的。非经议会批准，政府是不能自行征收税收和发行债务的。例如，瑞典宪法规定：“未经议会授权，内阁不得以国家名义进行任何借款或承担任何财政义务。”我国《预算法》第 34 条规定：“中央一般公共预算中必需的部分资金，可以通过举借国内和国外债务等方式筹措，举借债务应当控制适当的规模，保持合理的结构。对中央一般公共预算中举借的债务实行余额管理，余额的规模不得超过全国人民代表大会批准的限额。国务院财政部门具体负责对中央政府债务的统一管理。”

（2）支出决定权。现代民主政治的一个特点是政府支出必须经过议会审

① Stapenhurst, Rick. 2008. The legislature and budget. In Rick Stapenhurst, Riccardo Pelizzo, David M. Olson & Lisa von Trapp. Eds, Legislative oversight and budgeting: A world perspective. Washington, D. C.: The World Bank. p52.

② 马骏，赵早早．公共预算：比较研究［M］．北京：中央编译出版社，2011：156－157.

③ ［美］詹姆斯·布坎南，［美］杰佛瑞·布伦南．宪政经济学［M］．冯克利，等译．北京：中国社会科学出版社，2004：10－11.

批。只有通过对支出（用途、数额等）进行控制，议会才能有效地监督和约束政府，确保政府对议会进而对公民负责。因为政府无论制定什么政策、开展什么活动，都必须有经费支持。如果没有经费，政策就是不可能付诸实施，政府也无法做任何事情。控制了政府的经费就控制了政府的政策与活动。正如美国公共预算学者克里夫兰在“民众控制的政府”一文中所说的，如果国家是一条船，政府首脑就是船长，那么，要控制政府首脑，只有通过控制“燃料”才能实现，而“燃料”就是资金。①

现代公共预算的一个基本原则就是“事前批准原则”。在支出上，这条原则要求，非经议会同意，政府不得进行任何开支。这规定在许多国家都是写进宪法或者法律的。实际上，对政府支出进行审查、批准就是在对政府的政策和活动进行审查、批准。我国《预算法》第 37 条规定：“各级预算支出应当依照本法规定，按其功能和经济性质分类编制。各级预算支出的编制，应当贯彻勤俭节约的原则，严格控制各部门、各单位的机关运行经费和楼堂馆所等基本建设支出。各级一般公共预算支出的编制，应当统筹兼顾，在保证基本公共服务合理需要的前提下，优先安排国家确定的重点支出。”

（3）审批财政预算。审查、批准政府的收支结合起来就是审查、批准政府的预算。议会预算监督的核心就是审查、批准财政预算。在议会内阁制国家，如果议会不批准通过政府的预算就等于对政府投了不信任票。而在总统制国家，如果议会不批准通过政府的预算，就意味着政府既不能征税或举债，也不能开支，就宣布政府关门。

19 世纪是议会进行预算监督的黄金时代，这一时期的预算监督最集中地体现为审查、批准财政预算。20 世纪以来，许多国家的议会在这一领域的监督力度都在下降，议会对财政预算政策的影响也在下降。其原因有两个：一是

① Cleveland, Frederick A. 1919. Popular control of government. Political Science Quarterly. Vol. 34, No. 2: 237 - 261.

议会最初在支出，后来又在收入领域将权力授权或下放给政府；二是赋权型预算和政府债务的扩张。① 这在英国表现得最突出。近些年来，英国议会几乎已经很少影响政府的预算政策。② 最近这些年，一些 OECD 国家开始重新加强议会在审查批准预算中的作用，例如，法国最近的预算改革一方面对预算重新分类来加强议会的监督，另一方面扩大了议会在支出上修改预算的权力。③

在某些情况下，或者是因为政府与议会之间在预算上无法达成一致，或者是因为议会内部无法达成一致，使得预算审批面临一个难题，即虽然财政年度已经开始，但是预算还没有获得议会批准。比如，我国《预算法》规定"预算年度自公历 1 月 1 日起，至 12 月 31 日止"。但是，每年 3 月国务院才在全国人民代表大会举行会议时，向大会作关于中央和地方预算草案以及中央和地方预算执行情况的报告。根据现代公共预算的事前批准原则，非经议会批准，任何支出都是违法的。然而，如果没有经费，政府部门就无法正常运作，无法为公民提供服务。因此，必须有一些措施来解决这一问题。④ 在大多数国家，预算法都规定，如果预算不能在规定的时间内获得通过，可以启动自动更新拨款，即允许政府根据上一年同期的拨款进行开支。但是，在有一些国家，例如美国，议会可以不给政府任何资金，从而使得政府关门。⑤

（二）财政预算执行中的监督

现代公共预算强调预算执行的严格性原则，因此，在预算执行中议会仍然

---

① Schick, Allen. 2002. Can national legislatures regain an effective voice in budget policy? OECD Journal of Budgeting Vol. 1, No. 3: 15 –42.

② 马骏，赵早早．公共预算：比较研究［M］．北京：中央编译出版社，2011：158.

③ 以上文献转引自 Stapenhurst, Rick. 2008. The legislature and budget. Washington, D. C.: The International Bank for Reconstruction and Development, The World Bank.

④ 马骏，赵早早．公共预算：比较研究［M］．北京：中央编译出版社，2011：159.

⑤ Petrei, Humbreto. 1998. Budegt and control: Reforming the public sector in Latin American. Washington, D. C.: Inter–Americian Development Bank. p191.

需要进行预算监督，以确保议会通过的预算得到严格而且有效的执行。不过，在编制预算时，无论是政府还是议会都很难完全准确地预测未来可能出现的变化，所以，在预算执行中，经常变更预算也是正常的。我国《预算法》第67条规定："经全国人民代表大会批准的中央预算和经地方各级人民代表大会批准的地方各级预算，在执行中出现下列情况之一的，应当进行预算调整：需要增加或者减少预算总支出的；需要调入预算稳定调节基金的；需要调减预算安排的重点支出数额的；需要增加举借债务数额的。"

毫无疑问，议会需要对预算变更进行监督。如果将变更预算的权力过多地赋予政府，那么，议会审查批准预算就会失去意义，这也意味着议会放弃了对预算执行的监督，容易导致政府的行为偏离财政问责的轨道。但是，如果事事都纳入议会的预算监督，既限制了政府的灵活性，也会使得议会的工作量无比大，反而不利于加强预算监督。这就是说，在预算监督中，需要将一定的预算变更的自主性和灵活性赋予政府。

总之，议会在预算执行过程中开展预算监督面临的最大难题是，既要赋予政府一定的预算执行的灵活性，尤其是在必要时变更预算的自主性，又要防止授权过多，弱化议会的预算监督。议会应该授予政府多大的灵活性呢？这在不同的国家是不同的。在议会监督能力强的国家，许多重大或者层级比较高的预算变更一般都要经过议会同意。在议会边缘化甚至是橡皮图章的国家，政府可以随意地改变预算，而不需经过议会同意，甚至事后也不告知议会。在大多数民主国家，议会一方面将一些影响较小或者层级比较低的变更预算的自主权授予政府，例如预算调剂甚至调整，但是，对于影响较大的改变预算的行为，则严格加强预算监督，要么禁止（例如扣押），要么设置严格的程序由议会进行审批（例如比较大的跨项目和跨部门的预算调整、安排新支出等）。[①] 可见，在预算执行中，议会监督的重点是对政府变更预算的行为进行监督控制。当

① 马骏，赵早早．公共预算：比较研究［M］．北京：中央编译出版社，2011：161.

然，这也涉及在多大程度上，议会可以改变预算。

从预算发展的过程来看，一般在预算制度发展的早期，议会在预算执行中赋予政府的灵活性比较少。在实行新绩效预算改革之前，由于各国都主要实行一种以详细的预算科目体系为基础的投入控制，因此，在预算执行过程中，议会也严格地按照这个科目体系来监督政府的预算执行，较少赋予财政预算执行的灵活性。新绩效预算改革在这方面引起了一些改变，议会赋予政府在一个总额限制内改变预算的自由度，而把监督的重点转移到控制总支出和净负债上。①

（三）财政预算执行结果监督

现代公共预算强调对预算执行及其结果进行审计，并将审计结果报告议会。在此基础上，就发展出议会对预算执行结果的监督。

议会对预算执行结果的监督是一种事后监督。在大多数国家，预算执行后，政府的账户和财政说明都要提交给一个独立的审计机构进行审计，而且，审计结果要提交议会审查。在审查审计结果的基础上，议会一般会就预算编制和执行形成意见，并向政府提出一些建议。这些建议通常会反映到下一年的财政预算上，以不断提高财政问责程度。最近的一项关于民主国家议会的研究发现，总的来说，政府财务报告和议会对公共账户的审查在议会内阁制和准总统制国家比在总统制国家更普遍。不过，即使在总统制国家，有 84% 的国家议会要对政府的财务报告进行分析和审查。②

许多国家的议会都设有专门负责审查、监督财政预算执行结果的委员会，专门负责审查对财政预算执行的审计结果。这个委员会形成的报告通常要提交

① Petrei，Humbreto. 1998. Budegt and control：Reforming the public sector in Latin American. Washington，D. C. ：Inter-Americian Development Bank. p192.

② Stapenhurst，Rick. 2008. The legislature and budget. In Rick Stapenhurst，Riccardo Pelizzo，David M. Olson & Lisa von Trapp. Eds，Legislative oversight and budgeting：A world perspective. Washington，D. C. ：The World Bank.

议会，并在议会进行表决。议会进行决算审查的目的是分析政府在执行预算的过程中是否偏离议会同意的资金用途，是否有违规行为，是否很好地履行了公共责任。[①] 具体来说，在许多民主国家，都有一个审计机构对政府各个部门进行审计。这个机构或者属于议会，或者依赖于议会，并且通常都要向议会报告对财政预算执行的审计情况。目前，在这些国家，这种外部控制都从凭单审计转向抽样审计，审计的目标主要是识别存在风险的领域，以提高资源管理的效率和效果。当然，这种外部审计的一个主要目标仍然是确保政府各个部门在支出过程中遵守法律和程序上的要求。在某些情况下，这些承担外部审计的机构在推动法律修改和行政中发挥着非常重要的作用；而在另一些情况下，它只是为立法机构提供信息。这些审计机构形成的报告不仅提交给议会，而且要向公众公开。在某些国家，例如美国、加拿大和英国，这个外部审计机构负责监督从上一年的财政年度中得出的建议。

在我国，人民代表大会并没有专门的审计机构，预算审计由政府组成部门的审计机关开展，不过，审计结果要向社会公开。我国《预算法》第 89 条规定："县级以上政府审计部门依法对预算执行、决算实行审计监督。对预算执行和其他财政收支的审计工作报告应当向社会公开。"

（四）提升人大预算监督的有效性

在我国，作为预算制衡机制中的各级权力机关，代表全体人民制约政府的力量，通过从外部对财政预算活动及所有的财政收支行为进行有效的监督，发挥为人民看好"钱袋子"的重要作用，关键是要提升地方人大及其常委会制约政府的力量和审查监督的有效性。

1. 加强预算工作机构的专业化

预算工作机构既是人大常委会的工作机构，也是人大的服务机构。在日常

---

① 马骏，赵早早．公共预算：比较研究［M］．北京：中央编译出版社，2011：163.

工作中要注意提高工作人员的服务意识，努力做好预算草案审查的各项基础工作。通过刊物、网络、调研、视察等渠道，收集常态信息，定期进行经济形势分析，及时、全面、准确地把握本地经济运行的综合情况，向人大代表通报，保证代表及时知政、知情。加强与审计、税收、行政监察等部门的相互配合，了解财政资金拨付、使用、预算外资金管理等情况，及时发现财政收支中存在的问题，做到心中有数。定期组织有关人员，专门听取政府财政和统计等部门对预算执行及相关情况的介绍，了解预算执行情况，评估收入和支出的效益。在预算编制之初，人大可以提前介入，注意与政府部门沟通协调，为政府细化部门预算编制，适时提出意见建议。建立地方人大与政府部门的信息交换制度。有条件的地方可以通过局域网进行信息交换，及时将地方预算编制、审批、执行及预算分析、财政体制改革政策、资金调度、政府采购、财政资金使用情况、转移支付、部门预算编制及执行情况、预算调整、人大对预算的监督意见和修改建议等预算信息进行定期或不定期的交流。

此外，预算工作机构还应积极与政府财政部门联系，及时把平时掌握的财政经济方面的情况分析与意见传达给财政部门，并就有关问题进行协商，尽可能地把人大的正确意见和主张贯彻其中，使本级政府年度预算编制工作更加严谨和权威。人大财经机构应及时督促财政部门，严格按照相关法规按时编制预算草案。人大财经机构在得到预算草案后，要集中力量对预算草案进行全面的分析和历史对照，撰写有分析、有比较、有说明的预算报告解读材料，并及时提出修改建议，为人代会审议做好充分的准备。

2. 设立预算咨询专家库

预算的专业性很强，人大和人大代表存在获得行政机构信息和在大量资料中找寻有价值的信息的重大障碍，而且在有限的时间进行深入研究、调查、分析并非易事。因此，地方人大常委会可以吸收一些精通财政、审计、财务的专业人士，建立为审议财政预算提供建议和意见的咨询专家库。“借助外脑”提高人大预算工作机构和人大代表专业审查监督的能力，提高预算审查监督的民主性和科学性。

预算咨询专家库的专家主要由来自中介机构、大专院校、科研院所等非官方的专家组成，根据人大和人大代表的审议需要，随机抽取专家重点参与对均衡财政收支、优化公共财政支出结构、提高重点项目支出的科学性和合理性等方面的审查监督，出谋献策。这样可以避免专家因参与预算审查的经常性，或出于自己的私利考虑，或者依赖一定的思维模式，导致建议和意见的偏差性和非民主性。

三、 以权利制约权力

我国《宪法》第 2 条规定，人民依照法律规定，通过各种途径和形式，管理国家事务，管理经济和文化事业，管理社会事务。这表明，我国以根本大法的形式，明确肯定了人民参与国家政治、经济、文化、社会生活管理的权利和行使民主监督的权利。

对于财政预算而言，以人民代表大会预算监督为主的间接民主和以公民参与预算为主的直接民主共同构成我国社会主义预算民主监督。不过，代议制并非最完美的体制，在制定财政预算立法和审议年度预算草案时，各级人民代表大会虽然可以监督和控制政府，也认真地采纳公民个人的意见并加以提炼，但资金所有权不属于它，根据“主权在民”的原则，人民（资金所有者）才是资金所有权的原始主体，各级人民代表大会是第二层次的主体。理论上，资金所有者在任何时候都应当享有国家的一切权力，能对其所选出的政府进行权力控制与监督。

但是，当下我国预算决策的责任还比较模糊，也没有“可问责”的制度条件，尽管《预算法》有涉及法律责任的规定，却并非针对预算决策者、决策行为及其过程，对预算的监督主要依赖于审计监督。但是，由于审计监督总体上缺乏强制力和权威性，因而也只是一种弱化的、极为有限的形式监督；至于对预算提起诉讼，则更无从谈起。

在当前我国的政治体制下，公民只是在选举的时候有选择受托人的权利，而且县级以上都尚未实行直接选举，人民群众在宪法和立法上不享有创制权和复决权，不能直接以人民权利制约国家权力，公民在地方预算决策中的自主权仅仅体现为直选县、乡两级地方人大代表而已；再则，我国宪法只是从原则上规定了人民代表大会代表受选民与原选举单位的监督，而对公民能否通过质询的方式对人大、政府进行监督未作肯定与否规定。所以，在代议制人数众多的情况下，部分公民可能出于“理性无知”的考量，而放弃其决策权或者草率处理。[①] 另外，参与式预算可以将弱势群体等社会各阶层吸纳到预算事前、事中、事后的整个过程中，通过公平配置资源和监督政府支出，促进积极公民权的实现，实现社会公平。但是，我国有限的预算参与导致公民参与权利难以得到保证。因此，以人民代表大会预算监督为主的间接民主和以公民参与预算为主的直接民主监督都不足以保证人民群众直接行使民主权利，依法管理作为预算资金所有者的事情。为推动预算决策尽可能以反映居民偏好的方式配置资源，由“上级监控”转化为“纳税人监控”，必须实行普遍的财政民主制，落实公民预算诉讼权，充分发挥媒体的社会力量。

（一）公民预算诉讼权

诉讼权在现代国家的普遍确立是人类文明进步的重要成果，它标志着现代国家对于公共生活的理性参与——国家不是以当事人的身份去直接干预社会成员彼此之间，以及它与社会成员之间的争端或纠纷的解决，而是由它的司法机关（法院和检察院）扮演第三者角色，不受任何个人、党派、组织、社会团体、经济财团，或权力、政见、舆论等因素的左右，站在中立立场上，独立运作法律去审判、协调和解决各种社会争端或纠纷，诉讼权突显出司法和法律在社会生活中的重要地位和作用，它表明司法判决具有最高的权威。从理论上

---

① 李丹．地方预算监督法律机制研究[D]．中南大学 2012 年博士学位论文．

讲，诉讼权的确立及其行使，不仅使权利受侵的公民和社会组织得以借助公权力摆脱困境，在利益上得到补偿，而且使侵权者能够在司法程序中受到平等而公正的对待。实践中，诉讼权的真正实现除了要求司法机关的中立和独立具有真实性之外，还需要完善的诉讼制度，而消除在可诉范围和起诉条件上的严格限制、降低高昂的诉讼费用、为弱势群体提供有效的法律援助，提高司法人员的业务素质，否定审判中的地方保护主义，缩短公民与法院之间的距离，已成为公民诉讼权保障的重要内容。

预算权的滥用不仅会导致公共资金的浪费或者流失，也会导致公民财产权利被侵犯的后果。因此，国家有必要从维护纳税者对国家财政实现民主管理的角度，依据宪法精神，设置一个以保护纳税者基本权为目的的诉讼制度，并以许可纳税者提起主观诉讼的形式，完善纳税者诉讼的法律。公民对预算违法行为提起公益诉讼，能够及时保护其“钱袋子”。基本思路如下：①

第一，诉讼主体。对预算违法行为提起诉讼的公民主要是指纳税人和负税人，只要原告能证明自己具有纳税人或者负税人的身份，就可以认为其对任何公共资金被违法支出，或者该公共资金应当用于纳税人福利等方面而未能实现等行为，具有直接或者间接的利害关系，它就有权提起诉讼。为了防止出现“滥诉”，可以借鉴国外经验，赋予检察机关作为公益诉讼代表人提起诉讼。

第二，诉讼的受案范围。对于预算违法行为提起诉讼的案件应当仅限于政府违法或者不合理使用预算资金等情况。如果仅仅针对政府“违法”使用预算资金行为，而将“不合理”使用预算资金行为排除在诉讼对象外，将在某种程度上失去纳税人诉讼的初衷。这里的“违法”是指违法公款消费、违法政府采购、违法政府投资、低价转让国有资产等行为；“不合理”是指预算资金虽然用在应支出项目上，但没有为公民提供应有的公共产品和服务。

第三，诉讼前置程序。有必要借鉴国外经验，对预算违法行为提起的诉讼

① 李丹．地方预算监督法律机制研究［D］．中南大学 2012 年博士学位论文．

进行必要的限制，至少应当采用“穷尽权利救济”的限制原则。如日本居民诉讼应当先向地方公共团体监督委员提出监督请求和采取必要措施的请求，居民对监督请求结果不服时才向法院提出采取制止与监督请求有关的违法行为等措施的诉讼。因此，可以明确规定审计部门负责审查政府部门预算支出的合法性与合理性。申请人对审计部门不予答复或对其审查的结论不服的，可以向法院起诉。

第四，举证责任及诉讼费用承担。对预算违法行为提起诉讼属于公益诉讼，应加重被告的举证责任，可以采用举证责任倒置的原则。提起诉讼的公民只对所诉事实承担举证责任即可，而由被告对自己行为的合法性与合理性承担举证责任。纳税人诉讼的目的是保证公共资金有效使用，尽管提起诉讼的纳税人可能得到反射利益，但其主要目的具有公益性，因此，提起诉讼的公民应当可以免缴诉讼费用。但为了避免纳税人滥用诉权，对于纳税人恶意诉讼的，应当由纳税人自行承担诉讼费用，并赔偿损失。

（二）充分发挥媒体的社会力量

媒体（media）一词来源于拉丁语“Medius”，音译为媒介，意为两者之间。媒体是指传播信息的媒介。它是指人借助用来传递信息与获取信息的工具、渠道、载体、中介物或技术手段，也可以把媒体看作是实现信息从信息源传递到受信者的一切技术手段。

媒体有两层含义：一是承载信息的物体，二是指储存、呈现、处理、传递信息的实体。传统的四大媒体分别为电视、广播、报纸、杂志，此外，还有户外媒体，如路牌灯箱的广告位等。随着科学技术的发展，逐渐衍生出许多新的媒体，例如，IPTV（网络电视）、微信、微博、电子杂志等，它们在传统媒体的基础上发展起来，但与传统媒体又有着质的区别。在移动互联网时代，媒体尤其新媒体是党和政府联系群众、服务群众、凝聚群众的重要渠道，是加快转变政府职能、建设服务型政府的重要手段，是引导网上舆论、构建清朗网络空间的重要阵地，是探索社会治理新模式、提高社会治理能力的重要途径。

公共政策的过程是政府信息不断输入与输出的过程。在这个过程中，报刊、电视、广播、网络等媒体平台为政府信息的流动发挥了重要的作用，通过这些平台，公共政策信息为公众所知，进而为公众的参与提供基本信息。同时，公众的偏好也常常可以通过这个平台传递到政府决策者那里，特别是随着微博、微信等新兴网络媒体的兴起，为公众参与公共生活提供了新的广阔空间。网络媒体的兴起增强了信息传递的交互性，加快了信息的双向流动和反馈，提供了非官方的信息发布和传递渠道，改变了政府垄断信息来源的状态，缩小了公民与政府之间信息占有的差距，而且为大规模的公众参与提供了可能。

当前，媒体已是一种独立的社会力量，成为独立于立法、行政、司法三权以及执政党控制之外的权力，在某种程度上，它完全是相对于国家权力的社会权力。媒体的言论自由和舆论监督权利与政府机构或者政府官员的“名誉权”之间的冲突，也是公权利（媒体的监督权利）与公权力（政府的权力）的冲突，即不应该简单地将其归于民事纠纷，而是监督与被监督的公法关系。

在一个民主社会，媒体向其他预算制衡监督方广泛提供预算过程中的信息，使每个公民获得作为资金所有者的治理能力，并促使各级政府提高政策反应敏锐度，各级人大、审计机构等提高监督力度，从而进一步提高财政预算的透明度。预算公开的形式应以方便、及时地让民众阅读为准则。所以，现有的一切媒体平台都应该被广泛利用，如报纸、电视、网络。同时，也要注意公布的权威性和准确性。一般认为，较高的预算透明度可以简单地理解为政府可以提供更多的信息，但是，政府透明只是把信息传递给选民的必要条件而不是充分条件，这还要依赖媒介的作用。一般来说，媒体自由度高的国家，政府的腐败度相对较低。这里的媒体自由度包括对媒体披露内容的法律管制、来自政治和经济上的影响、媒体的受抑程度等。媒体的多样性有助于预算公开，而且媒体的自由度也会影响预算公开的效果。①

一般而言，媒体的作用主要体现在三个方面：一是信息披露，即不断揭示事件真相，发布相关资讯，为政策制定和公共讨论提供信息；二是设置公共议题，并在此过程中聚集、整合、传递并放大公共需求；三是提供政府与公民对话的平台，使政府与公民、公民之间的公共讨论得以展开，并使这种讨论得到广泛的监督。② 但是，媒体要真正发挥上述作用，需要一些前提。

第一，媒体的自由权利得到保障。只有媒体报道的自由得到充分的保障，媒体才能尽可能做出接近事实真相的报道，从而为政府和公民提供真实可信的信息。

第二，媒体要坚持中立地位。如果媒体过于陷入政治生活，失去相对独立、中立的地位，它就可能会丧失对事实真相的客观报道，所以中立地位也是媒体在公共参与中应该坚持的，虽然这并不意味着媒体应该拥有自己的独立价值评判。

第三，媒体从业者应该有起码的职业操守。比如对真相的追求、对公平正义的坚持。

然而，在现实生活中，媒体往往面临比较大的挑战，也往往受到各种组织和机构的操纵。在很多国家，政府往往试图控制媒体，即使不是政府控制，某些商业性集团也热衷于控制媒体。美国学者罗伯特·麦克切斯尼曾经指出，那些主导性媒介公司与过去相比，其规模越来越大、影响越来越强，与过去相比，大众媒体在我们的日常生活中显得更加重要了，但这些公司追逐利润、唯利是图等本性则玷污了新闻和公共机构的正统精神。对民主而言，这是一剂毒药。因此，媒体已经成为一股明显的反民主力量，这种现象不仅发生在美国，它甚至已蔓延到全世界。联合性媒体越富有、影响力越大，参与性民主的前景

① 万平．中国公众参与预算研究[D].南开大学2013年博士论文．

② 王锡锌．公众参与和中国新公共运动的兴起［M］．北京：中国法制出版社，2008：18.

就越是暗淡。[①]

预算作为政治生活的重要内容，媒体在公众参与预算中表现出的双重性同样明显。预算是一个关于政府施政的综合性收支计划，因此，公众参与预算过程不仅面临很多技术性难题，而且也面临庞杂的选择，媒体在此过程中可以发挥信息传递、设置公共讨论议程等作用，但同样也可能因为某些利益驱动，使公共预算的讨论偏离其应该有的方向，网络媒体的兴起则可能使关于预算的严肃思考变成随意、情绪化的围观和讨论。如何使信息时代的媒体在公众参与预算过程中发挥更积极正面的作用，是这个时代面临的课题之一。正如托马斯·D. 林奇等人在《哲学、公共预算和信息时代》一文中指出的，迅速发展的信息技术与世界范围的竞争结合，使转变可能发生，甚至迫使转变发生。我们显然必须迅速演进以信息为基础的组织，以适应我们工作的组织方式不仅在心仪的结构而且在基本原则上变化的结果。为了成功，这种演进不会随小的变化发生，而必须对包括公共预算在内的所有程序全部进行重新设计。[②]

---

① ［美］罗伯特·麦克切斯尼．富媒体穷民主：不确定时代的传播政治［M］．谢岳，译．北京：新华出版社，2004.

② ［美］托马斯·D. 林奇，辛西娅·E. 林奇．哲学、公共预算和信息时代［M］//［美］阿曼·卡恩，巴特利·希尔德雷思．公共部门预算理论．韦曙林，译．北京：格致出版社，2010：320.

参考文献

（一）中文著作

1. 辞海（缩印本）[M]. 上海：上海辞书出版社，1979.

2. 马骏，赵早早. 公共预算：比较研究[M]. 北京：中央编译出版社，2011.

3. 马蔡琛. 财政预算（第二版）[M]. 大连：东北财经大学出版社，2018.

4. 赵成根. 民主与公共决策研究[M]. 哈尔滨：黑龙江人民出版社，2000.

5. 陈家刚. 协商民主与国家治理[M]. 北京：中央编译出版社，2014.

6. 高志立，等. 政府预算公共化研究：理论、实践与路径选择[M]. 北京：中国财政经济出版社，2012.

7. 张凤阳. 政治学关键词[M]. 南京：江苏人民出版社，2006.

8. 俞可平. 全球化：全球治理[M]. 北京：社会科学文献出版社，2003.

9. 顾肃. 自由主义基本理念[M]. 北京：中央编译出版社，2003.

10. 廖进球. 政府行为与公共管理[M]. 北京：中国财政经济出版社，2002.

11. 钱乘旦，许洁明. 英国通史[M]. 上海：上海社会科学出版社，2002.

12. 王淑杰. 英国财政预算制度[M]. 北京：经济科学出版社，2014.

13. 蒋孟引. 英国史[M]. 北京：中国社会科学出版社，1998.

14. 肖鹏. 美国财政预算制度[M]. 北京：经济科学出版社，2014.

15. 许毅，陈宝森. 财政学[M]. 北京：中国财政经济出版社，1984.

16. 孙翊刚. 中国财政史[M]. 北京：中国社会科学出版社，2003.

17. 王绍光. 安邦之道——国家转型的目标与途径[M]. 上海：上海三联书店，2007.

18. 徐仁辉．公共财务管理——公共预算与财务行政[M]．台北智胜文化事业有限公司，2000.

19. 陈纪瑜．财政预算管理[M]．长沙：湖南大学出版社，2003.

20. 高培勇．中国财税体制改革30年研究——奔向公共化的中国财税改革[M]．北京：经济管理出版社，2008.

21. 高志立．财政预算管理[M]．北京：经济科学出版社，2006.

22. 贺邦靖．财政监督10年[M]．长春：吉林人民出版社，2005.

23. 贺邦靖．国外财政监督借鉴[M]．北京：经济科学出版社，2008.

24. 吕炜．完善体制阶段的和谐社会建设与公共财政制度安排[M]．大连：东北财经大学出版社，2008.

25. 马蔡琛．变革世界中的政府预算管理[M]．北京：中国社会科学出版社，2010.

26. 王加林．发达国家预算管理与我国预算管理改革的实践[M]．北京：中国财政经济出版社，2006.

27. 谢旭人．中国财政改革三十年[M]．北京：中国财政经济出版社，2008.

28. 贾康，赵全厚．中国财税体制改革30年回顾与展望[M]．北京：人民出版社，2008.

29. 孔志峰．绩效预算论[M]．北京：经济科学出版社，2007.

30. 楼继伟．新中国50年财政统计[M]．北京：经济科学出版社，2000.

31. 于国安．政府预算管理与改革[M]．北京：经济科学出版社，2006.

32. 解学智，刘尚希．公共收入[M]．北京：中国财政经济出版社，2000.

33. 王金秀，陈志勇．国家预算管理[M]．北京：中国人民大学出版社，2001.

34. 安秀梅．公共治理与政府预算管理改革[M]．北京：中国财政经济出版社，2005.

35. 王雍君．公共预算管理[M]．北京：经济科学出版社，2002.

36. 齐守印．中国公共经济体制改革与公共经济学论纲[M]．北京：人民出版社，2002.

37. 赵志耘．财政支出经济分析[M]．北京：中国财政经济出版社，2002.

38. 燕宏远，韩民青．当代英美哲学概论（下册）[M]．北京：社会科学出版社，2002.

39. 沈岿．平衡论：一种行政法的认知模式[M]．北京：北京大学出版社，1999.

40. 吕世荣等 . 义利观[M]. 郑州：河南大学出版社，2000.

41. 周辅成 . 西方伦理学著选辑（下卷）[M]. 北京：商务印书馆，1987.

42. 陈宝林，穆夏华 . 现代法学[M]. 重庆：重庆出版社，1990.

43. 王锡锌 . 行政程序法理念与制度研究[M]. 北京：中国民主法制出版社，2007.

44. 俞可平 . 中国治理评论（第 1 辑）[M]. 北京：中央编译出版社，2012.

45. 王绍光 . 民主四讲[M]. 北京：三联书店出版社，2008.

46. 王淑杰 . 财政预算的立法监督模式研究[M]. 北京：中国财政经济出版社，2008.

47. 楼继伟 . 深化财税体制改革[M]. 北京：人民出版社，2015.

48. 马骏，侯一麟，林尚立 . 国家治理与公共预算[M]. 北京：中国财政经济出版社，2007.

49. 闫海 . 公共预算的过程、机构与权力——一个法政治学研究范式[M]. 北京：法律出版社，2012：56.

50. 赵鼎新 . 社会与政治运动讲义[M]. 北京：社会科学文献出版社，2006.

51. 王锡锌 . 公众参与和中国新公共运动的兴起[M]. 北京：中国法制出版社，2008.

52. 陈瑞华 . 刑事审判原理论[M]. 北京：法律出版社，1997.

53. 徐亚文 . 程序正义论[M]. 济南：山东人民出版社，2004.

54. 周佑勇 . 行政法基本原则研究[M]. 武汉：武汉大学出版社，2005.

55. 王万华 . 行政程序法研究[M]. 北京：中国法制出版社，2000.

56. 杨海坤，黄学贤 . 中国行政程序法典化——从比较法角度研究[M]. 北京：法律出版社，1999.

57. 罗豪才 . 行政法学[M]. 北京：中国政法大学出版社，1989.

58. 季卫东 . 法治秩序的建构[M]. 北京：中国政法大出版社，1998.

59. 姜明安 . 行政法与行政诉讼法[M]. 北京：北京大学出版社，高等教育出版社，1999.

60. 叶必丰 . 行政法的人文精神[M]. 武汉：湖北人民出版社，1999.

61. 吴庚 . 行政法之理论与实用[M]. 台湾三民书局，1996.

62. 张文显 . 法学基本范畴研究 [M]. 北京：中国政法大学出版社，1993.

63. 应松年 . 外国行政程序法汇编[M]. 北京：中国法制出版社，1999.

64. 陈新民．德国公法学基础理论[M].济南：山东人民出版社，2001.

65. 王名扬．美国行政法（下册）[M].北京：中国法制出版社，1995.

66. 张尚鷟．行政法学[M].北京：北京大学出版社，1990.

67. 张献勇．预算权研究[M].北京：中国民主法制出版社，2008.

68. 童之伟．法权与宪政[M].济南：山东人民出版社，2001.

69. 刘明慧．财政预算管理[M].北京：经济科学出版社，2004.

70. 王敏．国家权力机关的国民经济计划和预算监督制度[M].北京：中国民主法制出版社，1993.

71. 财政部预算司．中央部门预算编制指南（2014）[M].北京：中国财政经济出版社，2014.

72. 财政部干部教育中心组．现代预算制度研究[M].北京：经济科学出版社，2017.

73. 全国人大常委会办公厅外事局．外国议会简介[M].北京：中国民主法制出版社，2010.

74. [古希腊] 亚里士多德．政治学[M].吴寿彭，译．北京：商务印书馆，1983.

75. [古希腊] 亚里士多德．尼各马科伦理学[M].苗力田，译．北京：中国人民大学出版社，2003.

76. [英] 洛克．政府论（下篇）[M].叶启芳，瞿菊农，译．北京：商务印书馆，1982.

77. [英] 密尔．论自由[M].程崇华，译．北京：商务印书馆，1982.

78. [法] 卢梭．社会契约论[M].何兆武，译．北京：商务印书馆，2003.

79. [法] 孟德斯鸠．论法的精神（上册）[M].张雁琛，译．北京：商务印书馆，1982.

80. [美] 汉密尔顿．联邦党人文集[M].程逢如，在汉，舒逊，译．北京：商务印书馆，1989.

81. [英] 密尔．代议制政府[M].汪瑄，译．北京：商务印书馆，1982.

82. [英] 休谟．道德原则研究[M].曾晓平，译．北京：商务印书馆，2001.

83. [法] 让-皮埃尔·戈丹．何谓治理[M].钟震宇，译．北京：社会科学文献出版社，2010.

84. [美] 皮埃尔·卡兰默．破碎的民主——试论治理的革命[M].高凌瀚，译．北京：三联书店，2005.

85. [美] 阿伦·威尔达夫斯基，内奥米·凯顿．预算过程中的新政治学（第四版）[M].邓淑莲，魏陆，译．上海：上海财经大学出版社，2006.

86. [德] 齐佩利乌斯. 德国国家学 [M]. 赵宏, 译. 北京: 法律出版社, 2011.

87. [美] 马克·G. 波波维奇. 创建高绩效政府组织——公共管理实用指南[M]. 孔宪遂, 耿洪敏, 译. 北京: 中国人民大学出版社, 2002.

88. [美] 大卫·格里芬. 后现代科学——科学魅力的再现[M]. 马季方, 译. 北京: 中央编译出版社, 1995.

89. [法] 弗雷德里克·巴斯夏. 财产、法律与政府[M]. 秋风, 译. 北京: 商务印书馆, 2012.

90. [美] 查尔斯·K. 罗利. 财产权与民主的限度[M]. 刘晓峰, 译. 北京: 商务印书馆, 2007.

91. [美] 约翰·罗尔斯. 正义论[M]. 何怀宏, 等译. 北京: 中国社会科学出版社, 1988.

92. [美] 萨托利. 民主新论[M]. 冯克利, 阎克文, 译. 北京: 东方出版社, 1993.

93. [美] 迈克尔·詹森, 麦克林. 管理行为、成本与所有权结构[M] //陈郁. 所有权、控制与激励——代理经济学文选. 上海: 上海人民出版社, 上海三联书店, 1998.

94. 英国1215年大宪章[M]. 陈国华, 译. 北京: 商务印书馆, 2016.

95. [澳] 凯尔森. 法与国家的一般理论[M]. 沈宗灵, 译. 北京: 中国大百科全书出版社, 1995.

96. [英] 哈耶克. 自由宪章[M]. 杨玉生, 等译. 北京: 中国社会科学出版社, 1999.

97. [美] 詹姆斯·布坎南, [澳] 杰佛瑞·布伦南. 宪政经济学[M]. 冯克利, 等译. 北京: 中国社会科学出版社, 2004.

98. [德] 马克斯·韦伯. 学术与政治[M]. 冯克利, 译. 上海: 上海三联书店, 1998.

99. [美] 詹姆斯·博曼, 威廉·雷吉. 协商民主: 论理性与政治[M]. 陈家刚, 等译. 北京: 中央编译出版社, 2006.

100. [英] 安东尼·吉登斯. 超越左与右[M]. 李惠斌, 杨雪冬, 译. 北京: 社会科学文献出版社, 2009.

101. [日] 井手文雄. 日本现代财政学[M]. 陈炳良, 译. 北京: 中国财政经济出版社, 1990.

102. [美] 托马斯·林奇. 美国公共预算（第四版）[M]. 苟燕楠, 董静, 译. 北京: 中国财政经济出版社, 2002.

103. ［美］威廉·C. 加纳．学校财政：战略规划和管理[M]. 孙志军，等译．北京：中国轻工业出版社，2005.

104. ［美］艾伦·鲁宾．公共预算中的政治[M]. 叶娟丽等，译．北京：中国人民大学出版社，2001.

105. ［英］肯尼思·O·摩根．牛津英国通史[M]. 王觉非，译．北京：商务印书馆，1993.

106. ［美］斯蒂芬·施密特，马克·谢利，芭芭拉·巴迪斯．美国政府与政治[M]. 梅然，译．北京：北京大学出版社，2004.

107. ［美］罗伯特.D. 李，罗纳德·约翰逊．公共预算系统[M]. 曹峰，慕玲，张玉坤，译．北京：清华大学出版社，2002.

108. ［美］杰克·瑞宾，托马斯·林奇．国家预算和财政管理[M]. 丁学东，等译．北京：中国财政经济出版社，1989.

109. ［美］艾伦·威尔达夫斯基，内奥米·凯顿．预算过程的新政治学（第五版）[M]. 北京：北京大学出版社，2006.

110. ［美］A·普雷姆詹德．预算经济学[M]. 周慈铭，译．北京：中国财政经济出版社，1989.

111. ［美］约瑟夫·斯蒂格利茨．公共财政[M]. 纪沫，严焱，等译．北京：中国金融出版社，2009.

112. 艾伦·希克．当代公共支出管理方法[M]. 王卫星，译．北京：经济管理出版社，2000.

113. ［美］孙克姆·霍姆斯．公共支出管理手册[M]. 王卫星，译．北京：经济管理出版社，2002.

114. 罗科斯·庞德．通过法律的社会控制：法律的任务[M]. 沈宗灵，董世忠，译．北京：商务印书馆，1984.

115. ［美］博登海默．法理学：法律哲学与法律方法[M]. 邓正来，译．北京：中国政法大学出版社，2004.

116. 维托·坦齐，［德］卢德格尔·舒克内希特．20 世纪的公共支出[M]. 胡家勇，译. 北京：商务印书馆，2005.

117. ［美］ 盖布瑞·阿尔蒙德．公民文化——五国的政治态度和民主［M］．马殿君，等译．杭州：浙江人民出版社，1989.

118. ［美］ 卡罗尔佩特曼．参与和民主理论［M］．陈亮，译．上海：上海世纪出版集团，2012.

119. ［美］ 罗伯特·麦克切斯尼．富媒体穷民主：不确定时代的传播政治［M］．谢岳，译．北京：新华出版社，2004.

120. ［英］ 米尔恩．人的权利与人的多样性——人权哲学［M］．夏勇，等译．北京：中国大百科全书出版社，1995.

121. ［美］ 马丁·P. 戈尔丁．法律哲学［M］．齐海滨，译．北京：三联书店，1987.

122. ［美］ 迈克尔·D. 贝勒斯．法律的原则［M］．张文显，等译．北京：中国大百科全书出版社，1996.

123. ［日］ 室井力．日本现代行政法［M］．吴微，译．北京：中国政法大学出版社，1995.

124. ［印］ M. P. 赛夫．德国行政法——普通法的分析［M］．周伟，译．台湾五南图书出版公司，1991.

125. ［美］ 史蒂芬·霍尔姆斯．权力成本——为什么自由依赖于税［M］．毕竟悦，译．北京：北京大学出版社，2011.

126. ［美］ 威廉姆· A. 尼斯坎南．官僚制与代议制政府［M］．王浦劬，译．北京：中国青年出版社，2004.

（二） 中文期刊

1. 詹国辉，张新文．治理能力现代化下公共财政预算改革之道［J］．理论月刊，2017（3）．

2. 冯静．我国公共预算管理的现状及其改革［J］．华中师范大学学报（人文社会科学版），2011（3）．

3. 张雷．我国参与式预算的现状分析［J］．学理论，2014（5）．

4. 吴汉东．国家治理现代化的三个维度：共治、善治与法治［J］．法制与社会发展，2014（5）．

5. 白景明．提高财政透明度应循序渐进［J］．人民论坛，2010（2）．

6. 陈昌盛，蔡跃洲．中国政府公共服务：基本价值取向与综合绩效评估［J］．财政与税务，2007（9）．

7. 陈伟昌. 预算监督体系完善对策研究[J]. 行政与法，2010（4）.

8. 程瑜. 我国财政透明度制度构建研究[J]. 当代财经，2009（8）.

9. 迟福林. 论公共服务型政府[J]. 理论参考，2006（6）.

10. 冯曦明. 完善我国政府预算监督机制的思考[J]. 甘肃省经济管理干部学院学报，2008（3）.

11. 高培勇. 市场经济体制与公共财政框架[J]. 税务研究，2000（3）.

12. 高志立，赵文海，李杰刚. 创新预算管理模式研究[J]. 经济研究参考，2000（6）.

13. 郭维真，刘剑文. 宪政视角下的财政民主及其构建[J]. 中国党政干部论坛，2007（9）.

14. 贾康. 公共财政导向下的预算改革[J]. 中国财经信息资料，2000（29）.

15. 焦建国. 人大审议预算：公共财政的制度基础[J]. 学习月刊，2005（3）.

16. 焦建国. 财政公共化改革的三个基本任务：支出结构调整、公开透明与责任落实[J]. 公共管理学报，2004（3）.

17. 李元起，王飞. 论公共财政制度的宪政基础[J]. 税务研究，2009（5）.

18. 刘笑霞，李建发. 中国财政透明度问题研究[J]. 厦门大学学报（哲学社会科学版），2008（6）.

19. 张通. 中国的预算管理改革[J]. 预算管理与会计，2000（3）.

20. 孙仁宏. 政府预算的契约结构：一个分析框架[J]. 财政研究，2004（11）.

21. 汪丁丁. 财政民主化的原理与表达[J]. 财经，2007（14）.

22. 王东伟. 制度创新：现代预算管理制度建设的重要引擎[J]. 财政研究，2009（10）.

23. 王绍光. 从税收国家走向预算国家[J]. 读书，2007（10）.

24. 王世涛，安体富. 预算的法律控制[J]. 财贸经济，2005（6）.

25. 王秀芝. 我国人大预算监督问题研究[J]. 财贸经济，2008（10）.

26. 文炳勋. 政府预算、行政效率和财政民主[J]. 财经理论与实践，2006（5）.

27. 张海涛. 我国政府预算监督制衡机制的模式选择[J]. 改革与战略，2009（6）.

28. 孔志峰，高小萍. 构建财政支出绩效评价体系[J]. 中国财经信息资料，2004（2）.

29. 刘尚希. 公共财政：公共化改革的一种转轨理论假说[J]. 财贸经济，2010（8）.

30. 刘汉屏. 也谈中国预（决）算制度起源问题[J]. 江西财经大学学报，1986（2）.

31. 王英津. 论程序政治——对我国民主道路的新探索[J]. 中国人民大学学报，2002（3）.

32. 王绍光．美国“进步时代”的启示[J]．读书，2001（8）．

33. 刘剑文，侯卓．论预算的拘束力与执行力——对超收预算收入与突击支出的审思[J]．中国青年政治学院学报，2012（4）．

34. 蒋悟真．中国预算法实施的现实路径[J]．中国社会科学，2014（9）．

35. 朱大旗．新《预算法》的进步[J]．国际税收，2014（10）．

36. 魏治勋．“善治”视野中的国家治理能力及其现代化[J]．法学论坛，2014（2）．

37. 俞可平．全球治理引论[J]．马克思主义与现实，2002（1）．

38. 蔡定剑．论深化政治体制改革的迫切性[J]．中国政法大学学报，2008（3）．

39. 陈瑞华．走向综合性程序价值理论——贝勒斯程序正义理论述评[J]．中国社会科学，1999（6）．

40. 谷口安平．程序的正义[J]．法制与社会发展，1999（2）．

41. 周佑勇．行政法的正当程序原则[J]．中国社会科学，2004（4）．

42. 王锡锌．行政程序理性原则论要[J]．法商研究，2000（4）．

43. 王锡锌．正当法律程序与“最低限度的公正”——基于行政程序角度之考察[J]．法学评论，2002（2）．

44. 孙笑侠．两种程序法类型的纵向比较——兼论程序公正的要义[J]．1992（8）．

45. 朱旭峰．中国社会政策变迁中的专家参与模式研究[J]．社会学研究，2011（2）．

46. 杜宴林，赵晓强．国家治理现代化与法治中国建设[J]．吉林师范大学学报（人文社科版），2014（3）．

47. 季卫东．程序比较论[J]．比较法研究，1993（1）．

48. 陈瑞华．程序正义论——从刑事审判角度的分析[J]．中外法学，1997（2）．

49. 郑成良．权利本位说[J]．政治与法，1989（4）．

50. 王淑杰，孟金环．巴西参与式预算经验借鉴及启示[J]．地方财政研究，2011（9）．

51. 蒋秋明．程序正义与法治[J]．学海，1998（6）．

52. 熊伟．财政法基本原则论纲[J]．中国法学，2004（4）．

53. 周佑勇．论英国行政法的基本原则[J]．法学评论，2003（6）．

54. 马骏．公共预算原则：挑战与重构[J]．经济学家，2003（3）．

55. 陈静学．对民主的限制性保护——以保护少数权利和分权制衡为例[J]．人民论坛，

2013（7）.

56. 陈家刚．协商民主中的协商、共识与合法性[J]. 清华法治论衡，2009（1）.

57. 彭健．英国公共预算制度的演进[J]. 东北财经大学学报，2008（2）.

58. 詹姆斯·L. 陈．论美国重大的联邦预算法[J]. 白彦锋，译．经济社会体制比较，2008（1）.

59. 林慕华．现代议会的预算权力：比较研究[J]. 武汉大学学报（哲学社会科学版），2010（6）.

60. 马骏，林慕华．现代议会的预算修正权力[J]. 中国改革，2007（6）.

61. 李燕．"年终突击花钱"的原因分析及因应之策[J]. 中央财经大学学报，2012（1）.

62. 夏先德．全过程预算绩效管理机制研究[J]. 财政研究，2013（4）.

63. 马骏，於莉．公共预算研究：中国政治学和公共行政学亟待加强的研究领域[J]. 政治学研究，2005（2）.

64. 李燕．政府预算法制化管理——深化改革的迫近之举[J]. 中国财政，2006（2）.

65. 彭健．多样化的政府预算理论研究视角探析[J]. 财政研究，2005（10）.

66. 焦建国．预算机制论：从经济、政府、法律、财政、决策角度的分析[J]. 国家行政学院学报，2002（4）.

67. 李燕．基于民主监督视角的预算透明度问题探析[J]. 中央财经大学学报，2007（12）.

68. 陈志英．预算编制模式研究[J]. 北京社会科学，2012（5）.

69. 高志立，孙仁宏．市场化进程中的政府预算公共化实践进展、主要问题与对策建议[J]. 经济研究参考，2011（28）.

70. 高玉琢，王宏．政府预算能够保证公共资源的公平分配——从政治经济学的观点出发[J]. 兰州学刊，2007（6）.

71. 王绍光．美国"进步时代"的启示[J]. 读书，2001（8）.

72. 马蔡琛，沈雁寒．公共预算绩效提升的博弈分析——基于利益相关方互动影响的考察[J]. 云南财经大学学报，2012（6）.

73. 刘剑文．公共财政与财税法律制度的构建[J]. 政法论丛，2012（1）.

74. 闫海．论法定支出的中国特色及其治理[J]. 地方财政研究，2014（1）.

75. 李燕，童璐．"财政监督与预算透明"国际研讨会会议综述[J]. 中央财经大学学报，2012（3）.

76. 陈浩然．论我国网络舆论中的民粹主义风险——亚里士多德极端平民政府理论对我国网络发展的启示[J].学术论坛，2014（6）.

77. 王淑杰．政府预算透明度与经济环境[J].中央财经大学学报，2011（11）.

78. 王淑杰．影响议会监督政府预算能力的宏观因素分析[J].人大研究，2009（5）.

79. 肖鹏，李燕．基于Lüder政府会计环境评估模型的中国财政透明度研究[J].公共行政评论，2011（2）.

80. 刘玉廷．我国政府会计改革的若干问题[J].会计研究，2004（9）.

81. 李燕．我国全口径预算报告体系构建研究——制约和监督权力运行视角[J].财政研究，2014（2）.

82. 马海涛，肖鹏．全面深化财税体制改革视野下中国《预算法》的修订研究——中国《预算法》修订的背景、内容与效应分析[J].新疆财经，2014（6）.

83. 王绍光，马骏．走向“预算国家”——财政转型与国家建设[J].公共行政评论，2008（1）.

84. 肖鹏．财政监督视角的中国预算管理制度改革评述[J].财政监督，2012（34）.

85. 任晓兰．财政预算与现代国家建构研究评述[J].天府新论，2014（4）.

86. 马骏，牛美丽．重构中国公共预算体制：权力与关系[J].中国发展观察，2007（2）.

87. 徐阳光．预算国家：财政法治的理想——源自美国的经验与启示[J].环球法律评论，2009（2）.

88. 胡启忠．法律正义与法律价值之关系辨正[J].河北法学，2010（3）.

89. 闫海．预算民主——预算审批权为中心的构建[J].重庆社会科学，2007（4）.

90. 王秀华．参与式财政预算理论与实践[J].合作经济与科技，2011（2）.

91. 赵早早，杨晖．构建公开透明的地方政府预算制度研究——以无锡、温岭和焦作参与式预算实践为例[J].北京行政学院学报，2014（4）.

92. 杜坤．预算法现代化的法治逻辑[J].华东政法大学学报，2015（2）.

93. 李丹．地方预算监督制衡方的行为分析[J].求索，2011（5）.

94. 娄冰．中国预算制度：变迁轨迹和改革路径[D].中国社会科学院2013年博士学位论文.

95. 马韵．服务型政府的预算契约研究[D]．西南财经大学 2010 年博士学位论文．

96. 高玉琢．政府预算中的宪政问题研究[D]．苏州大学 2008 年博士学位论文．

97. 周劲松．公共预算权力配置问题研究[D]．财政部财政科学研究所 2012 年博士学位论文．

98. 冯素坤．中央部门预算调整及其问责路径研究[D]．吉林大学 2011 年博士学位论文．

99. 罗昌财．中国政府预算民主化改革研究[D]．西南财经大学 2010 年博士学位论文．

100. 李丹．地方预算监督法律机制研究[D]．中南大学 2012 年博士学位论文．

（三）英文文献

1. Roy T. Meyers. Is there a key to the normative budgeting lock? Policy Sciences. 1996（3）.

2. Osborne. D and Gaebler. T, Reinventing Government: How the entrepreneurial spirit is transforming the public sector. Addison – Wesley, 1992, p161.

3. Nadler, D. A. Gerstein, M. S. Shaw, Organizational Architeture, Designs for changing Organizations, Jossey – bass, San Francisco, C. A, p39.

4. Carolyn Webber and Aaron Wildavsky. 1986. A history of taxation and expenditure in the western world. New York: Simon and Schuster.

5. Caiden, Naomi. A new perspective on budgetary reform. Australian Journal of Public Administration Vol. 48, No. 1: 51 – 58.

6. Albert Breton. Competitive governments: an economic theory of politics and public finance. London: Cambridge University Press, 1996.

7. Michael Walzer, Spheres of Justice, New York: Basic Books, 1983.

8. John Stuart Mill, Considerations on Representative Government, Prometheus Books, 1985; Cass Sunsein, Democracy and the Problem of Free Speech, Free Press, 1993.

9. Amy Gutman and Dennis Thompson, Why Deliberative Democracy? Princeton University Press, 2004.

10. Caiden, Naomi. A new perspective on budgetary reform. Australian Journal of Public Administration Vol. 48, No. 1.

11. Smith, G. B. History of the English Parliament: Together with an Account of Parliament of Scotland and Ireland. V1, London: Ward, Lock, Bowden Co.

12. Einzig, P. The Control of the Purse: Progress and Decline of Parliament's Financial Control. London: Secker & Warburg, 1959.

13. Rubin, Irene. 1999. The politics of public budgeting (4th). Seven Bridges Press, LLC.

14. Allen Schick. Can national legislatures regain an effective voice in budget policy? OECD Journal of Budgeting Vol 1.

15. Schick, Allen. Budgeting as an administrative process, In Allen Schick. Eds. Perspectives on budgeting. Washington, D. C.: The American Society for Public Administration.

16. Clynch, Edward J. & Thomas P. Lauth. 1991. Eds. Governors, legislatures, and budgets. Westport, CT: Greenwood Press.

17. Schick, Allen. 1988. An inquiry into the possibility of a budgetary theory. In Irene Rubin. New directions in budget history. New York: State University of New York Press.

18. Premchand, A. 1993. Public expenditure management. Washington, D. C: IMF Publisher.

19. Axelrod, Donald. 1988. Budgeting for modern government, New York: St. Martins Press.

20. Rubin, Irene. 1997. The politics of public budgeting (3th). Chatham: Chatham House Publishers, Inc.

21. Frederick A. Cleveland and Arthur E. Buck, The Budget and Responsible Government New York: Macmillan, 1920.

22. William A. Niskanen. 1971. Bureaucracy and representative government. Chicago: Aldine Atherton.

23. Straussman, Jeffrey. 1988. Right – based budgeting. In Irene Rubin. Eds. New directions in budget history. Albany: State University of New York Press.

24. Blendon, Robert J, et al. 1997. Trends: What do Americans know about entitlements? Health Affairs Vol. 16. No 5.

25. White, Joseph. 1998. Entitlement budgeting vs. bureau budgeting. Public Administration Review Vol 58. No 6. 510 – 521.

26. Stapenhurst, Rick. 2008. The legislature and budget. In Rick Stapenhurst, Riccardo Pelizzo, David M. Olson & Lisa von Trapp. Eds. Legislative oversight and budgeting; A world perspective. Washington, D. C: The World Bank.

27. North, Douglass, & Barry Weingast. 1989. Constitutions and Commitment: The Evolution of Institutional Governing Public Choice in Seventeenth-Century England. The Journal of economic history Vol. 49, No. 4.

28. Stapenhurst, Rick. 2008. The legislature and budget. In Rick Stapenhurst, Ricizzo, David M. Olson Lisa von Trapp. Eds, Legislative oversight and budgeting, Washington, D. C: The World Bank.

29. Robert S. Summers, Evaluating and Improving Legal Processes - A Plea for "Process Values", in Cornell Law Review V01. 60 (1974).

30. A. Wildavsky. The Politics of the Budgetary Reform, Harper Collins Publisher Inc, 1988.

后　记

历经四年，本书终于定稿。此时此刻，我的心情既无比喜悦又满怀忐忑。写作之前，我可谓是雄心万丈，但是，真正动笔时，却经常陷入言不尽意的苦恼之中，搁笔反观时，往往会十分汗颜，甚至有不忍卒读之感。写作的过程时而困惑，时而兴奋，时而山穷水尽，时而柳暗花明。对于我而言，写作过程的心理体验本身就是一笔难得的财富，为我的学术积累和个人修为增加了必要的历练，促使自已对世事多一份淡定，对人生多一些从容。

本书可以视为我参加工作以来关于法治政府建设的点滴思考。最初的灵感，应该追溯到十多年前在中南财经政法大学攻读硕士学位时，郑祝君教授、李艳华教授讲授的《外国法制史》和《西方法律思想史》课程，彼时“英国宪政发展史就是一部财政预算斗争史”的观念就铭记在心，硕士毕业论文也有写作英国财政预算制度发展史的想法，后因种种原因而放弃。2010 年博士毕业之后到国家行政学院法学教研部任教，我开始系统学习和思考法治政府建设的理论与实践问题，特别是经过地方政府的挂职和中央国家机关工作的历练之后，我不断反思近年来法治政府建设的成就与问题，逐步意识到当前政府治理至少有三个领域还没有引起足够的重视，即财政预算、信息公开和公务员的激励考核问责机制。对于后面两个主题，我在此就不予详述，对于财政预算，我始终将其视为现代国家治理模式转型的缩影，是配置资源的公共权力在不同主体之间分配的制衡结构和民主政治程序。不过，当前我们很多人还没有充分认识到财政预算的重要地位，财政预算制度功能也远没有充分发挥。正是基于这样的考虑，我才鼓起勇气开始艰辛的写作历程。

本书是在我的博士后报告的基础上修改而成的。两位博士后合作导师、时任最高人民法院副院长江必新先生和北京大学光华管理学院龚六堂先生对我的精心指导和无私帮助，是我写作的动因和基础。在工作数年之后，我就深切体会到学科交叉作为研究范式和方法的重要性，前往北京大学光华管理学院从事应用经济学博士后研究的初衷在于逼迫自己研读经济学、管理学著作，拓展自己的理论视野和思维方式。两位导师在工作学习和生活各方面对我的教导和熏陶，是我人生的幸运与财富，也必将激励我一辈子奋发努力！

在本书的写作和出版过程中，中信集团中国国际经济咨询公司车耳先生、《经济导刊》杂志社首席编辑季红女士、中信出版社编辑谭惠芳女士给了我充分的支持和帮助，没有他们的鼓励提携和悉心帮助，本书很难如期出版。我还必须感谢一直以来所有关注、关心、鼓励和支持我学习、成长和发展的亲人、师长、朋友、同事们，若非得益于此，我可能还在大别山深处躬耕劳作，出版著作无异于痴人说梦。

令我汗颜的是，由于我的理论功底和学术涵养欠缺，本书至出版之际，恐怕还需要不断打磨，甚至有不少错漏之处。我深知学无止境，本书只是我理论思考的初步尝试，急于呈现在大家面前，更多的是想得到批评和指正，为后续的研究奠定基础。通过本书的写作，我意识到学科交叉远比想象的艰难，当然，这也激励我静心思考、潜心积淀。我将继续努力，不负众望！

戴建华

2020 年 8 月 30 日

“中国道路”丛书

学　术
《解放生命》
《谁是农民》
《香港社会的民主与管治》
《香港社会的政制改革》
《香港人的政治心态》
《币缘论》
《如何认识当代中国》
《俄罗斯之路 30 年》
《大国新路》
《论企业形象》
《能源资本论》
《中国崛起的世界意义》
《美元病——悬崖边缘的美元本位制》
《财政预算治理》

译　丛
《西方如何“营销”民主》
《走向繁荣的新长征》
《国家发展进程中的国企角色》
《美国社会经济五个基本问题》
《资本与共谋》
《国家发展动力》

智库报告
《新时代：中国道路的延伸与使命》
《新开局：中国制度的变革与巩固》
《新常态：全面深化改革的战略布局》
《新模式：走向共享共治的多元治理》
《新征程：迈向现代化的国家治理》
《新动能：再造国家治理能力》
《全面依法治国新战略》

企 业 史
《与改革开放同行》
《黎明与宝钢之路》
《海信史（2003—2019）》

企业经营
《寻路征途》
《中信创造力》

专　访
《中国道路与中国学派》
《21 世纪的中国与非洲》

人　物
《重读毛泽东，从 1893 到 1949》

政　治
《创新中国集体领导体制》

战　略
《国家创新战略与企业家精神》

金　融
《新时代下的中国金融使命》

管　理
《中国与西方的管理学比较》